复照青苔

反思我的首部民族志

〔韩〕金光亿 主编

图书在版编目(CIP)数据

复照青苔：反思我的首部民族志 /(韩)金光亿主编. -- 北京：商务印书馆，2025. -- ISBN 978-7-100-23442-9

Ⅰ.K18

中国国家版本馆 CIP 数据核字第 2024JW4888 号

权利保留，侵权必究。

复照青苔

反思我的首部民族志

〔韩〕金光亿　主编

商　务　印　书　馆　出　版
(北京王府井大街36号　邮政编码100710)
商　务　印　书　馆　发　行
北京启航东方印刷有限公司印刷
ISBN 978-7-100-23442-9

2025年3月第1版	开本 880×1230　1/32
2025年3月北京第1次印刷	印张 13 3/4

定价：68.00元

序言：位置与视角

　　十多年前，在北京举办了一场以民族志方法论为主题的研讨会。20世纪80年代，世界人类学界积极开展对民族志书写的后现代主义批判，而在中国，其代表性著作之一《写文化》被翻译介绍进来，作为新的讨论主题引起热议。会议结束时我说："希望这样的会议不要一次就结束，下次我们带各自写的民族志来进行一次自我反省的聚会。"我之所以提出这样的建议，是因为我认为有必要以批判的眼光重新阅读、分析中国学者自己写成的民族志，以中国的现实为基础讨论方法论。

　　这种想法当然很久以前就有了。1996—2001年间，费孝通先生组织"现代社会人类学高级讲习班"，邀请中根千枝、李亦园、乔健、宋蜀华等国内外著名人类学家担任讲师。作为其中最年轻的讲师，我负责介绍当时西欧现代人类学各下游专业领域的最新动向和结果。其间，我一直抱有一个疑问：作为韩国人的定位（position），即政治立场和文化背景，以及牛津大学的训练和韩国的教学研究中获得的各种经验和视角交织在一起，如何保证我的人类学研究方法论（looking glass）的适恰性？该问题指的是在研究亚洲特定社会时，相关地区的所谓"本土"人类学家和其他亚洲人类学家以及西方人类学家之间，因位置和立场——在文化研究和再现上可能会出现的差异。在中国人类学者中甚至同样如此：他在哪里，有什么样的出身背景，以中国哪个群体为研究对象，这些差异意味着其观察的内容和解释也会不同。也就是说，人类学家的位置和视角或者框架在知识生产过程中发挥什么样的潜在影响。我认为应该对这一问题进行自省性提问，因为这是人类学永久的核心问题。但是，特别是在20世纪80年代以后，后殖民主义与后现代思潮提出相应的世界观、世界体系、知识生产体系等问题，与在这一背景下展开的南北对话和南南合作问题联系起来，人类学的这一问题就变得更加突出，促进了本土化主题的讨论。20世纪90年代的讲习班是为了在中国继往开来、"重建中断的学问"，而尝试介绍、学习人类学，因而比起"民族志书写"，讲习班的目的在于建设经验主义传统的人类学，更关注"田野调查"或者以参与式观察为核心的实证论研究调查方法。在中国人类学重建的热潮中，该讲习班为现代人类学多种体裁的发展和知识吸收注入了活力。但是，作为如何理解"他们"的技术和哲学，新的方法论田野调查流行起来，而如何实现文化再现或者呈现，

序言：位置与视角

即所谓"民族志书写"问题，还没有成为人类学方法论的核心主题。

北京研讨会之后的十多年间，民族志作为重要的研究方法，开始成为中国人类学界的核心词汇。我提议拿自己的民族志做具体反省对象的后续研讨会一直没有召开。但是，人类学及其他各相邻学科为了证明自己做过实证调查，却开始使用实地调查和民族志方法了。大部分研究者因为自己文章中的全部或者部分资料是在"现场"收集的，使用"实地调查"一词，以故事形式叙述或者引用当地人的话语，称之为民族志方法。然而，人类学界展开的关于方法论的激烈讨论，既是在理解过程、叙述或者再现阶段经历的很多实际问题的应对技术，也是对知识生产过程的哲学性反省。特别是，如果把民族志书写看作知识生产的特别技术和过程，作为研究者的我们人类学家与研究对象，即民族志的主人公——原住民，以及阅读民族志并对其价值予以评价的主体——读者，三者之间发生的权力关系、民族志知识所处的时空背景、经验和叙述之间的正当性和适合性、知识脉络碎片化过程以及技术等相关问题的处理，绝对不是一件容易的事。民族志不是文化事项的记述，而是文化实践的再现，是人类学家参与现实世界的一个过程和方式。它不是知识的生产，而是使读者摆脱自己熟悉、陈旧的世界，为他们与更广阔的新世界相连接提供方法。因此，在人类学中，民族志是方法、是过程、是学问的生命力。

本书的出版正是出于这样的考量，是对我过去三十多年在中国人类学界长久摸索而得到的方法论经验性研讨的一个小尝试。虽然优秀人才有很多，但由于本书承载能力有限，我最后只邀请了14位四十多岁的优秀青年学者。他们都是当下中国人类学界接受过专业训练，并各自通过田野调查写成民族志的典型代表。透过他们的作品，我们可以以中国人类学者自己写就的民族志为基础，展开对方法论的批判式、反省式讨论。

2020年12月，我在山东大学召开了题为"人生初见：首次民族志作品的重读和反思"的工作坊，为期两天。参加者讲述了各自人生中第一次接触人类学的经历，并重新以陌生化的眼光回望自己熟悉的既有视角和理论框架下的人类学世界。他们把从实地调查到民族志书写的整个过程，看成一个不可分割的体系，以激烈的自我反省和批判视角，讨论因问题意识不成熟导致实地调查过程中未能掌握或者错过的地方，或者因事先设定的理论框架对民族志叙述造成的限制。他们都总结了如果对同一社会或者人群重新书写民族志应该多注意哪些方面的经验。这不是破坏或否定现有民族志作品的价值和意义。我从不认为他们的民族志是失败作品。相反，他们的民族志已经作为中国人类学界的优秀作品得到了认可，在各自的理论框架下很好地再现了被调查者及其社会的文化。但是一段时间过后，"自己"的学术立场和视角在某种程度上得到确立之后，重新回顾会有些补充的想法。

首先，本书呈现了中国人类学历史发展的某些面向，作为学术史发展的证明具有很大的价值。其次，过去的方法论和理论是在西方形成的，而这是中国人自己进行的一次尝试。《写文化》主要讲述西方人类学者的非西方研究经验，而本书是中国人类学者以研究中国及亚洲的经验为基础讨论民族志的作品。与我们之前对本土化的观念性讨论相比，这是实证意义上的自我批评尝试，是对真正的本土化讨论颇具价值的努力之一。第三，不是批判他人的研究结果，而是对自己的研究做批判性再考量，这在学术界的批判及批评领域是罕见的尝试。这将是颇具伦理性、勇气可嘉的再创造典范。

在工作坊之前，这些文章未曾公开发表过，原稿通过内部互相讨论做过数轮修改和完善。我们希望这些文章不仅是一次性自我批评的结果，而能够成为进行更多生产性讨论的基础。也就是说，该书不是一次性结束的作品，而将作为撒播在田里的种子，为后续的开放讨论孕育希望。

该工作坊得益于山东大学的学科建设经费的资助。本书能够以如此美丽的面貌问世，更是受益于山东大学人类学系各位同事的帮助。整个过程中，文玉构教授一直作为商讨对象发挥了重要作用。受疫情影响，学术会议无法实现面对面交流，只能在线上进行，舒萍、李宣和、彭馨妍博士的帮助很大，博士生王胜楠和硕士生宋展飞、贾怡真也发扬了可贵的奉献精神。另外还要感谢商务印书馆的支持及编辑团队的辛苦工作。

金光亿

2022年7月于首尔寓居代序

目 录

一 导论:"民族志"何以今日再议? ……………金光亿 / 1

经验与呈现

二 从纠结遗憾到告别"初见":我的两本民族志 … 梁永佳 / 47

三 逾静而动:民族志再书写的反思 ……………杨渝东 / 79

四 "流动"的经验与"流变"的思想 ……………段　颖 / 103

五 讲好一个故事,做好一个论证 ………………张文义 / 132

过程与结构

六 民族志方法能抓住宗教吗? ……………………杨德睿 / 159

七 身份自觉、自我意识与民族志写作指向 ………黄剑波 / 183

八 占卜、宇宙观和江湖:从连贯性角度的阐释 ……李　耕 / 227

历史再造与现实

九 冷与热:海外民族志研究中的历史感问题 ………龚浩群 / 247

十　以虚虚实实的资料写不大不小的人物…………郑少雄 / 272

十一　"无量山河"：传说、现实与超越……………陈　晋 / 297

理论与实际

十二　从耆老转向茶农：穿行在国家和地方之间……舒　萍 / 327

十三　什么是民族志的对象：亲属制度研究反思……刘宏涛 / 344

十四　无相之相的自我钩沉………………………………黄志辉 / 374

十五　永锡难老：小传统与宏观理论……………………张亚辉 / 397

作者简介………………………………………………………… 425

一 导论:"民族志"何以今日再议?

金光亿

> 莫见乎隐,莫显乎微,故君子慎其独也。
>
> ——《中庸》

社会文化人类学采用特殊的质性研究方法,研究人们缘何以及如何实践文化,这就是田野调查和民族志再现。换言之,人类学因田野调查和民族志再现的特殊研究方法而异于其他学科。当然,人类学除了上述两种方法外,还会采用其他人文社会学科中惯用的宏观视角、质性与量化分析、统计资料、文献及问卷调查等方法。人类学家有时也会像传统的人文学者那样,坐在自己的书房里发挥个人想象,结合他人的记录即文献资料,进行知识考古学的思维工作。有时也会像自然科学家一样,用客观的分析和因果关系图示,对特定的事物或现象进行规则性的说明。同时,人文社会科学的各个学科也使用人类学创立的实地调查和民族志呈现的方法。所以，我们不必主张书写民族志是人类学所特有或者专有的研究方法。

"民族志"何以今日再议？原因在于，如今民族志这一术语已经脱离原本的人类学方法的含义，而因部分研究者的恣意使用而在方法论层面上暴露出了严重问题：将一两次的短期现场访问、观察及与居民的访谈看成实地调查，将现场的所见所闻原封不动地记述下来，认为这就是民族志。这种倾向越来越严重，将导致人类学局限于民族志或使民族志意义变得浅薄。学界对这种风潮的批判常常是辛辣的，甚至或者提议拒绝讨论民族志（T. Ingold 2014）。我也认可同行们的批判。但是，现在我们再次认识这种批评的同时，应更聚焦于什么是正常的或者理想的人类学实地调查和民族志书写，并对这一问题进行再生性的反省。

民族志的真正价值在于，其将人类学思想海洋中无尽的知识聚焦于行为科学领域。对于考古学家或历史学家而言，在现场发掘特定文物，考察该地区与文物的相关性或地区居民与文化相结合的某种故事就可以称为实地（田野）调查。

但是，在文化人类学领域，田野调查——常常被称为民族志实地调查，是不可或缺的核心研究方法，它指的是在当下时空中，将焦点对准行为人即当地居民，参与到他们的生活中去进行观察和体验的过程。例如，在民俗研究中，人类学者不仅关注民俗或仪礼的形式及其展演过程，同时以实施展演行为的"人们"为焦点，通过观察他们特殊或多样的参与行为，根据他们的思考方式和语言理解实践的意义和功能，这就是实地调查。通过文字或者影像再现这种理解，称为民族志书写，即人类学者在"现场"聚焦于"人"，理解"他们"具有社会现象性质的实际行为。最终，人类学理解现象主体——人们——的实践行为、意义和价值，将所理解的内容在特定的语境中排列、再现或者叙述。

田野调查与民族志密不可分，但这并不意味着田野调查就是民族志。这就有必要将田野调查与民族志书写分开阐述。前者是在现场学习、理解"他们"实践的工具性过程，也是使人类学者个人重生的教育过程；而后者则是使用文字——近来包括影像技术——将所得体会传达给读者的方法与技术。以前做了田野调查本身即认证了民族志的权威性，因此，民族志叙述为得到认可，必须要证明其是通过田野调查获得的经验，这是民族志书写的一部分。在这种背景下，民族志书写之前的田野调查方法与技术成为调查方法论的核心内容，民族志讲义时常讲到了对田野调查进行的经验论或哲学性的反思，但是关于民族志书写或再现的讲义却没有得到重视。

虽然田野调查的质量对民族志质量的影响几乎是绝对的，但优秀的田野调查（"优秀"一词的意义多少有些不确切和混乱）并不意味着一定能够成就优秀的民族志。体会文化的过程和用体会编织成的故事是两码事。有时不懂当地语言的学者在短期访问后也会创作出兴趣盎然的故事（民族志）。也许这些令人印象深刻的经历很容易吸引大众的兴趣。但是，正如直接叙述田野经验并不是书写民族志，田野工作的质量并不能决定民族志的质量。

而且很明显，田野调查和民族志书写并不是人类学的全部。也许"民族志不是人类学"这句话应该改为"不是只有民族志才是人类学"，同样"人类学并不就是民族志"这句话应该改为"人类学并不只是民族志"。人类学的研究主题和对象多种多样，根据其类型，需要民族志叙述，也需要其他研究方法。如果说在一定的时空内，以行为者为主角，再现某种现实的样貌、过程及其含义是民族志书写的真谛，那么对波澜壮阔的人类史的研究，即眺望人类存亡史或者所谓"文明"的诞生与终结，这类大历史研究就并不是民族志所能做到的，为此而进行的实地调查也大为不同。这里讲的实地调查指的是在文献的海洋中进行资料探索。该资料现场多是指博物馆、图书馆或记录保管所等，对相关遗迹进行实地考察，以及前往散落在现场四周进行的多点实地调查。当然在如此巨大的讨论工作中，人类学者提供的、有关世界多个地区和群体的调查报告或者民族志叙述，作为二手资料的价值也得到了认可。这些研究倾向重新唤起了人类学建立初期被讨论的根本性学术分科概念。也就是说,宏大而庞杂的知识叙述很容易把人排挤掉,而人则是将知识践行为现实的主体。但是我们必须铭记,我们使用"人类"或者"中国人""西方人""罗马人""非洲人"等词语时,作为特定时空主体的"那里人"——当地人或原住民——的存在就会消失。进而,如果用一个名称标示某个地区的人,很容易陷入他们隶属于同一种思想、制度和价值而进行同样行为的结构(功能)主义思维中。以涂尔干及其弟子们为首的社会学年鉴派,收集了全世界的二手民族志资料,建立了超越地区或民族的、作为普遍知识的意义和象征理论分类体系〔参考 E. Durkheim and M. Mauss 1963(1903); M. Mauss 1969(1950); R. Hertz 1960(1907)等〕。比如,马林诺夫斯基在特罗布里恩群岛这一特定社会生态环境和历史脉络研究中提到的库拉交换行为,就在莫斯的理论中被再造为超地域的普遍知识。我们要讨论的问题是,主体实践的语境化地方知识(local knowledge),与消除主体、特定时空、通过去语境化进行的普遍知识生产之间的矛盾。

现在重新反思民族志再现的方法和技术(艺术)的另一个理由是,人类学这门学问本身就是教授反思或者进行自我省察的学问。人类学是寻找维护人类尊严和安全的智慧,打破偏见和无知的学问。如果民族志没有问题意识,目的仅限于强调世界多样性或者异质性的知性好奇心,那就只不过是特定集团或者势力的知性游戏，或者是特定理念和价值——民族主义、文明、帝国主义等——的侍女学问而已。人类学家具有强烈的、知识生产的伦理问题意识，对民族志书写（再现）的方法与内容不断自我反省。

人类学将省察和反思视为生命，人类学的存在理由和价值中最重要的一点，就是将通过"他者"（研究对象）重新发现"自我"（研究者和读者）作为终极目标。这众所周知，不再赘述。但是人类学是研究、定义、代言"人"的学问，所以研究者、被研究者以及读者三者之间总是交织着理解（understanding）、解释（interpretation）、再现（representation）的主观性和客观性问题。因此，对方法上所有可能发生问题的检查和反省是人类学者绝对不可忽视的永久性伦理问题，同时也是科学探索的过程和手段。与其他学科相比，人类学对知识生产过程的妥当性的道德反省应特别敏锐。

当今，不仅在中国，在整个世界范围内，人类学都站在了其存在理由与价值的岔路口上。前面也讲到，实地调查、民族志研究、深描（thick description）、地方知识等词汇在相邻学科也已经大行其道，它们不再被认为是人类学独有的、特殊的方法论。当然这种现象也可以理解为人类学的外延扩张。但是仔细观察的话，会发现人类学定义的民族志、实地调查、深描和地方知识概念经常有使用不恰当的情况。从以经验主义或者实证主义人文学为导向的立场来看，出现了仅以现场考察的方式理解实地调查，将现场所见所闻原封不动地转化为文字即认为是民族志的倾向，这种倾向甚至在人类学界也渐露端倪。特别是在中国，人类学的重建历史比其他学科都要短得多，所以我们更应警惕人类学方法论和概念被歪曲的可能。20世纪90年代，费孝通教授组织"现代社会人类学高级讲习班"，是重建人类学以来，引起中国知识界和学界对人类学产生热情和关注的活动。但是在人类学形成坚实的规模之前，相邻学科积极吸纳人类学的新方法和理论框架，也导致人类学被歪曲。人类学界应该深刻认识到这种现实所发出的危险警告。对民族志的省察不仅关系到民族志的技术和伦理问题，还与人类学的存在样式及其重新定位直接相关。

（一）现代人类学与新民族志

1. 实地调查的民族志

随着人类学的理论关注和方法论技术（艺术/技巧）的变化，民族志的书写技术、内容和风格，实现了几次重要的革新。实际上，民族志的变化反映了什么是人类学研究对象、目的及主题的概念性定义的变化。19世纪后期，即现代人类学初期，西方知识分子将生物学进化论扩展至社会形态与制度的进化论,将在非西方社会发现的家庭与婚姻相关的制度与法(习惯)分类排列在历史进步的历时性(diachronic)脉络中。这可以看作维多利亚时代精神、人类理性和道德能力进步信念的智慧尝试。当时知识分子通过人类学这一新兴的科学领域,开发人类历史发展过程的理论框架,依据进化论(evolutionism)、传播论(diffusion theory)以及文化圈论(culture area/ Kultur Kreise),对地球上多个地区和民族的社会制度和惯例进行了分类整理。这个分类整理的结果叫做民族志。人类学初期,理论史关注的是所谓文明学派,如今他们追求的是特定地区或民族文明的源流或者原型,有知识考古学的性质,正在持续发展。

进入20世纪后,以拉德克利夫-布朗和马林诺夫斯基为代表的人类学家走出图书馆,进入生活现场,通过参与式观察,把握共时性(synchronic)视觉框架,在当下的时空内关注社会制度如何相互关联,以及这种关联是如何实践社会意义和功能的。据此,结构-功能主义使人类学的方法和目的产生了革命性的转换。自此,田野调查用以理解社会制度(英国传统)和文化(美国传统)实践现象,民族志叙述方法和方式作为再现技术不断成熟,在经验研究与质性研究相关的人文和社会科学的多个分支领域得到应用。

2. 结构与行为者的民族志

如果说马林诺夫斯基与之前的所谓进化主义、传播主义或者文化圈讨论的决裂，开创了现代人类学之路，那么埃文思-普里查德则是今天仍在发展的"新"现代人类学的发端。即，初期结构-功能主义者聚焦于社会制度或者惯行的文化实践方式和形态，形成了理解人们的文化在当代社会发挥何种功能的理论框架，而埃文思-普里查德则更正式地聚焦于行为或者实践主体——"人"，除社会结构外，他开始关注主体的思考或者思维方式（modes of thought），从努尔人（E. E. Evans-Pritchard 1940）发挥思维能力的角度解释他们的行为、说明方式、象征和意义。"思维方式"是牛津学派的核心关键词，既是主题也是方法论基础。这一哲学人类学理论后来与格尔茨的解释人类学相关联。也就是说，埃文思-普里查德开辟了关于人的民族志之路，取代了制度的民族志。他认为除社会结构外，还要重视意义体系、象征和象征分类体系、思维方式、逻辑展开过程、说明方式等，被西方人认为是未开化的原住民也跟西方人一样，是具备思考能力和思维方式的人，是能够理解事物和世界、赋予行为以意义、使用象征、具备知性能力的存在（参考 E. E. Evans-Pritchard 1937，1956）。由此树立了人是文化主体和能动的实践者的观点，并与法国结构主义人类学接轨。马林诺夫斯基主张制度以满足生物学上心理需求的功能为重，拉德克利夫-布朗主张社会结构的维持及再生产，而埃文思-普里查德则主张从"人"的意识结构、思维方式、逻辑体系等实践或表现来查看行为，是在二者的基础上更进了一步。

如果说人类学家因对陌生的原住民社会与文化拥有渊博的知识，处在优越的知识分子位置上，因能够说明他们的社会制度及与其交织产生的社会功能和意义，而享受了专家地位，那么埃文思-普里查德展现的则是，原住民作为文化实践的主人公登场，根据他们的行为和口述书写、再现民族志的技术、艺术性。也就是说，在民族志的叙述风格上，他试图通过再现文化实践让读者直接理解原住民，让他们说出自己的语言、做出自己的行为，而不是让人类学者作为解说员进行说明。他的民族志是创造读者与原住民直接见面的方式。他将人类学视为两种文化之间的沟通手段，也是提供路径的"文化翻译"（cultural translation）工作，并将民族志作为其工具。例如，赞德人为了说明某一事件，会动员他们所有因果关系的逻辑和想象，但一旦达到极限，就会说出"embori"克服知性局限。这相当于把西方基督教社会超越"科学"界限而存在的神秘事实说成上帝（God）的法则。尽管如此，我们不能事前将"embori"和"上帝"解释为同一存在，它需要在人们实际使用这个词的语境中加以理解。通过提供赞德人使用"embori"一词的语境的具体事例，西方读者最终认识到赞德人的"embori"和西方人的"上帝"虽然不是相同的存在，但都是表达超越人类智力能力界限——谁都接受，不再提出质疑的界限——的某种工具性词汇。

由此，他至少让西方人认识到赞德人拥有与自己相同的逻辑结构，他们与赞德人之间，虽然有些文化实践方式不同，但不能对两者套用科学与迷信、文明与野蛮、高级思维与低级思维的分类体系。努尔人说"双胞胎是鸟"——请注意，他们并不说"鸟是双胞胎"——，这是他们将无法用常识解释的事件转换成神圣含义的语汇，从而将其定位在象征体系中的一个例子。埃文思-普里查德没有整理说明他们的信仰体系（belief system），而是举例说明他们如何在日常中实际使用左右、圣俗、男女、净污等分类。努尔人在祭天时将一根黄瓜放在祭坛上，念叨"拿一头牛吧"，这并不意味着他们在逻辑或者知性能力上的局限，而是证明了他们知道在祭祀的背景下将一个东西或行动转换为仪式的象征。这些行为只有在特定的语境下，通过与他们的神话、象征和逻辑的多重结构对话才能理解。仔细分析来看，西方人的语言和行为实践的象征意义也是在这种多重结构中才能够被理解的。后来，格尔茨所说的深层游戏（deep play）的过程也与此有关。

埃文思-普里查德在《努尔人》中厘清了结构的三重性，即社会结构之外，还有生态环境结构和思维或者意识结构。个人依据其所属的宗族体系拥有社会存在的认同感，表明在他们之间适用社会分类范畴的方式。另外，根据旱季和雨季移动居住地，组成新的社会组织和体系，通过与生态环境的适应和妥协，形成社会结构的流动性，进而拓宽了个人如何"认识"及"说明"其结构的关注领域。有趣的是，他通过展示努尔人的牛（动物）和个人（人类）存在于一个认识体系，展现了人与自然或文化与自然构成一个存在论体系的事实。

埃文思-普里查德试图把法国人类学界对思维结构或者意识深层结构的研究与英国式的经验主义相结合。他将涂尔干及其同事们对象征分类体系（symbolic classificatory system）的研究、列维-斯特劳斯的结构主义分析与经验主义（实证主义）英美人类学相结合。在他的影响下，牛津将社会人类学定义为"经验哲学"（empirical philosophy），确立了新的学派倾向。埃文思-普里查德的另外一项贡献是开启了对人类主体性的关注。他试图通过民族志，用包含"他们"语言和行为的具体事例，说明原住民如何认识、定义自身（personhood），如何将自己与周围的思想和事件联系起来。所有陌生的东西，所谓他者的文化，只有在"他们"实践的当地语境中才有意义。可以说，今天的民族志让行动者出场，采用"他们"的言行来提供说明，就是因为受到了埃文思-普里查德的影响。

然而即便已经开辟出了当地人（原住民）作为文化实践主体直接登场的道路，在相当一段时间内，人类学还是一直把研究重点放在查明某种深层结构上。也就是说，原住民的言行是深层结构的表现。例如，在思维方式分类体系中，亲属制度等基础结构占据了一席之地,其表现方式可能有所不同。可以用真正的牛祭天,也可以用一根黄瓜代替牛,其隐藏的逻辑结构是一样的。

3. 结构过程的民族志

结构的概念开始发生变化。有的学者认为结构不是一个,而是多重且变化的。利奇发现(E. Leach 1954),在缅甸高地的克钦族社会会根据贡萨-贡劳制(*Gumsa-Gumlao*)的钟摆模式(pendulum),以形成平衡(equilibrium)的方式保持政治体制的结构活力(structural dynamics)。特纳的研究表明一个社会的成人仪式不是宗教仪式,而是象征性地体验知识、社会认同和性作用等转移的一个结构性变化过程(V. Turner 1967)。很多民族志事例告诉我们,结构不是固定的体系,而是存在于矛盾和冲突的过程中,这一矛盾过程会创造出社会活力(dynamics)(M. Gluckman 1963;V. Turner 1957)。另外,在印度尼西亚的葬礼上,对礼仪结构和实际仪式过程间矛盾的表述(C. Geertz 1973)也是同样的情况。弗里德曼指出,中国宗族的分裂过程和形式与非洲模式不同,是不对称的,这种不对称结构导致了同一氏族内部的矛盾和竞争,而这正是中国社会一直以来的动力源泉,这也说明了这种结构的非结构性(M. Freedman 1958, 1966)。人类学家在现场通过对人们的言行观察并记述了这种结构性矛盾,或者结构与实际存在之间的矛盾过程。这就是书写有关结构动力的民族志。费孝通的《江村经济》（H. T. Fei 1939）呈现一个小地方社会的经济与产业结构和农民的生活结构，同时观察并分析当地农民对于变化结构的意识和活动。我认为，林耀华的《金翼》（Y. H. Lin 1947）虽然采用的是历史小说的形式，但就是从这种结构动力视角写就的，值得重读。

4. 行动理论民族志

进入 20 世纪后半期，民族志逐渐从结构和制度转向对行为和过程的叙述。60 年代以后越来越关注语境决定行为的方式和过程，而对结构和文化体系约束力的研究则减少了。"行动理论"（action theory）是从结构决定论中解放行动者的理论。人们虽然为自己所属的社会制度和空间所束缚，但同时也试图超越藩篱，从而满足个人要求。因此，行动者的合理性、理性、计算、选择、战略、竞争、矛盾、妥协等成为民族志再现的关键词。这种关注和主题的转换对于理解民族志内容和结构的历史变化非常重要。与对某个民族或者社会特有的所谓文化项目的记述相比，行动理论民族志更关注处于特定情形中的"人"的想法和他们的判断，以及策略选择的行动过程。利益集团的构成、亲密关系、网络的形成、规范和策略的巧妙竞争、合理的计算和选择、竞争与妥协等替代了文化共同体的规范规则或社会结构的规制（F. Bailey 1970; J. Boissevain 1974; S.

Ortner 1984）。

巴特为建立脱结构理论框架提供了重要契机。他主张用组织（organization）这个概念性词语代替结构（structure），应因当时的需要，随时重新调整权力、作用和价值（F. Barth 1966）。人们为满足需求随时通过计算和选择进行组织，结构不是固定的或者绝对的，而是在特定环境下由人们生成的（generative model of structure）。巴特指出（F. Barth ed. 1998），在生成的结构（组织）中，族群的边界会发生变化，他用民族志方式观察了斯瓦特地区帕坦族社会中有政治野心的行动者进行竞争的政治过程（F. Barth 1959）。即不受既有法则的约束，根据情况制定某种规律和价值作用框架进行应对，结束后遵循平时的结构性规范和规则。

摆脱结构和制度的固定性，在情形语境中，人们通过与结构的妥协形成灵活性组织，要厘清该行动决定过程，田野调查和民族志变得更为必要。不是结构或制度的约束性或者决定论，而是文化实践的多样性尝试以及各种现有结构和制度的实践性和适应力。随着情况的变化，结构会再生或变形。如果把行动者——人——从这里剔除，我们无法知道他们为何违背结构或者以其他方式进行实践。没有对行动者的观察，则仅能够呈现结构、制度、法则、类型、模式等外形而无内核。其他社会科学学科埋头于制度主义、结构决定论以及结构分析和阐释，而人类学与他们的本质差异即在于此。

这种变化意味着人类学的主题从制度转向行动，更加倾向于追求具体的、质的研究。现在的人类学是以特定的空间、场所、舞台、体裁为研究单位，而不再是以民族、族群、村落等具有决定性约束力的共享文化为边界的单位。由此"场域"（arena）的概念出现，它是指在一个社会或生活领域内，有特定的人群参与，为进行某个主题的工作而临时构成的环境或结构。为了实现民族志的再现，田野调查方法强调人类学者与行动者进行更深层次、更细致的会面。与此同时，事实的记录、深层结构、思想与感情、战略与妥协的开展过程以及对结构的详细记述，开始成为民族志的内容，行为者越过边界，以跨界网络构成的空间成为观察单位。叙述边界内观察到的内容，和成员越过边界、扩张世界的过程的民族志，是可能有所不同的。

但是理性、合理的计算、战略的过度强调会忽视个人受到价值观、伦理、感情、现有的社会关系即文化体系影响。人类学与其他社会科学区别之处在于，现实是由行动者——人——的介入和主体性而形成的事实及其实践，不仅是对环境和条件的合理计算，还通过与现有文化的妥协和调整的行动（action）的过程（process）来实现。

5. 解释的民族志

民族志的另一变化体现在格尔茨的解释人类学上（C. Geertz

1973)。格尔茨认为,多种含义交织在一个行为中。这些含义的交织,即深层结构,根据当时的语境选择并表现出来。从巴厘岛的斗鸡中可以看出(C. Geertz 1973:327-341),这是社会结构与秩序、象征体系、文化实践方式、男女分类、官民权力关系、公私对立、历史经验与记忆、禁忌与欲望、克己与放纵、理性与暴力、平和与愤怒、激烈的热情与顺从等交织在一起呈现出的综合性文化活动,只有解释出参与者头脑中的多重记忆、想法与现实世界的关系时才具有意义。对他们来说,斗鸡是深层游戏,只有通过深描才能得以解释。对一个仪式的解释包含各种记忆、经验、理念和对现实的评价的层层结合,创造出特别意义和感情(Kwang-ok Kim 1994)。人们头脑和感情中累积的很多故事层层交织,表现为某种事件,这种观点对美国的新历史学派(New History School)产生了很大影响(R. Darnton 1984;N. Davis 1984)。

6. 后现代省察

20世纪70年代后期到80年代中期,发生了对田野调查和民族志的反思运动。该运动的最大意义在于触发了人类学者对知识生产的伦理性和民族志内容真伪的省察。特别是,在西方人类学者与非西方殖民地原住民之间形成的多种权力关系交织的生态系统中,人类学者应冷静地反思该生态系统所产生的知识的合理性,并思考在文化实践现场究竟应以何种方式观察和理解（P. Rabinow 1977）。第二次世界大战结束后，世界体制的急剧变化带来结构性质的变化，如何认识这种变化则决定了人类学的地位，而后现代反省运动正是对这一过程的反思。同时，即使旧时代的殖民体制和帝国主义在理念和法律上发生了变化，但其结构，尤其是深层结构的知识和理念体系，本质上没有变化（V. Crapanzano 1980），正是因为认识到这一点，人类学者需要反省该如何规定或决定研究者与研究对象之间相遇的性质和本质（J. van Maanen 1988）。对这一方法论的反省成为后现代人类学的核心议题。超越这种时代潮流，提出人类学的学术认同以及人类学的方法论核心——田野调查与民族志书写应如何连接的哲学性和技术性，这可以说是人类学发展史上的重要事件（J. Clifford and G. E. Marcus eds. 1986；G. E. Marcus and M. Fischer 1986；G. E. Marcus 1998）。对研究方法论的后现代讨论使"反思"的话语流行起来，主要讨论的是作为西方殖民者的人类学者和被殖民者之间的权力关系对民族志真实性产生的影响。即民族志叙述不仅是"部分真实"（partial truth），还意味着人类学家对于用自己的诗学想象力进行文学"写作"所创造真实的反思。介入这一知识生产过程的权力关系问题，除了西方学者和非西方原住民以外，还广泛涉及男女、知识生产者及作为原材料提供者的原住民之间的不公平而不公正地位，以及谁来决定主题和问题意识的合理性等问题。从他们的问题意识中，我们可以重新思考人类学知识生产的地方语境。

后现代人类学家们的讨论集中在西方人类学者对非西方人群的研究上。与之相反，在亚洲，人类学家们用从西方学习、输入的理论和方法研究的大多是"自我"社会或者"与自己相似"或"熟悉"的社会。从所谓"本土人类学"的情况来看，中国人类学者在对中国社会的民族志再现过程中没有经历过伦理问题的"自觉"，也没有正式讨论的空间。在亚洲，人类学问题的提出和讨论方式也将西方人类学家在研究非西欧社会——甚至非洲或者南美——时提出的问题，用于"自我"社会的研究。韩国、中国、日本人类学者，在研究自我社会或者相邻的韩中日社会时遇到的调查者与原住民的关系问题，可能与西方人和非西方人的关系有所不同。而且在多民族国家的中国，汉族人类学家和少数民族出身的人类学家之间，对待对方民族社会时也可能存在方法论或者理念位置的问题。有人提出，在亚洲人类学或者人类学本土化的背景下，有必要将这些问题设定为议题进行讨论（Kwang-ok Kim and Okpyo Moon 2017）。

但是介入民族志书写过程的伦理问题的提出，同时给民族志的风格和内容带来了相当大的变化。传统民族志呈现的是"他们"的社会，为"他们"代言，然而现在这些部分逐渐减少，在个人告白或者个人经验的语境下呈现出叙述受限的倾向。结果对相关地区和居民的实地调查总体上定格于最低限度的相遇（minimal encounter），即个人（人类学家）与个人（当地居民）的会面。后现代民族志大致是以引发兴趣的事件或冗长的辩白开始的，用以表述人类学家"我"和出场人物（他们）之间形成了何种性质的相遇和关系。在特定的时空状况下，依据特定性质的相遇带来的特定知识写成民族志，提前为他可能遭遇的批评（枝节性、误解的可能性、缺乏普遍性等）设定了伦理防御空间。以前的民族志所呈现出的社会制度、信仰和价值体系的总体交织（即结构），不是要对某个民族志事件进行定位，而是仅限于针对单一理论主题的实地调查和作为其产物的民族志进行再现。因为只停留在挖掘部分真相的工作上，而非总体语境下的理解和说明，所以读者面对的是作者（人类学家）在一定社会空间内——即没有任何社会语境的——关于特定经验的故事。这导致读者不是一般的公众而是人类学家，作品本身也呈现专业化或缩小的倾向，不是为大众分析、阐释而是使用学术用语，呈现出压缩文化的性质。民族志书写中新近出现的变化是，以前经常使用原住民（native, villager, the local people）或者指代深层调查者的主要信息提供者（key informant）一词，现在使用"对话者"（interlocutor），表示"对话当事人"或"对话共同主体"。也就是说，民族志的所有现象、行为及说明都是人类学家与他的对话者在特定的语境和环境下共同创造的。最近，所谓新时代的博士学位论文代表这一倾向的流行,将人类学家"我"与几个主要人物如何相遇、如何对话编辑在理论主题的框架中,作为个人遭遇(personal encounter)的故事书写民族志。这种民族志集中书写人类学者自身的个人经验和理解,容易受到私人话语的束缚,限制了民族志阐释的公共性和代表性,从而导致人类学成为知识俱乐部的谈资而难以扩散社会声音。

7. 黑暗期的民族志

但自20世纪90年代以来,受全球化和新自由主义的影响,人类学的发展局势发生了急剧变化。随着全球范围内人、文化和资本跨国流动的日常化,与后现代主义相结合的民族志研究倾向使单个地域社会不再是独立研究单位,而使所有地区社会都处于相互连接的网络中。跨国交流、跨界移动、不同民族与文化的相遇、全球本土化成为民族志研究的新主题,民族志开始关注地方与全球化浪潮之间如何发生并达成冲突与妥协。全球化时代的另一趋势是,承认现代发展与进步的历史进程实际也生产出令人不快甚至与历史现实相悖的情况。在繁荣、富饶、民主、平等、互惠的口号和想象中,贫困、歧视、排斥、新殖民体制、新帝国主义、国家主义和民族主义暴力并没有消失,而是正在全世界的不同地域民族之间发生。面对这个新的黑暗时代,人类学家从以前的无历史性、非政治立场转而参与到现实政治经济中来(S. Ortner 2016;

T. H. Eriksen 2014）。现在，在西方人类学界，世界体系、新自由主义、国家-社会、中心-边沿、全球化、跨界移动与流动、移民与散居、资本、市场、贫困、劳动、矛盾、阶级、压迫、剥削、异化、疏离、排挤、歪曲、暴力、抵抗等成为实地调查目标，构成民族志的主流主题，福柯的后结构主义和多种立场的新马克思主义观也受到了新的关注。但是，关于政治经济学和全球化或者世界体系视域的研究，从沃尔夫（E. Wolf 1982）或大卫·格雷伯（D. Graeber 2009，2015）都可以看出，比起民族志，这类研究更注重宏观历史性的阐释或者问题意识理论及理念的展开。

最近的民族志叙述方式和风格的主要倾向是人类学者选取几位个人，把他们与人类学者个人的会面和对话作为民族志资料。在这里，个人为了证明研究主题和理论，准确选定有代表性的主体，研究者的所有设定和选择都是正确合理的。所以将焦点对准他们可以有效、明确地证明理论的主题。这样写成的民族志既代表并拥护（advocacy）他们个人，又支持自己的民族志工作。然而如今，在一个民族志空间里，并不能捕捉到由多样性、矛盾、异质性创造出来的充满活力的生活现实。结果，后现代主义者的民族志书写的伦理自省，从总体语境下的真实再现（realist ethnography）转向围绕单一主题，通过人类学者自身的学习经历和与被调查者的对话，导致民族志走向简单化和窄化。正如前面提到的，这种民族志书写方式不是从总体视角去理解相关社会及其成员的世界，而是仅局限于讲述个人经验的范畴的产物。个人经验谈或者自我告白式民族志书写对于人类学面向社会，引起共鸣，扩大知识公论的场域等来说都是消极的。与人类学研究的流行形成对照，人类学的立足之地反而变窄，这样一种学术内卷（involution）正在发生。关于民族志的讨论到此为止，而"做人类学吧"的新近主张遭到批判（T. Ingold 2014），后者认为后现代人类学家的民族志书写讨论需要反省的同时，还造成了人类学本质的缩小和歪曲的负面影响。与此同时，随着对人类面临的生态、环境、自然、人类生存的安全问题等主题的宏观研究成长为一个对策性潮流，这可以看作是人类学在重新定义（redefinition）和重新概念化（re-conceptualization）语境下的反击。

（二）结论：为了有"人"的民族志

民族志的核心要件是再现有"人"存在的文化实践。不考虑关于理论和方法论的各种讨论，被认定为优秀民族志的作品，其共同的核心特点就是都是以"人"为中心而写就的。我想把作为经验哲学（empirical philosophy）的人类学定义解释为人类作为主体存在的社会科学（human social science），即"人文的社会科学"(social science of humanities)。在追求以人为中心的民族志时,我们遇到的新挑战是民族志观察和再现的单位没有明确边界的问题。以前的研究单位是处于真空状态或者独立时空中的部落或村落,村落作为观念实体,现在,村民的实际时空越过行政单位的边界流动扩散,形成多种异质性的连接和混合,城市民族志尤为如此。一个群体处于附近其他群体、城市、国家与世界相连的巨大关联中,构成了一个多样与异质的网络,这也是实践过程中的现实。

这也表明了我对空间非固定性的关怀。社会、经济或者宗教的网络越过村庄或特定行政区域的界限而扩散,人们的日常生活在跨界网络所形成的空间中实现。也就是说,再小的社会也不是同质、孤立的实体,而是本身具有多样性、又与异质性的外部世界相连接的。人类学提出从世界一部分的视角看国家,通过人民的生活实践样貌和思考方式探究国家、社会或者人民的世界是如何连接起来成为一个有意义的生活构成体的。这就是需要更深入、更认真地重新考虑田野调查和民族志再现工作的理由。

人的民族志也意味着实践的民族志。行为者成为主人公,民族志描述的是"人"规定、生产世界的过程性故事(processual story)。从严格意义上讲,如果没有再造某种现象或者现实的行为者、实践者,即没有"人",那就不成其为民族志了,那只是方志、民俗志、博物志、制度的解说集、写真记录。当"人"介入某种民俗,与实践意义的行为相结合时,我们就能写出民俗实践的民族志。人类学对动物、植物、物品、食物、建筑、艺术品等自然和物质的关注正在增加,对它们的研究不是仅仅停留在详细的科学知识上,而是考察人如何介入其中。将事物的科学知识与人的行为相结合,在特定的语境下叙述其使用方式和实践意义的过程,我们称之为民族志。

根据通常对"行动者"或者"主体"的要求,将几个人设定为主人公,凭借对其个人的观察和对口述的记录试图再现民族志。要让一个人代言时代和社会的整体故事,需要证明他存在的世界是包含冲突、不一致以及矛盾等多重关系存在的异质势力的实践场。但是,研究者如果根据自己的意图选择个人,依据"他"提供的私人记忆和选择的话语和轶事代表研究主题,而不是与整体语境相关联,那么,这就不能算作成功的民族志。

另外,对普遍性和代表性比较敏感的研究者,为了回应"一个村落或社会单位的研究能否代表所有社会"的批评质疑,会在多个地区进行相同问题的研究,试图实现"部分之和就是全体"的想法,并认为这就是所谓的多点(multi-sited)民族志。然而,研究者无法忠实于参与式观察,而只能做短期访问式的中断性多点调查,这并不符合人类学关于在总体中才理解部分的方法论要求。相反,传统上人类学家在对一个村庄或群体进行田野调查的过程中，跟随人们的社会、经济及宗教活动，跨越单位边界，共同参与到包括各种场所和体裁的行为和交流网络中，这才是多点参与式观察的实践。现在是时候重新考虑进行何种形式的多点研究了。

问题是，为传统的质性研究和整体理解而做的实地调查逐渐减少。当今社会变化急剧，结构的持续性非常短暂。因此，围绕社会知识生产展开的是"速度战"。知识市场上，研究结果应成为即时提供的商品。方法、表达和表述不合时尚，商品的价值就得不到认可。也许这个民族志方法论的讨论本身就已经落后于时代，没有了商品的魅力。民族志写作不过是完成博士课程后，为成为职业人类学家而需要通过的执照考试而已。停留于完成博士学位论文，或者勤奋的人几年后再整理成专著，将其出版后就不会再花时间和精力写民族志了。如今的学术界，以论文篇数论业绩，田野调查和民族志不再是高效的生产方式，其权威性和价值也理所当然得不到认可。人类学家们逐渐开始生产针对特殊主题、特定层面、对症性强、以研究者为中心的报告，或者投入到理论的讨论、想象力和理念生产的哲学性写作中。因此，人类学家不愿再进入条件艰苦、形势复杂的现场，而是在整理完备的文献资料室里调查。这意味着人类学中的"人"正在消失。人，是社会现实和文化现象的再造者，是实践主体行为者，而社会和文化本身替代了人成为理论性、思辨性研究的焦点，而这样的研究，即知识考古学或哲学随笔，替代了人类学。其结果必然是人类学将沦落为社会科学的二流学科或哲学人文学的一部分，人类学的生存空间变小，其声音被埋没于人文社会科学的诸多分科之中。

批判民族志讨论视角的抬头，也是对人类学的研究主题和对象陷没于思辨性讨论而被遗忘的反应。可以说，这反映了方法论或哲学讨论泛滥，实际研究成果——民族志的分析——渐次减少这一学界风潮。在所言与所行相背离的情况下，这样的讨论只是重议人类学家自身伦理意识的、空洞的"口头宴会"。人类学应该重新认识到讨论现实生活中的人，这一实证主义传统的重要性。"后现代反省"虽然是有意义的，但我们需要摆脱反省论的陷阱，超越"我"的经验记录，再现"他们"实践的民族志。

何以再议民族志？民族志不是去书写满足读者对陌生人好奇心的故事，而是带着真相参与"人的世界"的一种真挚的方法，是向世界敲响警钟的积极工具。所以，今日再议民族志是为了响应"人的人类学"的时代要求。人是生活世界的主体，而民族志中如果没有人，就很容易把人类学变成空壳学问。正如前面讲到的，不仅仅是停留在谈论历史、政治、经济、宗教、艺术、物质、自然等内容上，而是需要"人"介入其中。换言之，只有再现了人如何与这些内容结成特定的关系、如何行动、如何创造出了意义和说明，才能成为民族志。与其追求西方人类学家的"写文化"理论和批判，不如在我们身处的时空语境下分析、评价我们自己写的民族志。

＊　＊　＊

本书收录的文章都有不同于以往民族志写作的特点，是研究者对自己作为专业人类学者首次书写民族志进行自我批评式反思的尝试。这项工作不仅不简单、不容易，而且是非常之困难的。如果曾经对自己做过"完美执行"的评价——虽然在序言中难免会做一些自谦性的发言——那么，对自己的民族志进行"自己做错了什么或有哪些不足"式的反思，就可能是愚蠢而鲁莽的。然而，过去对民族志方法论的诸多讨论都遗漏了实质内容，只注重哲学性讨论或者理论说教。从这一点来看，用具体事例，将自我问题化，鼓起勇气直面问题，追求方法论民族志，就将是一次划时代的、颇具开创性的尝试。这不是对自己的首部民族志作品做正确与否的判决，而是开辟了另一种看世界的视角，并不断精进努力。

本书的另一个特点是，此前很多讨论都是西方人类学家做出的，而该书是中国人类学家进行经验讨论的尝试。这里收录的文章不仅囊括了中国人类学家对汉族社会的研究，还包括对其他民族社会的研究。具体看来，可以分为在中国范围内具有不同民族背景的人类学家利用民族志再现与自己相同或者不同民族的社会和文化，以及以中国人类学学者的身份，对海外社会和民族群体的研究。这为一直以来声音不断的人类学中国本土化讨论提供了新的方法论体裁，包括研究对象、主题及进一步聚焦于研究主体等内容。

首先，在民族志的写作过程中，参与执笔的大部分同事是根据行政单位或者地理、物理分界来确定观察与分析单位的，所以在认识形成"居民"实际生活世界的文化要素和社会空间的灵活性方面，要警惕失败的可能。

梁永佳（第二章）讨论了基于对同一田野地点——大理——的研究而出版的两本民族志。回顾整个田野工作和民族志写作过程后，他认为前一本博士论文是有些青涩却不失洞察的作品，某些概念分析并不能真正说明田野材料的复杂性，也缺乏历史维度。其后，他以对白族身份的反思研究为主题，展开了新一轮的田野工作，从村落研究拓展到区域研究，从现实研究拓展到历史研究。最终，他对过去十年的调查资料进行重新解释写成了一部新的民族志。

杨渝东（第三章）对田野调查和民族志的写作过程进行了反思，认识到从整体性视角书写苗族迁徙的重要性。一开始，他将苗族山地村落视为一个地域封闭的农业村落，从而导致在民族志的撰写上更侧重于村庄的社会结构和诸多仪式，并仅从仪式的表述中去探讨其迁徙的主观意象。但如果跨越村落民族志的界限，从苗族"逃避统治"的历史感来进行书写，那么其两性交换、土地关系和声音系统的表述，都将成为书写其迁徙更为重要的方面。

有研究指出，固定性和流动性问题为实地调查过程和民族志再现工作增加了难度，这指的是在知识生产过程诸阶段，当地文化实践经验的流动性和思想变化引起的困难和不便。

段颖（第四章）提到如何从田野调查的碎片化经验现象走向整体、系统的理论分析，如何处理日常生活与理论想象之间的断裂与连接，又如何从民族志走向人类学。其中的过程，一度被视为人类学家的"魔法"。段颖基于在泰国、缅甸以及中缅边境地区长期的田野调查，尝试以"流动"为主线，反思研究者田野经历与人类学研究的互构过程与思想流变，进而强调，人类学的知识生产，既来自于田野工作者于远近经验之间的不断穿梭，感性、直觉与理性、逻辑的纠缠和交织，更源于田野境遇、理论思考、个体识见与共享生活经验等诸多因素相互塑造之下的"因缘际会"。这让人思考实地调查过程中的经历和感受与在民族志中重新讲述的过程之间的差异。

张文义（第五章）指出讲好一个故事，要求触摸到人的生命经验。做好一个论证，要从个案中跳脱出来，分析生命经验背后的文化逻辑和机制。两者结合起来，人类学既研究人类的机制，也传达生命的质感。他通过分析两篇民族志论文，检讨自己在多大程度上做到了这两个要求，并讨论了三个问题。首先，在研究的不同阶段，自己眼中的民族志现象的整体发生了什么变化。其次，民族志论文最关键的是个案能带来什么理论意义。在研究过程中，当自己越来越熟练地传达大师思想时，就开始思考我们所处时代和社会的最大焦虑和梦想，以及它们如何影响了自己的人类学实践和追求，民族志又如何传达了这种生命经验和时代精神。第三，两篇文章分别用中英文写成，从中体会到语言也是思考方式和意识形态，看到每一种语言蕴含的思想体系如何影响了研究者的材料选择和论证过程。总结这三个问题，他想呈现人类学的民族志研究如何在严格的田野操作中触摸飘忽的历史感。

民族志书写之所以难，是因为它是超越了制度的说明和事件的分析，通过"他们"行为者、实践者的头脑和心中的想法、感情，理解和解释表现于外的行为和实践的过程性工作。特别是关于宗教和信仰的人类学研究，人类学家进入与自己完全不同的"他们"的世界，因其独特的世界观和象征体系，在理论框架和实际经验的维度之间会遭遇微妙的困难。另外，"他们"的宗教经验与将其作为第三者的知识框架再现意义上的工作之间也存在紧张关系。

杨德睿（第六章）在提问性的文章中，以宗教人类学者特别容易受到要求自白的压力为引子，点出宗教人类学被以实证科学为中心的当代知识霸权体系赋予了一个特别微妙敏感的"特工"角色，负责对科学的宿敌——宗教——进行敌后情报工作，以便于对后者进行改造和收编。依托于这个比喻，作者指出，民族志对于宗教人类学确保其在现行学术体制中的角色和地位具有重要功能：必须以撰写民族志为中心任务来规划田野调查的操作架构，指导日常工作的实施，才能使宗教人类学者不至于在敌营里"迷失自我"而"变成土著/信徒"。之后，作者以自己最初的两次田野调查经验为例，先是佐证了上述论点，继而对民族志方法固有的、导致抽离、排斥融合的偏差展开批判。最终，作者建议在无法改变既定知识霸权体系赋予宗教人类学的角色位置的情况下，宗教人类学者至少应对民族志方法的重大局限有清晰的意识，从而谦卑地尊重、欣赏其他各种提升心智能力、内涵和美感的途径。

黄剑波（第七章）也关注田野研究中的身份自觉与自我意识，回顾基督教在一个汉人村落的发展状况，集中讨论田野调查过程中身份自觉与自我意识对民族志书写的影响问题。即，田野工作者可以有不同的方法和视角，难以说对错和好坏，但有必要对自己的身份和角色有所自觉：无论作为观察者还是参与者，参与观察者还是观察参与者。在民族志写作过程中也同样面临如何处理自我意识的问题，例如作为研究者的"我"如何定位，"我"到底书写的是谁的生活。简言之，自己最有痛感的研究才是值得长时间投入的研究。

李耕（第八章）所研究的不是宗教教理或者信徒的信仰体系，而是宗教的非专业从事者，即对江湖占卜从业者所创造的思维体系的研究。以占卜从业者为对象的民族志，对研究者本人有两个持久的影响：占卜从业者的关联性思维有其内在的连贯性，使得研究者对逻各斯中心主义的统摄地位，以及不同文明中异质性的思考方式和知识体系，有了更清醒的认识；占卜从业者相关的"江湖"则启发了研究者对"社会"本身的社会学想象力。"江湖"作为一个总体性社会隐喻，串联起本土社会分层、日常生活状态以及行动者的实践策略等多重涵义。

民族志是以行为者"人"为主人公再现他们的实践，而历史认识对"人"的意识和思维产生的影响是深刻的。人类学家面对的世界——不论是拥有文字记录的文明社会还是没有文字的社会——都是经过历史过程构建的现实。人们依据拥有的历史形成他们的思考和思想，构成人类学家直接观察到的"他们"的社会生活和行为（E. E. Evans-Pritchard 1962）。历史人类学作为人类学的方法论，其重要性被重新认识，在历史学领域也将人类学作为方法论加以应用。特别是在文明历史悠久、综合性的现代国家研究中提出了历史性的问题。

龚浩群（第九章）反思泰国研究经历，讨论民族志研究中的历史感问题。历史感是研究者对被研究者所处的历史语境的感知和认识,并在此基础上基于双方之间的对话而形成对他者的文化描述。作者试图表明历史感的形成与研究策略有密切的关联;历史感不仅与时间因素相关,也与研究者所处的空间位置相关,并体现为历史的多元性;自我与他者之间不仅存在同时性,也存在共生性和历史的交集。研究者对于历史感的自觉是民族志研究方法论中的重要部分。

前述梁永佳和杨渝东指出,通过洞察历史深度可以正确把握居民的世界和他们的文化体系,本书的很多作者都曾指出这一点。值得关注的是,最近历史人类学正成为新的热点,但什么是历史人类学还需要进一步的讨论。在中国,一群历史学家在研究地方史时,像人类学家一样进入当地参考私人文献资料、碑石和民间风俗,认为这就是田野调查,称之为历史人类学。而且人类学家综合民间记录、文书和日记、口述等,做的是重构相关地区社会历史的工作。特别是,人类学家经常对没有文字或资料稀缺的地区社会进行历史重组,并为考古学或历史学家提供灵感和方法上的帮助。但是一直以来人类学家关注的是历史记忆和历史意识作为政治、社会资源的生产和改造。历史不是残存的过去记忆,而是一种文化资源,包含对现在和未来的想象和评价,是被再生产、被召唤的现实手段和体裁（R. Johnson, G. McLennan, B. Schwarz, and D. Sutton eds.

1982; P. Connerton 1989; W. Roseberry 1989; J. Fentress and C. Wickham 1992; R. S. Watson ed. 1994）。

在文字历史资料不充分的社会，人类学者对其政治结构的变化和人生史的再构成工作做了很大贡献。这样的工作必须要对当地社会做深入、全面的实地调查才能实现。对于此，郑少雄（第十章）以"在虚虚实实的资料中写一个不大不小的人物"为主题，对自己的民族志《汉藏之间的康定土司》评价道：一方面存在问题意识不够清晰有力、田野工作不够扎实接地气、论证逻辑不够完善周整等不足，但是另一方面对于理解民族间关系、形成新颖的民族理论提出了一些独特的视角。该书以土司生命史为载体来体现区分之后的灵活关联机制，从而指出社会整合的实现路径。关于边疆社会不大不小的人物的"可靠"信息比较缺乏，必须借助民间材料来完善其特征、揣度其心态。该民族志本应勇于探索末代土司生命史的前半部，以及更多涉及真正具有地方性意义的日常生活世界，如此对土司政治生涯的人类学理解才能建立坚实的基础。从方法论意义来看，这一反思也回应了从格尔茨以来"民族志作为文本"思潮中的某些议题。

对于这样的困难，陈晋（第十一章）用优美的笔触再现了在纳人（摩梭人）社会进行的实地调查和民族志书写的经验。他以摩梭族社会"无量山河"的传说为基础，试图通过与仪礼、知识生产的主管达巴的会面,追求知识生产和意义构成的再生产过程。从古至今,纳人的社会和文化被不断调查、研究和书写(以及自我书写)。借助无量山河传说所带来的启示,该文回顾作者对达巴的调查研究。特别之处在于,经由布尔迪厄提出的"参与式客观化(participant objectivation)"努力,作者试图跳出学科传统的认知路径,省思人类学田野工作、学术实践与知识生产/再生产之间的关系、多层次的时间性问题,并表明:研究者与研究对象的相互遭遇、误读与身份杂糅,以及双方对于现有认知局限的不断超越和突破,构成民族志研究的主调。

民族志写作中最直接的干扰和混乱是面临事先设定的理论框架与当地经历的现实无法连接的情况。原因在于经验现实的多样性。面对如何将模型、多样性或者活力连接起来的问题,通常仅选择符合理论主题的经验即可以打造出逻辑井然的民族志。但是为了打造正直的民族志,即真实的民族志,需要如实再现这种矛盾现实,或通过激烈的讨论,对主题和模式进行修改实现妥协。

舒萍(第十二章)的研究讲述了面对理论模型与现实差异时的经验。作者在文章中,主要从研究对象的选择、学术问题的形成和民族志书写三个方面反思了自己的博士论文。认为博士期间的学术训练对于作者的田野调查工作和民族志书写都具有很重要的影响，反思了当时的热点理论，国家-地方关系应用在自己民族志中的缺失，这主要表现在：侧重于挖掘国家-地方二者的张力，而忽视了二者合作与共赢的一面，并提出市场作为"第三领域"理解国家-地方关系的可能性。

模型和现实的差异经常在亲属制度及其现实实践中体现出来。实际上很多人类学家的亲属研究一直侧重于制度所具有的政治经济学功能和理念层面。现实中，亲属制度和家庭相关的理念体系在实践过程中是多种多样的，因此在再现民族志的过程中很容易无所适从。特别是应该从总体论的视角观察，亲属制度在生活中是多种实践方式的理念参考事项，而不是作为制度规制行为者的行为。

刘宏涛（第十三章）以他所做的彝族腊罗巴支系亲属制度研究为例，他对自己的亲属制度研究的对象进行了梳理和反思。在进行最初的民族志研究时，他所面对的是琐碎的、可观察、可访谈到的各类社会现象。之后，在更深入地理解社会运作之后，他所面对的民族志对象是当地的社会秩序与文化规则。然而，通过与利奇、格尔茨等学者的对比，他意识到民族志对象还应该包括当地社会秩序与文化规则所表达的含义，以及各文化共通的价值。同时，民族志的对象与民族志的书写是一体两面，民族志对象本身的结构为民族志的书写提供了基础框架。总体来看，民族志研究并不是一种可循的操作步骤，而是随着研究者对当地社会与整个人类状况的整体理解而对民族志研究的理解不断加深的过程。

理论模型与现实的背离是民族志反映农村发展问题或农业经营技术和方法的具体现实时经常面临的困惑。让我们一起来看看黄志辉（第十四章）是如何克服这一难题的。他立足一项在2007至2011年间展开的有关底层社会的民族志研究，以回忆民族志写作等细节过程的方式，对有关议题和文本进行了反思。中国的人类学家与社会学家在研究底层社会时，显示出各自迥异的写文化气质。但作者认为田野调查与民族志的书写手法更容易展现劳动细节与劳动周期，更能刻画出底层生产与生活的画卷；也更能跳脱出既有文献的框囿，应因实际的田野情境，在特殊的劳动场域或劳动过程中归纳出新的理论。由于生产劳动的周期性与田野调查周期常常吻合，而且民族志可以沉浸于细节深描，可以浮现劳动过程的多样性，再加上研究对象的权益诉求常常与相关学科的公共价值追求相吻合，民族志方法与劳动研究是非常匹配的。民族志要展开对劳动过程的研究，就是要拒绝用均质性的预设替代异质性历史的认识。如果能用民族志细致表述劳动的复杂性、内部的精细性、劳动的合作性，就能展现劳动价值生产的完整链条，助力实现更加平等的社会。

最后，从对当代现实的田野调查，到探讨社会结构性质的特定历史学理论的研究,这是历史人类学领域需要特别关注的一项内容。正如张亚辉(第十五章)在题目《永锡难老》中所暗示的,他认为第一次民族志研究并不完美,需要持续反思并继续追求。他基于对一个晋中水利社会的民族志经验的反思,试图从历史人类学的角度对当代地域社会的田野发现与官僚制度发展理论进行比较。魏特夫(Wittfogel)认为古代中国的专制政治体制(despotism)是根据水资源的所有权和管理权形成并维持的,即所谓水利理论(hydraulic theory)。通过再分析民族志内容,他提到现在晋祠民间的道德和宗教系统需要放在宋代以后中国的框架里来理解。他指出文人官僚取代家族主义成为中国政治的担纲者是在宋以后,儒家并非抵抗专制主义的力量;当前的田野材料呈现的是乡土中国,既非共同体也非中国特有的自然社会形态,而是封建制度转型的结果。从晋祠的水母神话与儒家对孝道的要求之间,发现宋代以后的儒家伦理道德系统与基层社会的家族主义之间的张力。皇权的巫术性与民间巫术系统的结合是理解中国村落的核心问题之一。他指出,问题的核心是,水利权力本身的动态特征是中国社会的核心要素,但国家一直希望将水利权力静态化。也就是说,水资源的权力自古以来就存在于民间,作者通过重新阅读民族志,提出宋代以来水资源随着儒家思想的政治社会资源化而成为国家专有物。他的重读民族志实验性地提出了人类学从新的角度分析历史的可能性，为历史人类学者开辟了神话、传说和国家理念相结合的有趣的研究领域。

综合以上各位执笔者的自我批评，首先需要指出的是，田野调查和民族志书写过程中的问题意识不成熟和技术脆弱性的问题。以有边界的特定地理单位和社会制度为研究对象，忽视构成该社会、实践社会制度的人，则导致很容易忽略实践群体的多种社会阶层及阶层边界的变化。也就是说，要掌握研究对象的流动性和活力，即村落或社区等行政单位与政治、社会、经济、宗教等活动世界，其边界和体裁是不同的。另外，要洞察生活世界的深度，即多重结构，其中包括各种历史经验和记忆、关系的累积而产生的特殊感情和心理作用。因此，结构和制度等固定的社会和文化体系对人的影响不是单方面的，人们在现实语境中是否以及如何进行实践性妥协，可以从其过程脉络中发现。为此，有必要进行一定程度的长期实地调查、反复评价及再调查。通过这种方式，克服理论模型和现实的差异，摆脱一次性的知识好奇心，谋求人类学实践的公共善意。洞察创造现实的多重结构，连接行为者与读者，再现实践主体的生活，这就成为优秀民族志的模型。正如传统人类学那样，民族志在向读者提供新知识的基础上，进一步起到使他们跳脱出只有自己的旧世界的作用。如前所述，民族志再现（书写）与做人类学并不是同一种方式。我们作为人类学家，从宏观视角以

一 导论:"民族志"何以今日再议? 41

多种方式和风格为人类世界所有的真相发声。其中民族志是通过向远离具体现实的读者层层再现现实,从而创造新世界的一种过程性手段,即实现公共人类学或公益性知识生产。从这个意义上讲,民族志就是人类学的生命。

参考文献

Bailey, F. *Stratagems and Spoils*. Oxford: Basil Blackwell, 1970.

Barth, F. *Political Leadership among the Swat Pathans*. London: Athlone, 1959.

—— *Models of Social Organization*. Royal Anthropological Institute, 1966 (Occasional Papers no.23).

Barth, F. ed. *Ethnic Groups and Boundaries: The Social Organization of Culture Difference*. London: Waveland Press, 1998 [1969].

Boissevain, J. *Friends of Friends: Networks, Manipulators and Coalitions*. Oxford: Basil Blackwell, 1974.

Clifford, J. and G. E. Marcus eds. *Writing Culture: The Poetics and Politics of Ethnography*. University of California Press, 1986.

Connerton, P. *How Societies Remember*. Cambridge: Cambridge University Press, 1989.

Crapanzano, V. *Tuhami: Portrait of a Moroccan*. Chicago: Chicago University Press, 1980.

Darnton, R. *The Great Cat Massacre*. New York: Basic Books Inc., 1984.

Davis, N. *The Return of Martin Guerre*. Cambridge: Harvard University Press, 1984.

Durkheim, E. and M. Mauss. *Primitive Classification*, trans. by R. Needham and introduction by E. E. Evans-Pritchard. London: Cohen & West Ltd., 1963 [1903].

Eriksen, T. H. *Small Places, Large Issues* (4th Edition). London: Pluto, 2014.

Evans-Pritchard, E. E. *Witchcraft, Oracles and Magic among the Azande*. Oxford: The Clarendon Press, 1937.

—— *The Nuer*. Oxford: Oxford University Press, 1940.

—— *Nuer Religion*. Oxford: Oxford University Press, 1956.

—— "Anthropology and History." in *Social Anthropology and Other Essays*. New York: The Free Press, 1962, pp. 172-91.

Fei, Hsiao-tung (Fei Xiao-tong). *Peasant Life in China: A Field Study of Country Life in the Yangtze Valley*. London: G. Routledge and sons, Ltd., 1939.

Fentress, J. and C. Wickham. *Social Memory*. Oxford: Basil Blackwell, 1992.

Freedman, M. *Lineage Organization in Southeastern China*. London: Athlone, 1958.

—— *Chinese Lineage and Society: Fukian and Kwangtung*. London: Athlone, 1966.

Geertz, C. *Interpretation of Cultures*. New York: Basic Books Inc., 1973.

—— "Deep Play: Notes on the Balinese Cockfight." in *Interpretation of Cultures*. New York: Basic Books Inc., 1973, pp. 327-41.

Gluckman, M. *Order and Rebellion in Tribal Africa*. London: Cohen & West, Ltd., 1963.

Graeber, D. *Direct Action: An Ethnography*. Oakland: AK Press, 2009.

—— "Radical alterity is just another way of saying 'reality', a reply to Eduardo Viveirose." *HAU: Journal of Ethnographic Theory* 2015 (5): 1-41.

Hertz, R. *Death and the Right Hand*, trans. by R. Needham and C. Needham and Introduction by E. E. Evans-Pritchard. London: Cohen and West Ltd., 1960 [1907].

Ingold, T. "That's enough about ethnography!" *HAU: Journal of Ethnographic Theory* 2014 (4): 383-95.

Johnson, R., G. McLennan, B. Schwarz, and D. Sutton eds. *Making Histories*.

Minneapolis: University of Minnesota Press, 1982.

Kim, Kwang-ok. "Rituals of Resistance: The Manipulation of Shamanism in Contemporary Korea." in Keyes, C., L. Kendall and H. Hardacre eds. *Asian Visions of Authority*. Honolulu: University of Hawaii Press, 1994, pp. 195-219.

Kim, Kwang-ok and Okpyo Moon. "Korean anthropology between global market and local community." *Asian Anthropology* 2017 (16): 203-18.

Leach, E. *Political Systems of Highland Burma*. London: Athlone, 1954.

Lin, Yueh-hwa. *The Golden Wing: A Sociological Study of Chinese Familism*. London: Kegan Paul, Trench, Trubner & Co., 1947.

Maanen, J. van. *Tales of the Field: On Writing Ethnography*. Chicago: University of Chicago Press, 1988.

Marcus, G. E. *Ethnography through Thick and Thin*. Princeton: Princeton University Press, 1998.

Marcus, G. E. and M. Fischer. *Anthropology as Cultural Critique: An Experimental Moment in the Human Sciences*. Chicago: University of Chicago Press, 1986.

Mauss, M. *The Gift*, trans. by I. Cunnison and Introduction by E. E. Evans-Pritchard. London: Cohen & West Ltd., 1969[1950].

Ortner, S. "Theory in Anthropology since the Sixtieth." *Comparative Studies in Society and History* 1984 (26): 126-66.

—— "Dark Anthropology and Its Others, Theory since the Eighties." *HAU: Journal of Ethnographic Theory* 2016 (6): 47-73.

Rabinow, P. *Reflections on Fieldwork in Morocco*. Berkeley: University of California Press, 1977.

Roseberry, W. *Anthropologies and Histories*. New Brunswick: Rutgers University Press, 1989.

Turner, V. *Schism and Continuity in an African Society*. Manchester: Manchester University Press, 1957.

—— *The Forest of Symbols*. Ithaca: Cornell University Press, 1967.

Watson, R. S. ed. *Memory, History and Opposition*. Santa Fe: School of American Research Press, 1994.

Wolf, E. *Europe and the People without History*. Berkeley: University of California Press, 1982.

经验与呈现

二 从纠结遗憾到告别"初见"：
我的两本民族志[①]

梁永佳

多年前，一位台湾人类学前辈曾经跟我谈起出版第一本书的话题。他不无调侃地鼓励我说："早出也好，余生都会在纠正第一本书的遗憾中度过。"前辈著作等身，经验老到，调侃也透着深刻。我出版的第一本书——民族志《地域的等级：一个大理村镇的仪式与文化》（梁永佳 2005）到现在已经十六年了，前辈的预料一再应验。我发现不论做什么题目，似乎都跟这本书留下的遗憾有关。我甚至重新到大理收集资料，又写出了第二本民族志《一个中国少数民族地区的宗教与民族复兴》（*Religious and Ethnic Revival in a Chinese Minority* [Liang 2018]）。两本民族

[①] 本文在讨论和写作过程中，得到不少老朋友的批评指正，感谢张文义、陈晋二位的书面评议，尤其感谢金光亿先生的书面建议和修改意见。同时感谢浙江大学社会学系沈心怡同学的编辑工作。

志虽然主题不同,篇章各异,但怎么看后一本都有纠正前一本留下遗憾的嫌疑。这可能出乎那位前辈的预料,更缺乏成熟学人的智慧。若论入行,人类学者有一部民族志就够了。似乎怎么用它才是正经:有人从来不提它,也有人除了它什么都不提。退一步讲,就算再写一部民族志,也要换个地方。像我这样在同一个地点写两本民族志,与其说是"纠正遗憾",不如说是"纠结于遗憾"了。

遗憾是肯定的,明智就算不上了。人类学是一门"遗憾"的艺术,做田野工作的时候年纪轻轻,哪里看得懂世道人心?可是等到阅历深了,又很难奢侈地撂下工作和家人到遥远的世界摸爬滚打。古人说四十岁前不要写书,实在是有道理的。人类学者如果能在四十岁之后动笔,民族志或许会更吸引人。现如今学术界早就没有那种严谨,自然会留下很多令人遗憾的第一本书,人类学恐怕更是如此。

所以,金光亿先生给我们开出"人生初见:反思第一本民族志"的题目,实在是高屋建瓴。金先生不仅是韩国人类学的主要奠基人,也是中国人类学重建四十年最重要的"外援"。他是看着我们长大的,也亲自指导和培养了几代中国人类学学人,至今依然在第一线为中国人类学操劳,提携比我们小得多的后进新秀,这实在是中国人类学之幸。"行远者储粮,谋大者育才",看到金先生这个有诗意的题目,我可以感受到一代学人的气度和境界。他不仅要求我们回首自己的历程,也希望检视我们这一代人的足迹,甚至不乏鞭策之意。对于人类学看家本领的"民族志",我们这一代人类学者做了什么努力?留下了什么遗憾?有什么经验教训值得分享?在本文中,我尝试对金光亿先生的考题做个回答。

(一)田野工作和民族志写作

《地域的等级》是我的第一本民族志,是在我博士论文的基础上完成的。回顾这本书,自然让我想起当年在北京大学读书的岁月。这部论文集的作者有几位是我当年的同学,可能会从他们的角度谈。我自己还是很怀念这段时光的。那时候我学习几乎如饥似渴,记得第一个学期下来,除了经常到西门外的"社会学人类学研究所"上课之外,只有七次踏出校门。几乎所有时间都在读书,仍然觉得时间太少了。那个时候北大刚刚取得人类学博士学位授予权,我好像也是第一个在这个学位点上获得人类学博士的人。那是 2003 年的事情。

我的题目是做许烺光先生《祖荫之下》(*Under the Ancestors' Shadow*, Hsu 1967)的再研究。我最初接触到这本书的时候是在 1997 年寒冷的冬天,我的朋友纪仁博(David Gibeault)跟我说,他刚刚读了一本叫《祖荫之下》的著作。书里提了一个有趣的问题：为什么在中国，财富一般在一个家庭手上难以超过三代？按许烺光的说法，这是因为穷人与富人的人格心理不同。穷人克勤克俭，诚信守朴，穷人的孩子早当家；富家子弟则贪图享乐，玩物丧志。所以财富会在三代之后易手。2000年夏末，我的人类学启蒙老师、武汉大学的朱炳祥教授告诉我说，他计划到许烺光曾经做过田野工作的大理做新的调查。可是我马上要去北大读书，去大理的想法只好搁置。

幸运的是，我与大理的缘分竟没有因此错失。一年之后，我的导师王铭铭教授真的为我提供了一个到大理喜洲做田野工作的机会。这是一个叫做"云南著名田野工作地点的再研究"的课题，主旨是通过对抗战时期几处重要研究地点的考察，认识抗战时期中国人类学的财富。我了解到，许烺光先生是在1941年来到喜洲的，任职于西迁至此的私立武昌华中大学，并在当地展开研究，而书名正是费孝通先生帮他想出来的。记得开题的时候，社会学系的几位老师带我们几个行政上归在费孝通先生名下的博士生去拜访他。我趁这个难得的机会向他请教为什么给许烺光提出"Under the Ancestor's Shadow"（在祖荫下面）这个名字。费先生说，是因为那时候他自己也很想写这样一本书，他当时很重视祖先崇拜和家的问题。他还说，理解中国社会，解决中国的社会问题，离不开对"家"的研究。过去如此，现在恐怕也是如此。接着，费先生把话题一转，又说道，"现在我们清楚，那里的人是白族。他们的历史文化很有特色，要好好研究。"多年后，我接触到费先生在40年代魁阁期间与马林诺夫斯基的通信，完全印证了他在2001年对我说的话。在魁阁期间，他正在写作《禄村农田》（费孝通1944），那时候他的兴趣的确是祖先崇拜。但经过反复权衡，他决定仍然聚焦农业和土地，而没有涉足祖先崇拜。因此，许烺光先生对大理祖先崇拜的研究，的确与费先生当时的学术旨趣关系很大。

王铭铭老师为我的研究做了精心的安排。他那个时候正在开辟中国西南的研究，不断思索东南人类学与西南人类学的关系。他当时对"地域崇拜"有兴趣，觉得许烺光研究家族，但并没有重视地缘关系。王老师提醒我说，血缘与地缘关系都很重要，我们经常说"血浓于水"，实际上可能是在说"血等于地"。他这四个字对我冲击很大，不仅道出了社会构成的基本要素，也覆盖了中国人类学传统中两个重要的脉络：以"血"为纽带的家族研究和以"地"为象征的地域崇拜研究。我在田野工作期间，王老师还亲自来到大理同我跑了很多庙宇，包括喜洲人的朝圣地——神都、古城、巍山。他一方面看看我田野做得怎么样，另一方面也给我不少鼓励和指导。那时候读博得到的课程训练并不多，能这样手把手学习如何做田野，的确是我的幸运。

虽然如此，我的田野工作并不是很顺利。我起初在喜洲并不觉得田野工作有趣，经常坐中巴到古城里闲逛。那时候大理的旅游开发有限，只有一条"洋人街"有不少来自全国各地的游客，但更多的游客来自国外。那时候，旅游还是一件很奢侈的事情。我发现他们颇为"放浪形骸"。在一家小酒吧里，我遇到过一个二十多岁的小伙儿，他是在加州长大的中国人，说大学毕业后在中国四处闲逛，发现这里太有趣了，决定当几年酒保再说。还有一家人从台湾搬来小住，雇了几个当地人，自己玩儿"当寨主"。游客多半厌倦世俗，把大理想象成逃避之所，举止也有意"不落俗套"。有一天早晨，我在喜洲四方街的石凳上看到一个人，正在睡袋里看书。攀谈起来，才知道他是家欧洲大公司的手机工程师，满世界穷玩儿，有意不带手机。在大理做过田野调查的那培思（Notar 2006）说，这个小小的西南古城，已经成了"孤独星球客"（Lonely Planeteers）的浪漫异域、心灵归宿。这话不假，游客对大理是有点宗教情怀的。

如果现实让人不满意，至少可以相信在远方有美好的去处，米兰·昆德拉说"生活在别处"，大概就是这个意思。游客把大理当成反转规则的地方，可以悬置常规，放浪形骸。特纳（2006）把这种空间上的"别处"称为"阈限"（liminality），这里的一切都是"反结构"的，从而衬托出凡俗生活的规则。例如朝圣，人们进入超常时刻，提醒自己生活在日常空间之外

二 从纠结遗憾到告别"初见":我的两本民族志

的"别处"。它可以肃穆神圣,也可以脏乱无序,但都有一种难以名状的超越性。李亦园先生曾经说,旅游可谓世俗时代的朝圣,言简意赅。我相信超越性是多数游客来大理寻找的东西。至于找没找到,我颇为怀疑。

游客眼中的大理只是惊鸿一瞥,这当然不同于大理人眼中的大理。这里并不是异域奇境,这里有自己的凡俗。我发现村民似乎没有什么"宗教情怀",拜神的时候好像没那么"虔诚",我有意无意地用基督教的标准衡量大理的民间宗教,甚至开始怀疑是不是选错了题目。直到一件小事改变了我的想法。那天晚上我到一位老先生家闲聊,问了一个生硬的问题:"您这么喜欢写风俗习惯,是不是担心您这一代故去之后,它们会消失?"老人一下子笑起来,说了一段我至今难忘的话:"不是的,我小的时候,谁在乎这些规矩呢?清明上山祭扫,想的是放风筝,偷看邻村的女孩儿。老了才关心规矩,才想到我们的历史,才愿意去谈演洞经。"

原来,大理人的宗教生活是从老年开始的!我渐渐不大去古城闲逛了,开始关注这个问题。我发现,老年是专门拿来关注"他性"的。我说"他性"(alterity),是指超越此时此地的存在,可以称为"他性",也可以称为"超越性"或"彼岸世界"。我不用后两者,不是因为这两个词不好,而是因为这两个词太好了,以至于被哲学家、宗教学家"滥用"成为某种关于人的条件的哲思，某种形而上的玄妙之物。其实那个世界并不玄妙，是文盲老妈妈也能感知和思考的对象。语言表述的东西多半都不是真实存在的，那个超越此时此地的他性并不是唯一"虚无缥缈"的玩意儿。

我发现，一个人大概在孩子结婚生子之后，就正式步入老年。亲朋送给新人的礼物，名义上也是给老人的，经常写着"庆贺某某儿子完婚"。这个时候，夫妇分床而睡，再怀孕也不光彩了。[1]这时，子女会支持父亲去"洞经会"，母亲去"莲池会"，条件好的家庭更是如此。就算不去，老人也逐渐退出家庭俗务，到外面打打麻将，聊聊天，而且就在村庙里，有的庙里挂有"老年活动中心"的横幅。他们的"离家出走"称为"修行"。跟那位老人的谈话让我终于找到了"兴奋点"我于是不再去古城闲逛了，转而专心收集这方面的材料，半年之后，我带着不少材料和更多的问题回到了北京，准备迎接艰苦的论文写作。

正在这个时候北京爆发了"非典"。这场让生活停摆的疫病对一个写论文的博士生来说简直是太"理想"了。我当时跟大学同宿舍的好朋友在北四环租了一间破旧单元房，完全没有人打扰，也不必出门。那个时候没有社交软件，甚至没有畅通的

---

[1] 关于这一细节，参见 Hsu（1967：13）。

网络，我可以把所有时间都拿来写论文。记得我每天都可以一直写到第二天一早，逐渐养成了上午七点入睡下午一点起床的节奏，而论文竟然真的写出来了，甚至有"闲暇"又读了一遍金庸的《天龙八部》。此外，这场疫情让人们有了劫后余生的感触，也使得北大人类学专业的紧绷气氛稍有缓解。总之，我稀里糊涂地过了答辩这一关。现在想起来，这个学位还拿得有点不好意思，原因就在于民族志留有很多遗憾。

（二）叙述框架、历史、问题意识：《地域的等级》的三个遗憾

《地域的等级》不算是一部好的民族志，因为这个文本有三个遗憾之处：第一，它缺乏合适的叙述框架；第二，它缺乏历史纵深；第三，它缺乏明确的问题意识。

首先说叙述框架。我在写作这本书的时候，并不清楚一部民族志应该如何书写，也不知道《写文化》（克利福德 & 马库斯 2006）以及那之后的一系列讨论。北大那个时候不太重视民族志和田野工作，印象比较深的民族志大概都是在王铭铭老师的课上读到的，大概有三类：一类是经典民族志，例如《西太平洋的航海者》（马林诺夫斯基 2002）、《努尔人》（埃文思-普里查德 2014）、《缅甸高地的政治制度》（利奇 2010）、《尼加

拉》(格尔茨 1999)。这几本虽然很古旧,但在当时算是"新"文献,就算是当时一线的职业人类学家也未必真读过的。第二类是中外人类学家有关中国的民族志,像黄树民的《林村故事》(Huang 1998),尤其是桑高仁的《一个华人社区的历史与魔力》(Sang ren 1987),当然也有费孝通先生的《江村经济》(2007)、《云南三村》(2006),林耀华的《义序的宗族组织》(2000)和《金翼》(2015)。这些书读起来很亲切,尤其是黄树民和桑高仁的书,我的印象很深。那个时候发现这些书跟前面一类特别"不像",总觉得哪里"不对劲儿"。记得王老师说,人类学的难题是如何研究"有文明"的社会。研究中国非常难,因为中国有文明。而研究美拉尼西亚、西非就容易多了,因为那些地方本来就没有文字。这个问题意味着什么,我到今天才有自己的答案——我觉得弗里德曼很可能问错了问题,但那个时候太稚嫩了。第三类是不那么"经典"的民族志,像《恶魔的庆典》(Kapferer 1983)、《从祝福到暴力》(Bloch 1986)这种,我的印象其实更深,我觉得那才是我心目中的民族志。刚才说过,这些书几乎都是在王铭铭老师的课上读的。但是多半囫囵吞枣,没有时间细读。那个时候对他的课"又爱又恨",有同学背地里叫他"魔头",因为阅读量太大了,根本吃不消。

读博之前,路易·杜蒙的再传弟子纪仁博带着我读过这位在当时中国几乎毫无影响的人类学大师,他的《南亚的次阶序》

（Dumont 1986）是一部被低估的民族志，我今天仍然这么看。虽然我读过的民族志按当时的标准来算，也可称颇具规模了，但是我对何为民族志仍然懵懵懂懂，甚至认为只要写得细就是好的民族志，也比较倾向于像"社区调查"那样"解剖麻雀"，写一篇详尽的社区调查报告。这在当时的北大社会学系是一个合法的做法，这当然有它的问题，但不全都是坏事。试想，如果我当时看了《写文化》，就会信以为真地以为人类学经典民族志的写法是无效的。我的脑子或许会乱成一锅粥，看什么都是"权力"，都要"批评"。请允许我多说几句：《写文化》是人类学史上的里程碑，标志着民族志的"文本转向"。但我很不喜欢这本书的观点：因为田野工作和民族志充满了研究者和被研究者之间的不对称、权力、支配，所以民族志都是"虚构"，研究民族志就是研究民族志写作。恕我直言，我实在看不出这本书有什么逻辑。《写文化》让人类学变成了文本批评，变成了无病呻吟的反思，甚至变成了对他人反思的再反思、再再反思。如果解决"表述危机"的出路在于"表述"本身，如果民族志终究只是一部部"小说"，那么我们无需走出自己了解他人，拿文本过来解构就够了，这种研究太廉价。换言之，如果都去解构文本，我们就不需要去做什么"扎实"的田野工作了。

《地域的等级》让我发现民族志的写作和田野材料是两件很不同的东西。一个人看到听到读到的东西，并不能直接写进民族志。民族志是要加工的，看似是别人，其实逃不开自己的框架。那种所谓"客观"的、"白描式"的资料呈现，是没法做到的。不管田野做得多么长、多么细，我们能呈现的东西，连经验世界的2%都达不到。没有自己的翻译、解释，材料没法"自动"说话。今天我知道，这就是格尔茨所说"解释的解释"（1999）以及瓦格纳所说"文化的发明"（Wagner 1981）的含义。但那个时候，我没有这个见识，只能摸索着呈现我所知道的喜洲，把我知道的东西装进自己的框架。由于怕别人批评我有所谓"先入为主"的框架，所以处处避开那个实际上挥之不去的框架，反而更显得生搬硬套。

例如，我在《地域的等级》（梁永佳2005：34）里提出了一个"复合文化"的概念，指相对或相反的价值在同一人文群体中并行不悖、对立统一的状态。在文化上，它可能来自不同的源头；在社会上，它描述了一种不因矛盾的存在而分裂或者趋同的社会。在这样的社会中，人们并不在相反的价值面前做取舍，而是接纳矛盾，甚至把矛盾内化，从而使社会继续处于稳定状态。内化的表现可以有很多种，但是，鉴于"矛盾"没有分裂社会的事实，很可能存在凌驾于矛盾本身的、超越矛盾的价值。这样，复合文化可以至少总结为两个指标：第一，存在不同的文化源头；第二，存在相悖的社会逻辑，这个逻辑有可能从属于更基本的原则。

二 从纠结遗憾到告别"初见":我的两本民族志

我用"复合文化"的初衷,是想形容出"汉"与"白"在喜洲的"杂糅",讲出那些在喜洲本地很"汉"的人,到了"非喜洲"的空间里,会变得很"白"。我当时认为,以往的研究或多或少地把喜洲人理解成单一的文化,没有认识到地方文化的复合性。就是说,一个像喜洲这样的弹丸之地,也可能呈现多样的文化特征。我当时面对的问题在于许烺光和朱家桢的区别。在许烺光的《祖荫之下》里,喜洲人是典型的中国人;而在少数民族社会历史调查里,朱家桢则把喜洲文化视为典型的白族文化。这显然源于两个时代的问题意识不同。实际上,人类学讨论"文化杂糅"的手段很多,"复合文化"是后来者。

我用"复合文化"这一概念,还希望能够延展费孝通先生的"中华民族多元一体格局"概念。他在这篇奠基性文献中,提出了"五十多个民族单位是多元,中华民族是一体"的纲领。他认为在一体的中华民族政治格局中,各民族在一定意义上代表着一种文化,这些文化彼此接触,互相融合,形成了这种多元一体的格局。随后,费先生提出"民族认同的多层次论",指出一个民族、一个文化、一个地方,正是通过"差异的一致",才得以"适应于多变不息的外部条件"。我希望用"复合文化"来说明一个地方、一个民族的生存智慧。

我当时认为,喜洲的地域观念,不仅在内部表现为两种结构上的对立,而且在外部也表现为既有历史深度、又有庞大规模的仪式性活动。内部观念与外部仪式之间,更蕴涵着深刻的象征关系。喜洲及其附近有很多庙宇。外表上看,它们之间差别不大,大致分成了两个类别:本主庙和非本主庙。人们认为"一件事有两个神管",所以在很多仪式中,都需要到本主庙和与该仪式相关的某一所庙宇各拜一次神灵。本主被认为是白族特有的宗教,而非本主属于由汉地传入的宗教。今天,这些崇拜的实践者更主动地接受这个说法。但更重要的,两个地域崇拜体系代表着两种本土空间观念,或者两种本土社会理论。这两种观念,一个把地域分成各个相对独立的部分,另一个把地域分成相互关联的部分。在这两个体系之上,有一套频繁的朝圣制度。它既容纳了本主,也容纳了非本主。这使得在喜洲一地并不发生关联仪式的两个体系,最终被朝圣涵盖。用一个对应复合文化的概念描述这种现象,我们似乎可以说,这是一种"差异的一致"。我称之为仪式性超越的"二元社会空间"(dual social space)。

可是这个"复合文化"其实有很多缺陷。首先,它仅仅是为处理"民族"差异而设,不能涵盖各种与民族关系不大的生活实践和制度实践。其次,我过于追求"汉"与"白"的差异,无意间建构了某种本真的"民族特色"。这个问题是根本的,因为实际上,杂糅之前也是杂糅,哪里存在什么"纯粹"的民族特色?文化从来都是复合的。历史上的南诏、大理,何尝不是

"复合的""等级的""差异的"？第三，正像我后来的文章提出的，所谓"白""汉"，都是很晚近的说法，并不存在古已有之的民族差异。

第二，《地域的等级》缺乏历史纵深。大理是一个"文献名邦"，无数的地方文献、家谱、碑刻等着我们开掘。我自己没有历史学的背景，而且被历史学者包围着，觉得历史简直难得不得了。所以尽管我收集了很多史料，但我几乎没有用过它们。我甚至拒绝把许烺光的《祖荫之下》与我看到的喜洲做比较。民族志的主体几乎都以 2002 年看到的事情为基础。记得当时我看埃文思-普里查德，引了他一句"我之所以不写赞德人历史，并不是因为他们的历史不重要，而是因为太重要所以要再写一本书"（Evans-Pritchard 1976［1937］）。一定程度上，我不写历史是幸运的，回避了潜在的批评；但在另一方面，没有历史的民族志也变得浅薄。我看不到那些现象背后的历史过程，很多原本属于历史性的问题，被我处理成了结构性的问题。

例如，我将喜洲的庙宇分成了"本主"和"非本主"两个类别。喜洲共有三处本主庙，妙元祠、中央祠、九坛神，分别对应着施主景帝、中央皇帝和爱民景帝三位本主。其中，后两者的名气很大，神话故事也很多。三处本主庙所辖的地界瓜分了喜洲全境。喜洲的非本主神祇有两个系列：山神、龙王、土地；城隍、地藏、灶君。以山神系列为例：山神处于一个很大的山神管辖区域中，山神庙坐落在喜洲西面的苍山上，供奉山神、龙王、土地。山神庙管辖的范围，从西向东，覆盖山、平坝、洱海，一直延伸到海东平坝。而南北方向，则以河流为界，每越过一条河流就有新的山神管辖，它们同样也是自西向东管辖到海东。大理盆地的三种地貌特征（山、平坝、海）都是南北均一、东西不同的。山神庙的体系，如同 x 光切片，给盆地的地形做了横切分割，囊括了全部三种地形，并用山神、土地、龙王赋予地形以象征意义，单独构成了一个特别的仪式空间。三神祇的功能单一：山神保佑祖先的风水福气，土地给人治疗，龙王负责降雨。山神、土地、龙王三神发挥的职能，都是本主重要的功能。我将这两个体系用结构的办法分成一系列内外、上下的对反结构。

但是，当我用喜洲庙宇体系的时候，我没有看到这些庙宇不是同时出现的，很多属于后来的"传统发明"（Hobsbawm & Range 1992），有的甚至出现在清末民初这样晚近的时代。我将它们一股脑纳入一个结构体系，实际上是对现实的过度解释。本主的确是地方性的，是在西南以外很难见到的独特庙宇，而山神、土地、龙王等则是中华文明所到之处可能见到的庙宇。但将它们称为"非本主"，是缺乏根据的。实际上，本主与"非本主"构成了一个庙宇体系，而不是两个。喜洲人的宇宙地图是非常大的。记得我干爸给我讲喜洲人重视的十个庙宇，从一

二 从纠结遗憾到告别"初见":我的两本民族志

数到十,"一塔寺、二进宫、三塔寺",一直数到"十王殿",靠谐音把十个"非本主"和"本主庙"都穿起来了。那明明是一幅壮丽的宇宙图景,却被我机械地割裂成本主和"非本主"的区别。

缺乏历史纵深的另一个原因是我试图将民族志写成"社区研究",没有注意到两者的区别。这本书虽然有三分之一的篇幅是关于喜洲之外的朝圣中心的,但我的目的仍然是理解作为社区的"喜洲",而不是研究住在喜洲的人。这导致我将"喜洲"和"非喜洲"过度二分了。很多有意义的材料我都没有去深挖,原因就在于那些东西不在喜洲。例如,我关心的圣谕坛、莲池会,其实在整个大理构成了一个网络,而喜洲的圣谕坛"复善堂"跟附近金圭寺的"宏善坛"几乎是合二为一的,我却没有跟喜洲人去看看宏善坛的仪式。我在书里收集了所有本主的诞生日,发现很多本主诞都是重合的,但相邻的两个本主庙从不重合。这是因为,一个本主庆生的时候,临近的、属于其他本主庙的莲池会有义务来"朝贺"。如此明显的、非中心化的网络体系,显然不能靠"社区调查"来认识。可惜的是,我没有追踪这个网络,而是聚焦于喜洲。正是我的"社区研究"心态,让我大大低估了喜洲人的"宇宙地图"。当我 2017 年在香港香火鼎盛的黄大仙偶遇喜洲来的一群老妈妈的时候,更领略了这张"宇宙地图"的震撼力。

第三，《地域的等级》缺乏明确的问题意识。这个是更为严重的问题。我的研究是以许烺光《祖荫之下》的再研究为名目的，我所依据的理论基础则来自与许烺光同时代并有同样兴趣的路易·杜蒙（Dumont 1981）。在我的印象中，我是第一个把杜蒙用到中国的人类学者。但遗憾的是，我的整本书仍然缺乏明确的问题意识，导致我时而对话杜蒙，时而对话社会空间理论，时而对话再研究，时而对话许烺光，时而又去谈文明社会的人类学。至少对我来说，这本书没有提出一个明确的、有力的问题，也没有在人类学理论脉络中找到位置。

我用路易·杜蒙的"矛盾涵盖"（encompassment of contrary）（Dumont 1981）理解喜洲，是因为我认为自己看到的东西很矛盾、很有张力，觉得杜蒙的看法很有用。当时，人类学研究很喜欢庆祝多样性，似乎一个文化越"独特"就越值得研究。而我觉得，在喜洲发生的事情"说不上独特"，但是却让我们有机会从具体的生活中观察那些外表看来有张力的实践如何能圆融贯通于惯常之中。杜蒙用矛盾涵盖这一概念告诉我们，世界并非扁平铺开的多样性，而是错落有致的等级。但是，我对杜蒙基本是没有反思的，也不知道后殖民主义对杜蒙正在展开激烈的批评。虽然我至今不同意那些批评，但其重要性是不言而喻的。至少，那些批评可以让我对杜蒙的缺陷有所反思。

总之，叙述框架、历史纵深、问题意识是我第一本民族志的三个遗憾。在这三个遗憾中，最大的遗憾是问题意识。阿克顿勋爵告诉历史专业的学生要研究问题而不要研究时期，科林伍德告诉考古专业的学生要研究问题而不是遗址，埃文思－普里查德则告诉人类学的学生要研究问题而不是民族（Evans-Pritchard 1976［1937］）。可惜，我当时没有体会到这些见解的重要性。多年后我才认识到，学术研究最为艰难的部分就是"选题"。过硬的研究无不有明确的问题意识。不清楚问题，就不会知道什么才是自己的材料，什么不值得去追究。田野工作从来不是"全面调查"，更不是穷尽调查，材料的取舍、叙述框架的搭建，都是问题意识的产物。现在，我时常会告诫学生，问题意识越清晰，田野调查就会越顺利，民族志也会越好写。问题意识要很精确，精确到标点符号。

（三）历史、族群、"他性"：我的第二本民族志

第一本民族志写就之后，我就踏上了一条曲折的学术道路。其中一个曲折，就是我总是觉得自己的田野工作没做完，以前的遗憾需要面对。所以我不断地想办法回大理，并开始研读当年积累的历史材料。2007年，王铭铭老师和潘蛟老师组织有关族群的研讨会，我提交了一篇"未有民族之前"的文章，否定了我过去人云亦云的"许烺光弄错民族"的说法。我提出，民

国时期的喜洲人，并未认为自己是白族，而是汉族。这篇文章以《〈祖荫之下〉的民族错失与民国时期的大理社会》为题发表之后（梁永佳2008），引来几位白族学者的反对。他们认为白族是很古老的民族，怎么能说我们曾经想做汉族呢。我觉得这一看法本身就值得研究，于是就到大理州档案馆查阅原始档案，竟然找到了不少学者曾经提到过的1956年确定族称的"民族座谈会"档案。我在这个基础上写作了一篇《制造共同命运：白族族称的协商》（梁永佳2012），发表在《开放时代》上。我提出，"白族"是在1956年才正式形成的族称，其目标在于建立白族自治州，当时的地方精英普遍认为民族身份是暂时的，其目的是加入通向共产主义未来的社会主义建设事业中去。我们熟知的民族身份千秋万代永远不变的想法，其实是非常晚近的观念。

历史维度的研究似乎一发不可收。2007年，我写了一篇大理明代隐士杨黼的文章，将隐逸问题引入了人类学讨论（梁永佳2008）。在此之前，我还很少看到中国人类学家探讨过隐士问题，如今，这已经成为一个引人瞩目的问题。2009年，我写成了《两种他性：南诏大理国的陌生人——王和宇宙统治》一文（梁永佳2010）。我利用了唐代至清末的二十余种地方文献和碑刻，还专门去考察了南诏末年的博什瓦黑石刻，并认真研究了有上千造像的《宋时大理国写工张胜温画梵像卷》。这篇文章提出了两个王权理念型交替出现在南诏大理历史的看法，英文版发表在《亚太人类学杂志》（Liang 2011）上，并得到澳大利亚学者埃文斯·格兰特等人的认真探讨（E. Grant 2014）。我得以将隐士和王权问题放在一起讨论，最终形成了我新书的看法，并于2018年在罗德里奇出版了我的第二本民族志《一个中国少数民族地区的宗教与民族复兴》（Liang 2018）。

虽说第一本书草草收场，但我还是觉得它有意义。例如，我前面说到的"修行"这个问题在那本书中没有明确提出来，但我的材料几乎都跟这个主题有关。一个人在世俗的世界忙忙碌碌度过一生，到了晚年才去照顾自己的"心灵"，才把时间花在自己的归宿上，这正是我第一次田野工作中印象最深的。但我当时却说不出为什么这个发现让我难以忘怀。当我在新加坡国立大学系统阅读了大量世俗化研究文献之后，我意识到这是一个很有趣的"修行"制度。"修行"这个概念让我体会到了"他性"这一概念的力量，也让我得以将过去十年田野调查的各种材料"串"起来：洞经会、莲池会、庙宇重建、朝圣、绕三灵。

洞经会经常被宣传成白族特有的民族音乐组织，古老艺术的"活化石"，这个说法有点像丽江的"纳西古乐"。实际上洞经会遍布云南，是老年文人的结社活动。明代大理人李元阳把它从中原带回老家，几百年下来已经充满地方特色。今天，会众们定期聚会，摆弄笙管丝竹，把各种经文"谈演"（念唱演奏）给各路神仙听，礼数周到，规矩详细，甚至有条款惩罚不孝敬父母的会众。2002年我听过一场为当地神仙杨黼举办的洞经会。主朋会众在神像两厢排开，琴瑟悠扬，烟雾缭绕，会首高声颂唱，举止十分讲究。观众席上十几个老汉身穿长褂，头戴礼帽，正襟危坐听完全场，仿佛一群民国乡绅。莲池会则是老年女子的去处，白语就叫"老妈妈会"。入会时，子女带上礼品把老人家送到本主庙，莲池会首（"经母"）与会众在庙里迎接。洒神水授木鱼之后，这个老妈妈就算"出家修行"了。她从此皈依佛门，吃素、念经、拜"观世音"，在庙里"服侍香火"。老妈妈会要在每月初一、十五到村里的本主庙念经。每逢重大会期，尤其是苍洱之间某位知名神灵的诞辰，老妈妈们还要赶到相关的庙上"烧烧香、磕磕头"，然后再排成两列，面对面唱诵各种经文，嘤嘤嗡嗡的特别耐听。几乎每月都有重大会期，尤其到了春季，她们要结伴加入三次大型朝圣队伍——接金姑、送驸马、绕三灵。

洞经会和莲池会都是年老人教，说明进入宗教生活并非天赋权利，而是完成世俗责任的结果。它取决于人在社会时空中的位置，人生阶段的标志。与实行"终身会员制"的很多大宗教相比，加入"两会"，类似得到了"终身成就奖"。洞经会是老年男子维护社区道德的精英组织。洞经会众认为自己是本地的道德楷模，很重视品行端正，因为他们识文断字，可以关联并吸纳神灵的德行。杨黼就是这样的神灵，他是入选《明史》的大理名人，得道成仙。据说天赋异禀者，能在洞经聚会上看到他到场享祭。因此，降神有着深刻的道德含义。理论上，洞经会"无会请不动"，只在重要的神仙诞辰才"做会"，把神仙请下来，给他们下跪、磕头、上供、烧香、谈演洞经。

莲池会众相信自己的修行不仅利己，而且利全家，说"男修修一人，女修修一门"，胜过洞经会（当然，洞经会不这么看）。她们的修行可以让家庭人丁兴旺、"清吉平安"，子女事业顺利，也能让自己健康，重病能迅速离世，不拖累子女。她们每诵完一经，即焚表"送库"，表示与神沟通完毕。可见，洞经会和莲池会都致力于关联与吸纳如文昌、杨黼、本主、观世音这样以神灵为表象的"他性"，并因此获得道德力。洞经会做社区楷模，莲池会图家庭兴旺，"两会"并非孤独地凭借自由意志"因信称义"，而是实践草根社会的道德生活。它们的复兴，实际上是基层共同体的再道德化。说加入洞经会和莲池会是某种宗教复兴，不是说老爷爷老奶奶坚守某种亘古不变的民间习俗，等着某些遗产专家一边"挖掘"，一边"感动"，"两会"活动不一定要戴上"民族文化"的帽子。1949年以后运动不断，这些活动就坚守不得；1979年以后结束全面控制，这些活动才能公开。活动是否合法，跟基层的行政重点有关；活动是否自发，则跟百姓的意义世界有关。解释行动者赋予自己行动的意义，呈现具体的生活世界，这是研究宗教复兴的价值。我曾提出，"传统的发明""国家与社会关系""宗教市场论""宗教生态论"等解释中国宗教复兴的理论，尚欠缺信众自己的看法。这些理论重视宗教活动的条件，但忽视了宗教活动本身，重视政治经济学，但忽视了本土"神学"。

我在这本书中建议"回到宗教"，研究当事人参与宗教活动的"神学"理由，呈现他们眼中的世界，解释行动者的意义。他们所要关联和吸纳的"他性"，或许荒诞不经谬误种种，却是他们采取行动的真正理由。这种"他性"，只是从某个大宗教里面道听途说来的东西，但却是真实的、集体的、规范性的。例如，一份莲池会旧经文，"错误"地把"南无地藏王"抄成了"南无记账王"。但那又如何？老妈妈念到"记账王"，想到的自然不是那位"众生度尽，方证菩提"的大菩萨，而是一个记录普通人善恶言行的神界账房。研究者固然可以用它补充自己的地藏菩萨分布图，也可以把它跟历史上的"功过簿"联系在一起，但有社会意义的，只是那个触发老妈妈行动的账房。我的意思是说，中国农村宗教复兴，几乎是在政治精英和知识精英缺位的条件下出现的，动力来自农村社会内部，不太需要用谱系学解构"宗教""迷信""神职""仪轨"等本来就不曾在社会行动中起作用的概念。

二 从纠结遗憾到告别"初见":我的两本民族志

大理村民寻求"他性",与他们在共同体中的位置有关,也与他们对"他性"的理解有关。大理老人的"离家出走"开始"修行",实际上是外求"他性",①这是一种植根于乡土的社会动力。大理村民寻求"他性",并不止于从家户到村庙,还有更远的去处,尤其是苍山坡上的"神都"。普通人既去村中"本主庙",也来拜神都的"五百神王"爱民皇帝,尤其要在农历四月底来这里"绕三灵"。他们要磕头烧香,上表祈福,唱"调子"、对歌跳舞,甚至隐秘地结交情人。正因如此,"绕三灵"一百年来一再遭禁,"文革"中甚至有偷偷来"绕三灵"者被捕,罪名是"乱搞男女关系"。其实民国的大理文人赵冠三先生早就看得通透,说此俗沿袭千年,官府凭一纸文告,怎可能"破除数十万农人之信念"?我不确定"绕三灵"是否传袭千年,但它直接回应地方社会的重大关切,这是"绕三灵"的复兴动力,远比上面的查禁动力实在,也更持久。

神都构成了各地本主的"他性"。构造上,它与本主庙一致,都有财神、六畜大王、送子娘娘、痘二哥哥、太子释迦牟尼等神灵,能回应民众在本主庙里提出的各种祈求。但神都主殿却多了一个各本主朝拜主神爱民皇帝的格局,形成高于本主的"他性",并通过普通人和莲池会、洞经会在"绕三灵"中的

---

① 我在《地域的等级》(2005)中称为"外求伦理"。

朝拜活动强化。"他性"的等级性亦不止于神都，大理以南的巍山构成了神都的"他性"。每年二月中，各村莲池会要去那里"接金姑"，把私奔到巍山的爱民皇帝之女，接回神都省亲。三月初三，她们又去神都以南的保和寺，把跟着金姑回大理却又羞见岳父的驸马送到大理古城。四月二十二，又把金姑送到古城跟驸马一道回巍山，这正是"绕三灵"的开始。三次朝圣保证了神都的生殖力每年更新，神都里的金姑像也成了大理最灵验的送子神像。围绕神都的外求伦理和"他性"等级，还有一个联姻神话支持，内容甚至能在南诏文物中找到痕迹。神话说，这个驸马名叫细奴罗，带金姑私奔的时候只是个猎人，丑到没脸见岳父，但最后却成为统一洱海的南诏开国国君。这是一个"陌生人－王"神话：王之为王，恰恰在于他野蛮、丑陋，敢诱拐美貌公主私奔。他因此就成为陌生人、世外高人、社会的"他性"。萨林斯（2003）说，"陌生人－王"是前现代社会有关合法统治的政治哲学。

可见，大理人不仅在时间上寻求"他性"，在空间上也存在层层"他性"，靠老爷爷老奶奶时时更新。大理人的宗教生活，不仅关联和吸纳了时间上的"他性"，也通过朝圣关联和吸纳了空间上的"他性"。正是这一系列的"外求伦理"，构成了洞经会、莲池会、本主庙、"绕三灵"一系列宗教生活得以复兴的根本原因。它是地方社会的重大关切，直接带来家庭兴旺，人畜健康，生意兴隆，社区和睦。这是关于道德操守和敬重神灵的一套制度，既是普通人的诉求，也是洞经会和莲池会关联"他性"的目的，是关乎行动者人生意义的活动。这种庞大复杂的生活世界，没法用运动消灭，随时可能复兴。

自发的宗教复兴持续了二十多年，终于进入了国家的视野。世纪之初，中国加入了联合国教科文组织的《非物质文化遗产公约》。"遗产体制"与"举国体制"似乎一拍即合，大量自发的宗教复兴活动被包装成"非物质文化遗产"，争取各级文化部门乃至联合国的认可，"绕三灵"也取得了首批国家级非物质文化遗产资格，还正式向联合国提出过非遗申请。有趣的是，地方精英撰写的项目申请书并未提及"绕三灵"的地方意义，而是将它描绘成白族表演艺术和器物风俗的文化空间，说它承载着民族的原始记忆。申请书甚至公开赞扬"情人"关系，称它修正了"儒家封建礼教"，"表示了对人性的极大关注"。这种怪异说法，大概不是发自内心，更像地方文人迎合申遗标准的无奈之举。斯科特（Scott 1999）说，想搞大项目，就得让国家"读懂"，牺牲地方意义几乎不可避免。国家通过非遗，建立了另一种"他性"，即国家的超越性。但这一"他性"是否能够与地方意义衔接，则是一个有待观察的问题。毕竟，降神、接仙、拜记账王、上表这些"荒诞粗鄙"的地方意义，很难纳入国家的理性主义话语和发展主义体制。发明"遗产"概念的联合国，要求遗产不受国家干预原样保留，却高度依赖民族－国家的遗产授权和遗产制作，这本身就自相矛盾。民族－国家必然要利用遗产进行国家建设，甚至为本国的身份政治服务。最终，联合国的遗产认定计划，沦为一个强化权威的工具。

第二本民族志应该说纠正了第一本留下的三个遗憾，它既有分析框架，也有历史维度，更有明确的问题意识。在中英文书评中，田纳西大学的梅根·布莱森（Megan Bryson 2020）在《中国宗教杂志》给予这本书颇为积极的评价，认为我提出的"他性"可以让我们对中国的宗教与民族两个问题有一个总体的认识，不仅对社会科学研究有意义，对于人文学者来说，也会有帮助。

（四）余论

从1997年第一次接触大理，到2018年暂时告别这个区域，我走了二十年，写了两本书、二十几篇文章。当然，第二本书仍然留下了不少遗憾。其中一个遗憾，就是我觉得西南仍然让我感到很熟悉，难以拉开人类学者应该有的"距离"。我虽然生长在西南的对角线，但大理其实跟我生长地之间没有很大的差异。接触文献多了，我会发现自己仍然在一套文献体系里转来转去。亲切固然让人舒服，但没有距离就谈不上跨越，就仍然在研究自身。这并非我的性情，也不是我对人类学的期许。在我的心目中，人类学应该是"三不"——不是"社区调查"、不问"代表性"、不要研究"自己"。人类学应该去研究"陌生人"，那些长得像自己却生活在另一个宇宙世界里的人。我们要付出极大的代价才能了解他们。我知道很多人类学者都不会同意我的看法，这不要紧。这是性情问题：我更喜欢阅读和了解那些与自己相距遥远的、需要努力才可以沟通的人。研究"陌生人"需要我们"重新做人"，像一个孩童一样学习各种有关know-how 的技能——衣食住行、吃喝拉撒，恐怕连睡觉的姿势都要重新学习。我在印度尝试过，不成功，但那才是我心目中的田野工作。

"人生若只如初见"。纳兰性德的《决绝词》让我反思初见大理的美好，反思"变作故人心"的"等闲"。不论第一本民族志多么青涩，也不论"人生初见"能否让我们"从一而终"，它都在人类学者的生涯中不可磨灭。不提它或者只提它，抛开它或者扭着它，都是因为这个"人生初见"太不一般。金光亿先生出这个"人生初见"的考题看似寻常，却是最考功夫的。如果说我对"人生初见"流连忘返甚至相濡以沫，那么我的反思就是用第二本民族志跟大理"相忘于江湖"，这大概就是我的答卷。回顾这两本民族志的写作，没有师友同侪的启发与帮助，恐怕很难走下来。心存感念之余，终究还是要告别学术的"人生初见"，走入"人生无师、学问无涯"的中年。这里何等的孤寂，恐怕这本论文集的作者们都能体会得到。或许有一天，后进新锐会问我什么时候出版第一本书，我也要调侃一句："早出也好，余生都会在纠正第一本书的遗憾中度过。"

参考文献

Bloch, M. *From Blessing to Violence: History and Ideology in the Circumcision Ritual of the Merina of Madagascar*. Cambridge: Cambridge University Press, 1986.

Bryson, M. "Religious and Ethnic Revival in a Chinese Minority: The Bai People of Southwest China by Liang Yongjia." *Journal of Chinese Religions* 2020 (48): 300-3.

Dumont, L. *Homo Hierarchicus*. Chicago: University of Chicago Press, 1981.

——— *A South Indian subcaste: social organization and religion of the Pramalai Kallar*. Oxford: Oxford University Press, 1986.

Evans, G. "The Ai-Lao and Nan Chao/Tali Kingdom: A Re-orientation." *Journal of the Siam Society* 2014 (102): 221-56.

Evans-Pritchard, E. E. *Witchcraft, Oracles and Magic among the Azande*. New York: Oxford University Press, 1976 [1937].

Hobsbawm, E. and Terence R. eds. *The Invention of Tradition*. Cambridge: Cambridge University Press, 1992.

Hsu, Francis L. K. *Under the Ancestors' Shadow: Kinship, Personality & Social Mobility in China*. Stanford: Stanford University Press, 1967.

Huang, Shu-min. *The Spiral Road: Change in a Chinese Village through the Eyes of a Communist Party Leader*. Boulder: Westview Press, 1998.

Kapferer, B. *A Celebration of Demons: Exorcism and the Aesthetics of Healing in Sri Lanka*. Bloomington: Indiana University Press, 1983.

Liang, Yongjia. "Stranger-kingship and Cosmocracy, or Sahlins in Southwest China." *The Asia Pacific Journal of Anthropology* 2011 (12): 236-54.

—— *Reconnect to the Alterity: Religious and Ethnic Revival of the Bai in Southwest China*. London: Routledge, 2018.

Notar, B. E. *Displacing Desire: Travel and Popular Culture in China*. Honolulu: University of Hawai'i Press, 2006.

Sangren, P. S. *History and Magical Power in a Chinese Community*. Stanford: Stanford University Press, 1987.

Scott, J. C. *Seeing Like a State: How Certain Schemes to Improve the Human Condition Have Failed*. New Haven: Yale University Press, 1999.

Wagner, R. *The Invention of Culture*. Chicago: University of Chicago Press, 1981.

〔英〕埃文思-普里查德:《努尔人:对一个尼罗特人群生活方式和政治制度的描述》,褚建芳译,商务印书馆2014年版。

〔美〕格尔茨:《文化的解释》,韩莉译,译林出版社1999年版。

——《尼加拉:十九世纪巴厘剧场国家》,赵丙祥译,商务印书馆2018年版。

〔美〕克利福德、〔美〕马库斯编:《写文化:民族志的诗学与政治学》,高丙中等译,商务印书馆2006年版。

〔英〕利奇:《缅甸高地诸政治体系》,杨春宇、周歆红译,商务印书馆2010年版。

〔英〕马林诺夫斯基:《西太平洋的航海者》,梁永佳、李绍明译,华夏出版社2002年版。

〔美〕萨林斯:《历史之岛》,蓝达居等译,上海人民出版社2003年版。

〔英〕特纳:《仪式过程:结构与反结构》,黄剑波、柳博赟译,中国人民大学出版社2006年版。

费孝通:《云南三村》,社会科学文献出版社2006年版。

——《禄村农田》,商务印书馆1944年版。

——《江村经济》,上海人民出版社2007年版。

梁永佳:《地域的等级:一个大理村镇的仪式与文化》,社会科学文献出版社2005年版。

——《"隐"的社会价值——以大理杨黼为例》,《西南民族大学学报》(人文社科版)2008年第5期。

——《〈祖荫之下〉的"民族错失"与民国大理社会》,载于王铭铭主编《中国人类学评论》第7辑,世界图书出版公司2008年版,第94—106页。

——《两种他性:有关南诏、大理国文献中的陌生人——王与宇宙统治》,载于王铭铭主编《中国人类学评论》第17辑,世界图书出版公司2010年版,第77—86页。

——《制造共同命运:以"白族"族称的协商座谈会为例》,《开放时代》2012年第11期。

——《重建他性:中国西部的超越性与民族性》,社科文献出版社2020年版。

林耀华:《义序的宗族研究》,生活·读书·新知三联书店2000年版。

——《金翼:一个中国家族的史记》,生活·读书·新知三联书店2015年版。

三 逾静而动：民族志再书写的反思

杨渝东

2020年年末，金光亿先生召集了一批中国人类学的中青年学者开了一场研讨会，主题是每个人对自己已出版的民族志进行彻底反思，指出田野和写作过程中的不足，也就是让我们自己"清算"自己早年的研究，然后把想法公之于众。这个建议虽然不啻于当头棒喝，但也显露着学术的真诚。自2003年开始为博士论文赴云南进行田野调查，到撰写博士论文，再到2008年"仓促"出版，其间所历经的心路坎坷和惴惴不安，一直伴随着我后来的教学和科研。尤其是在此后的学术工作中深切认识到当时的田野和写作的不足时，确确实实有"此情可待成追忆，只是当时已惘然"的感叹。即便是为了弥补当时的不足，狗尾续貂式地写了几篇文章来追述当时未曾意识到的学术问题，但依然感觉于事无补，有一种"一时之错终身难追"的遗憾。在此心境下，金先生的召集好似一场及时雨，让我有枯木逢春之感。

这篇文章即是基于这场研讨会的发言整理修改而成,分为三个部分。首先,我将反思博士论文的田野和民族志撰写中的问题和不足,分析造成这些不足的原因是什么;其次,我痛定思痛地设想,如果从一篇好的民族志的角度来考虑,结合从山地苗族收集到的这些资料,这篇论文应该写成什么样子;最后是一个简短的总结,期望对自己在书写博士民族志时的诸多"教训"进行一个更集中的概括,供自己将来再有可能写民族志之际参鉴反思。

(一)村落民族志如何书写游耕文化?

我的博士论文《永久的漂泊——定耕苗族之迁徙感的人类学研究》,2008年初由社会科学文献出版社出版。书名的选定,代表着我对该书主题的一个基本认识,那就是该书试图研究已经定耕下来的苗族还在实践怎样的迁徙传统。在这个主题背后,包含着一个更宏大的关照,那就是曾经在山地游耕的苗族社会,在国家力量的作用下不得不停止其迁徙的步伐,那么在这种情况下,他们曾经作为游耕文明的那些传统,包括基本的生活样态、生产方式、时空结构、思想观念、信仰体系、仪式操演等,是不是发生了改变,并由此呈现了怎样的一种社会与文化之间

"契合"的形态。

格尔茨（1999：25）说，人类学家在村落里面做田野，但研究的并不是村落。根据上述的研究旨趣，我应该做的是一个关于游耕文明的民族志，由此也应与人类学典范的村落民族志拉开距离。然而，这样的想法，在我下田野之前和在田野过程中，实际上并不清晰，这也就意味着，我在进入苗族村庄之前，对"苗"作为一种文化类型，以及我的田野应该如何去呈现这种文明，或者更准确地说，应该在怎样的脉络之下呈现它，缺乏一个较为明确的概念。在这种情况之下去田野，让我面临一个比较大的危险，那就是急于"进入村庄"，而不是考虑在村庄内部找到超越村庄的文化叙事（杨渝东2008：275-299）。

事实上，如何在苗寨中写出超越村庄的民族志在当时并不是我关心的问题。刚下田野，我更关心的自然是如何进入村庄，认识村里的人，获得关于村庄的"经验"。进村之前，我曾经在地方志上看到过"汉人住水头，苗人住山头"的谚语，但对这句话背后蕴含的文明分野并没有更多地去体会和反省。在我看来，苗寨就是比汉人集中的集镇稍微高一点远一点而已，但也只是普通的农村。而的的确确，经过国家力量五十多年的塑造之后，山地苗寨早已今非昔比，变得特别像我比较熟悉的汉人农村。虽然上山的路"道阻且长"，但进村之后，眼前农田齐整、房舍俨然，村寨的中央还有一座象征着现代国家力量的小学，二层木楼，前面是一个篮球场。尽管在上山之前，县里的民宗局干部曾告诉我，这个村寨是整个县城"苗族文化"保留得最好的寨子，但我似乎忘记了从"山地苗族"的视角来看待这个村子，而更倾向于相信眼前这个苗寨是一个以农业为主的村庄。

在这样一种"前在的主观"的支配下，后面的田野似乎从一开始就偏离了方向，感觉有点像对人有了误解，就难以再回到正确理解的轨道上。这样产生的一个后果是"田野的盲障"，也就是说它会使得很多有文化价值的社会场景呈现在面前，而你却一点都不敏感或者根本就看不出来，而这些场景其实很难完全用"田野日记"给记录下来，这就使得田野过程中有可能每天都在浪费"别人的表情"，记下来越多的同时漏掉的可能也越多。现在回想起来，从进村的一开始就有不少微妙的"文化差异"的感觉，但由于自己并没有意识到这些感觉的价值所在，让它们白白地溜掉了。比如刚进寨子时，我曾经受邀到苗人家里去吃饭，注意到他们房屋的空间安排与汉人很不同的一点，就是正堂面对大门的墙上并没有任何祭祀的牌位和文字，而只是用嵌在墙上的两个短木棒撑起一块长长的木板，木板上摆着一个插着香的祭盆，讲究点的人家用一个比较好的瓷盆，而有些人家只用一个旧碗。老乡告诉我这是他们用来祭祖先的神龛，但我却没有意识到，这样简单摆设的神龛其实是他们作为游耕

三　逾静而动：民族志再书写的反思

生活主体的一种惯习，因为祖先也是跟随着活着的后人一起走的，一年或者几年当中就要搬离这栋房屋，所以一个暂时寄居的神龛也不会特别郑重其事地去装点。

在这种"问题意识"的缺失和偏差当中，我的田野开始了。对于少数民族村寨的人类学研究，我脑子里更多的是费孝通先生的《花篮瑶社会组织》(1988)。费先生条分缕析的层次感给我留下深刻印象。我也决定按照他的方式，去探知这个乡村的社会组织的结构是什么。于是，我开始从苗寨的家庭、家族分支、整个家族、联姻方式、聚类居住空间、整个村寨，以及村寨与村寨、与市集的关系入手来了解这个苗寨的"社会结构"以及内在运作的机制。与此同时，我也托北京的学友帮我寄来了王富文（Nicholas Tapp）先生的民族志《中国苗族》(2003)。我惊讶地发现，王富文在这本书里，花了很多笔墨在谈四川珙县苗族村寨的宗族。我当时的认识是，苗族也是一个跟弗里德曼（2000）笔下的中国东南汉人社会相近的宗族社会，我来云南之前在贵州习水县苗寨的预调查似乎也证实了这一点。所以，当我在寨子里发现了明显的家族组织，而且这个组织的特征还貌似汉人的宗族时，我更加相信苗寨是可以用观察汉人村庄的方式去研究的，而在其内部存在的那些超越村庄的文化事项，我有"感觉"，但是又似乎很自然地被我忽视了。当然，好在我还是比较谨慎地把我有"感觉"的东西都记在了田野笔记当中，为我日后补救留了后路。

现在回想起来，当时一边做田野，一边看王富文的书，时间很紧，误解了他的意思。他其实是想说，为什么在曾经没有宗族的一个文化里，宗族现在变得这么重要了。他提出一个"文本化"的概念，要把苗族"宗族化"的过程放到一个族群间关系的叙事当中去理解，也就是说，要理解苗族，离不开谈他们与汉人的关系。虽然读到这一点的时候很有启发，但急于进入苗寨生活世界的我，并没有静下心来思考如何把这个重要的想法落实到我的田野当中。因此，我把时间更多地投入到了对寨子里几个家族的结构关系和仪式关系的研究当中。虽然此时王铭铭老师那本从历史的眼光来看待宗族变迁的著作《社区的历程》（1997）已经出版多年，我却因苗族缺少文字的记载而忽视了他们建构宗族这件事本身就是一个明显的"历时化过程"，而这个过程恰恰是他们从游耕族群向定耕化过渡的一个重要标志。

从静态的眼光来看，寨子里的苗族是一个父系继嗣集团。他们有明显的代际分化，而且他们非常注重这个代际区分，在他们的日常生活中，相互的称呼往往都是用表示代际的称号加上对方在苗语中的小名。也就是说，这是一个苗族文化内部自身的姓名、代际和称号系统。不过，令人感到有趣的是，这套苗语的亲属和姓名称谓系统之外，他们还有一套汉字名的称谓，

三 逾静而动：民族志再书写的反思

而且寨中的主要家族都按照汉人宗族的"字排"来给不同代际的人取了名字，比如其中较大的陶姓家族便以"凤""保"的字排来给最主要的两代人取名。而一个非常重要的现象是，"凤"字辈的上一辈，在村中只有两人健在，他们两位就没有汉字名了。这其实是一个非常明显的标志，那就是这个家族是处在建构的"历程"当中，而并非一直是如此的。可惜，这个问题由于两位上年纪的老人都语焉不详，我在草草地询问过之后，便放弃了进一步的探究，从而漏掉了从社会结构的角度认识从游耕到定耕的一个重要的转变，也忽视了苗族可能具有的文化适应性，也就是说他们虽在山地当中，但并不是完全处于与世隔绝的状态，而是为了生存而采取一种接受强势族群文化的制度安排的策略。

而苗族为何要采纳汉人的家族式组织和字排式取名的方式，这既是他们处于汉人社会的文明边缘所感受到的压力所致，也是他们用自己的"生存智慧"来化解掉这个组织化的安排。事实上，在村落的实践中，字排姓名的意义是非常小的，如果你拿着一个人的汉字名去寨子里找人，那么寨里人基本上反应不过来这个人是谁。但是，如果你知道这个人的辈分和苗语名（寨里人称为"小名"），那么你随便问一个寨里人，他们马上就能帮你找到这个人。那么，对于苗族而言，这个字排名到底意义何在呢？主要是因为他们有一个全家族的驱邪仪式，叫做

"砍火星"。① 这个仪式是一个大型的"轮作式"家族宴会，不仅全村的同族在一起搞，搬到外村的人只要认同这个家族，也要按"顺序"主办。这个所谓的"顺序"是按辈分和年龄大小来排的。同辈的人举办完之后，再交给下一辈人来举办。而在没有文字的社会里，如果外迁，多代之后的辈分就会发生混淆。所以他们认为，接受汉人这个字排的名字，有助于帮他们更好地区分辈分和安排好仪式的顺序。因此，表面上看，苗族的家族形式和汉人比较接近，他们按父系原则安排继嗣，以字排来给不同的辈分取名，也存在着全家族的仪式来再生产内部的团结。然而，这可以用萨林斯所谓的一种"并接结构"来谈（萨林斯2003：13），也就是说，他们是在与汉人的交往中接受了汉人宗族的这种制度形式，但他们并没有按照汉人建构宗族的意图来安排他们的家族形式。这也说明，苗族的家族形态是一种外显的"汉人文明"，其更深刻的内涵却并非如此。

在我田野期间，这些思路并没有清晰地展现出来，现在回想起来，当时虽然存有诸多的疑惑，拿到他们的姓名手册时也冒出了诸多问题，然而却没有进一步深思下去，没有由此产生更系统的关于苗族家族结构的变迁在文化意义上有何意蕴的思

---

① 砍火星仪式，西部苗族举办的家族性驱邪仪式，一般以"轮作"的方式在家族各个男性家庭中举办。主要的内容是砍掉"火星"或者"邪星"，保证整个家族无灾无病，五谷丰登。

考。也正因为如此，最后我在撰写毕业论文时，就比较简单地将寨中各个家族的内部结构和他们的通婚关系做了一个描述性的介绍。这种朴素的"民族志书写"，虽然"客观地"反映了村寨社会的实际状况，然而却没有捕捉到这个描述的对象最应该具有的"人类学意味"。化用质性研究在调查时使用的一个概念"信息的饱和"来讲，我完全没有"饱和"地使用田野当中的信息，从而让这些描述失去了它应有的"光韵"。如果在田野调查和民族志撰写期间，我有一点"从苗寨中做超越村寨的游耕文明"的民族志的意识，那么对这些家族的描述就不会是如此"抽离意义"的。也正是如此，如何从村落民族志来讲述游耕文明变化历程的故事，确实是对研究者认识的眼光、对田野的敏锐感知和如何透过这些经验的表象去思考背后那个宏大"历史"的能力的一种考验。

不过，为何我后来又意识到了要去做苗族之迁徙感的研究呢？事实上，这并不是因为我在田野之前就有这样一种问题意识，而是因为这个寨子的苗族虽然已经定耕下来近五十多年了，但他们用"游"的思维和方式来对象化他们周遭世界的表述实在是太多了，多到你只要在寨里住上两个月，你会觉得你无时无刻不被这种"行走、远离、到别处去"的感受所包围，让你觉得这个世界的整体都因为他们的观念在不停地"流动"。这是我最后要从迁徙感这个角度去书写他们的世界的根本原因，而不是我从人类学的什么研究中获得灵感，从而再去书写他们的迁徙感，以回应人类学的某个理论的一种尝试。从这个意义上讲，我最后撰写的民族志更多是一种"经验的总结"，而不是一种从"经验中走出来"的人类学文本的书写。

对苗族迁徙感最初的灵感，来自于和寨中一位苗族大哥的对话。我记得那天和他聊到苗族的贫困，他说到山顶不好"站"，田少地斜，粮食种不出来，哪里能和平坝相比。我就想起了那句"汉人住水头，苗人住山头"。没想到他顺口说出了一番更让人惊讶的话，大意是说，这句话就最应和汉人那句"人往高处走，水往低处流"了。往高处走的就是苗族，往低处流的就是汉族。他的这个貌似很牵强的解释，却给了我很大的启发。原来那句静态的"汉人住水头，苗人住山头"的民族空间分布，在他的诠释下，俨然变成了一个动态的历史进程。我突然感到，这样对谚语的理解传达出一种"历史感"，也有学者将之称做"历史心性"。在我看来，这或许就是一种民族过去长久的经历形成的民族心理的自我认知，这种自我认知具有记忆性和能动性，能形成一种"心理动力"，构建出对生存环境的整体性体验。受到这样的启发之后，我突然回忆起格迪斯（W. Geddes，1976）曾经说过，苗族是世界上仅次于犹太人的迁徙民族，他们有长达上千年的迁徙的历史。于是，我开始设想，或许恰恰是这样一种历史使得他们的文化图景会与我们的有很大的不同，而从人类学研究"他者"，然后书写出一个"他者"的文化来作自我对照的基本关照出发，我开始有意识地留意他们与迁徙相关的叙事，而这一留意之后，我才逐渐意识到，苗寨可以说就是一个"永久漂泊"的精神世界在现实中不断再生产的经验性时空。

不过，由于前期花了很多力气在苗寨的社会结构之上，现在又要把重点放到苗族的"ethos"上，我不得不思考如何把二者结合起来进行书写的问题，从而在一定程度上也忽视了人类学如何看待"无文字"民族如何表达其精神世界的既有研究。而在这样一种把苗族的社会结构与其精神世界相结合的思路之下，我又基本上把王富文的那个重要提醒，也就是需要把苗与汉放在一起思考抛到了脑后，而把民族志的撰写更主要地集中在苗族"原生态"的文化世界当中。因此，2015年王铭铭老师召集学生合写《文化的复合性》时［王铭铭，舒瑜（编）2013］，我交了一篇反思博士论文的文章，但也惭愧地发现，在该文集众多的文章当中，我的文章是最缺乏"文化的复合性"的一篇。

当然我也可以借用费边在《时间与他者》中所提的观点来为自己辩护，那就是传统的人类学家都有一个倾向，那就是对他者的"共生性的抵赖"（费边 2018：40）。我犯下的错误无非是延续了人类学"写文化"的一种根深蒂固的传统而已。在这种传统之下，我选择性地放弃了一些看到的现象，这使得我可以比较单纯地去书写苗族的文化，其后果就是制造了"文化的单调性"。这也造成对他者的时空"共生性"的一种刻意遗漏，把他们的存在与历史放入一个单调的历史序列当中。事实上，在田野当中，我其实看到这个苗寨在形成之初是附近另一个汉人村落的管辖地，这家汉人因为协助清兵肃清民族暴乱（杨渝东 2008）有功而被赏赐了这些山地，他们自己无法耕种，汉族农民也不愿到高山上来承租，于是就租给了从远处迁来的苗人。因此，从这个关系来看，寨中苗族的文化是具有很强的复合性的，在长期与汉人田主（当地人的称呼）的互动中，在生产、迁入与迁出、信仰与仪式空间等上，都和汉人有密切的互动。最为关键的是，与汉人田主的关系也把苗人拉入到了帝国边缘/国家边缘的历史当中，这个"热的"历史进程与苗族自身"冷的"历史进程在某个关键处交织出结合点，从而改变了苗族历史的单调性。[1] 正是从这个意义上，我们才看到了山寨苗族所处的更大的时空，并有可能去构建更为"真实"的民族志书写。但是，由于我更多地关注寨内苗族自身的社会结构，以及他们

---

[1] 此处冷社会与热社会，主要采纳列维-斯特劳斯做出的区分。他指出冷社会主要以神话作为历史演进所依据的凭借，所以社会几乎是处于静止不变的状态。而热社会则是具有时间指向和变迁动力的社会，这种社会一般倾向于求变。

三　逾静而动：民族志再书写的反思

的精神世界，从而写出了一个"向内卷起"的民族志。

这个"向内卷"的民族志，侧重于从社会结构和精神世界的结合处去描绘一幅苗族迁徙感的画卷。在最后成文的民族志当中，我把迁徙感分章节植入了个体、家庭、家族和整个村庄，以及村庄和村庄之间的信仰和仪式，还在最后一章书写了苗族的丧葬仪式，目的是呈现迁徙感还可以以"归魂"的方式贯穿苗族的整个宇宙观，包括他们从古至今、从生到死的所有个体当中。贯穿苗族迁徙感的概念是他们对"魂"的信仰，整体而言，他们还没有摆脱万物有灵论而转向明确的鬼-神信仰。因此，他们的"魂"观可以说无处不在，同时又与鬼的信仰紧密结合在一起。万物生皆因魂在，魂一旦离散就会变成鬼。魂的离开导致生命力下降，各种鬼纠缠，生灵悲戚，魂的归来就使得生命重新凝聚，各种鬼遁形，生命欢欣，这与人的流动和族群的流动形成一种可相互比拟的投射。因此，流动的过程变成一个生命和死亡交替往复的循环过程，没有完全的生，也没有完全的死，生死实际上是魂流动的一个历程。小到个体，大到村庄和整个苗人的世界，都在这个历程的进行时当中。这是苗族精神世界的一个永劫漂泊的意向，而他们也用各种仪式、观念、节庆和身体的操演把这个意向展现得淋漓尽致，他们的社会道德与伦理形态与此也是紧密地形成契合，从而保证身体上的游耕与精神上的迁徙相互融合而不彼此冲突。

现在看来，这样的叙事虽然具有了一些民族志的意味，而不仅仅是苗族民俗的描述，但是它也带来一个比较明显的弊端，那就是先入为主地寻找各类信仰和仪式中的"迁徙感"，从而导致对不同类型信仰和仪式的分析偏离了它们原本具有的意义，也使得"迁徙感"所包容的丰富内涵变成了单薄的仪式表演的一种形式化语言。尽管我在最后的结论中试图说明，这是无文字的苗族用"身体记忆"（body memory）来呈现对他们至关重要的历史经验，他们的这些"文化刻写"（cultural inscription，康纳顿2000）不会因身体的定居化而消失，但深为遗憾的是，由于当时我还没有意识到这样的"文化刻写"可以置于人类学的何种话语当中，我对苗族迁徙感的叙述失去了对话的空间，从而也没有真正实现我意图表达的目的。虽然我觉得我的想法模模糊糊的有了，但是写出来的文本却明显还停留在"村庄民族志"的层面。所以，从这个意义上讲，民族志是一项宏大的，但同时又磨人的工程。想要在村庄又要写出超越村庄的民族志（王铭铭2021），还需要更多的工具。

（二）苗族迁徙感民族志的新设想

历史不允许假设，我也不可能回到近二十年前的苗寨再做一次田野。然而，受金老师这次邀约反思的鼓舞，我不禁在想，如果是现在的我获得了这些田野资料，我会如何去书写关于苗族迁徙感的民族志，又如何在人类学语境中把这种迁徙感的叙事所具有的学术价值给凸显出来？

首先，我认为还是要回应王富文先生提到的那个重要观点，也就是要把苗族放到苗汉的关系脉络中来研究苗族。这并不是说苗族不是一个完整的民族，而是说由于苗汉之间的关系过于密切，使得苗已经把汉当作了一个重要他者纳入他们的文化图景，而且在现实的经验层面上，苗人也与汉人之间存在着各种复杂的交往，这使得我们无法离开汉来展开对苗的叙事，哪怕是苗族的游耕与迁徙。斯科特在2009年出版了《逃避统治的艺术》一书，他对苗族在山地的游耕的解释是，苗是主动选择"远离"国家的税收和行政体系，从而可以按照自己的方式在山地经营生活（斯科特2016）。他的理论给了我很大的启发，一下子把我的田野点的理论意义给显现出来了，因为按照他对"佐米亚"（zomia）区域的划分，我调查的云南东南部山区正好也在其范围之内。我原先没有关注到的国家力量和苗族生存样态之间的关系，在他这里得到了彰显。我试图说明的就是定耕之下的苗族如何延续着他们迁徙的宇宙观和精神世界，不过，我却忽视了定耕背后隐含的并不仅仅是国家力量和民族的关系，而且也是两种文明方式之间的关系的问题。斯科特明确地提出一个重要观点，那就是在人类历史上，国家的统治形态只覆盖了一小部分人群，大多数人群倾向于活在国家统治的范围之外，而"佐米亚"的山地环境为他们提供了逃避国家的生态和军事条件。从这个意义上讲，游耕的生活形态所蕴含的是一种生存智慧和艺术，它是山地族群几千年生活经验的总结，从而使得他们能在物质资源相对贫瘠的高山丛林当中，依靠粗耕和狩猎的方式维系了长久的非等级化的"原始"而"自由"的生活。

这也让我想到王富文在他的另外一本著作《主权与反叛》中曾经提到，泰国北部的 Hmong（即云南东南部的苗）人在山地长期的刀耕火种和游耕作业，使得他们形成了一种独特的土地观念，那就是他们不独占土地，而是倾向于不断地馈赠土地（N. Tapp 1989）。当苗民把一块烧荒开垦的土地利用完之后，必须抛荒多年，这块土地才能恢复它的肥力，这也意味着耕种者一家必须迁徙到其他地方去寻找新的土地。如果获得土地的成本过高，比如需要购买或者战争，那么对于迁徙者来说将会变成一件极其困难的事情，从制度安排上来说这也无法保证游耕能够在山地长期地延续下去。那么，山地苗族是如何处理土地关系的呢？王富文指出，山地苗族并没有如定耕农业那样的土地占有和买卖制度，而是一种广义的相互馈赠制度。收获季节结束后的"冷季"，下一年没有土地的苗民就会四处打听哪里有土地可以耕种，当他听说了哪个寨子有土地可用，便会跑到这个寨子里去找当地的长者商量，可不可以把这块地转让

三　逾静而动：民族志再书写的反思　　95

给他。当地的长者一般就会根据寨中的规定与他和求地人的关系，让前者象征性地出些财物，然后就可以把这块地转让给后者了。再过几年，当这位求地人遇到了其他的求地人，他也要按照规定帮忙"找地"和"转让土地"。也就是说，在苗族山区，围绕土地这个最重要的生计资源，他们发明了一套和平的"共享"制度，并且在千百年中予以贯彻和实践，从而保证苗族内部虽然可能形成大的地域和血缘群体的政治分化，但因经济层面而形成的社会分化和矛盾并没有激化到导致整个群体崩解的程度，也避免了为争夺资源而爆发群体内部的战争。这确实也堪称"生存的艺术"（斯科特2016：136）。

　　这种"生存的艺术"我田野期间也在寨中了解过。寨中最大的陶姓家族人口繁衍之后，由于这个寨子的土地比较平整，所以他们多年未迁出，轮作式地耕种寨中心和边缘的土地，以保证土地的肥力。由于这个村寨的土地全部都归另一个村的汉人田主，陶姓家族也只有租赁权而没有所有权。但是，当另一个姓陶的家庭从外地迁来，找到陶家的长者，请他们帮忙找点地的时候，陶家长者就去村边上指了很大一块地，告诉后来的陶家，这块地他们可以用，而且还带他们去找汉人田主，写好了租约。值得注意的是，两个陶家并无实际的血缘关系，不过按照苗族的观念，同姓即为"哥弟"，所以帮助自己的"哥弟"是义不容辞的事情。到我调查期间，后来的陶家已经在寨中形成一个小的聚落，他们家中有什么事情，也一定会邀请先来的陶家的长者参加。

除此以外，苗寨中的很多社会规则都体现了游耕社会的道德伦理，这主要也体现在他们对于物的占有原则之上。他们对物的很多不成文规定，都是不要去占有物，而是尽可能公允地与人分享。比如，他们规定，地里栽种的黄瓜、红薯等作物，如果过路人只是为了果腹摘了两个吃，那么这在原则上就不叫偷。一块地里的作物，如果耕种人已经收了一遍，有遗漏，寨里其他人再去地里翻到，也不算偷。这其实是迁徙者在迁徙路上的一种"广义互惠"的道德准则。我曾经和寨中人去另外一个苗寨，在山里走了一整天，他告诉我过去只需要带一把镰刀就可以上路，走到其他村寨，遇到同姓的"哥弟"，不仅能吃黄瓜红薯，还有饭可以吃。

在《石器时代经济学》（2009）里，萨林斯对礼物交换背后所形成的政治学做了非常重要的思考。他认为莫斯所提出的礼物原则，既是以物的交换的方式构建社会的基本方式，同时也是不同于西方契约政治哲学的一种政治理论。西方人让渡出一部分自己的权利形成公共政府，这个政府拥有了凌驾于个体之上的权力，而在礼物原则之下，个人互相让渡出自己的物品，并不会因此形成一个公共的权力，而还是构建出一个相对平权，并且互助互利的社会形态。萨林斯告诉我们，互利原则可以构建出一个相对和谐平等的社会（萨林斯 2009）。不过，他研究的波利尼西亚和美拉尼西亚社会，大多数都是等级化的社会，而真正的平权社会几乎是不存在的。相反，在"佐米亚"地区从事田野的利奇（2010），提出过理想型的平权和等级社会的摆动形态，这恰恰说明，在这一地区存在着一定的社会和政治条件，来建构这种平权的社会关系，而苗人在山地建构这样的社会形态，恰好与他们在神话和社会观中视为"重要他者"的汉人恰好是相反的，这背后的意义非常值得进一步探究。

当然，这也说明，斯科特较为简单地认为苗人就是要摆脱国家的统治的理论还是有问题的。苗与汉的关系，存在着更为复杂的历史进程。汤芸（2008）在她的半边山研究中，用历史人类学的资料说明地景在研究苗汉关系中的重要性，也说明了苗不只是游耕，他们还有与汉人互动和交换的一方面。马健雄（2013）、张应强（2006）等学者通过西南民族与汉人的物品贸易的研究，更是说明了这一点。即便是在我的田野当中，苗族也不完全在国家之外，他们也是汉人田主的租户，受后者的剥削。而汉人田主为了更好地治理和绥靖，还试图将汉人的宇宙空间植入苗人的宇宙观，来改变他们的仪式体系。只不过，由于汉人少而苗人多，汉人实际的统治权打了不少折扣。苗人的土地互惠原则还能够在汉人租赁制的土地制度下得到施行，这也是文化融合的生动表现。

除了物的交换，以及游耕所生成的道德伦理之外，要维系这样一套价值体系，两性交换的规则也要和这套伦理原则契合，因为在物资不发达的社会，两性交换往往也是重要的物的交换的场所。对于苗人的婚姻制度，莫斯和葛兰言都曾经间接和直接地予以过关注，而莫斯所提出的，葛兰言在上古华夏社会的研究中予以具体实践的社会形态学对于理解苗人的婚姻制度尤为关键。葛兰言的《诗经》研究（2005）整合了涂尔干和莫斯的社会理论，把神圣性与交换当作建构社会及其礼俗的重要原则，先民在不同季节之间的山川河域间的两性与宴席的交换，是竞争性的合作关系，以共同形成宇宙和生命的基础。然而华夏族在国家化之后，这套生命礼仪转变成了攻伐四方的斗争哲学。不过，长期生活在华夏边缘和高地的苗人却一直保留和延续着这套两性和山川交换的"礼制"，并实践至今，这也为他们实践相对平等的两性和婚姻交换，而非等级制的"门当户对"的婚姻奠定了基础。

苗族的"踩花山"是两性交换的重要契机。男性在不到20岁，女性在不到18岁就要完婚，而婚姻的主导原则是两性相悦。直到我做田野的2003年左右，苗寨还未完全被纳入资本体系，货币经济并不发达，因此两性之间对家庭经济的要求并不是特别看重。只要男女双方在冷季苗山为两性交换开始流动起来的阶段相互情投意合，在花山节后便可以请双方叔叔、舅舅和媒人来"说礼银"。表面上是为了给女方争取更多的财物,但实际上主要是男女双方的媒人在仪式场合上斗酒和斗歌,即便男方住在更高的山寨,远离平坝,更不好"站",基本上也不会影响到婚姻的缔结。这种情况近年来随着苗寨越来越注重货币经济而遭到冲击,男女之间因家庭经济离婚的现象也日渐增多。

因此,苗族的迁徙并非单纯属于他们的精神世界、身体记忆、宇宙观、灵魂信仰,而是贯穿于他们建构自身社会组织的基本法则和道德体系当中,是一种"平权式"社会理论的展示,它依靠婚姻制度、土地制度、世系结构、互惠交换和非权力结构得以实践,从而在此基础上能够在国家定耕化之后多年,社会制度还没有被外部力量冲垮之前维系其"迁徙感"的那一整套象征体系,这也是我现在意识到的研究其迁徙感可能具有的理论价值。由此,苗人那个永久漂泊的"魂",才能和他们依靠"艺术"建构的社会法则与政治文明,牢牢地结合在一起。我据此也在一篇文章中倡导,苗族的世界,不能仅仅从民族的眼光去看待,而应该用一种不跨入文明的"文明"的立场去看待。

(三)简短的总结

反思是为了更好的出发,但难以掩饰的是,一边反思也一边感到特别的遗憾。田野和民族志是人类学安身立命的载体和工具。然而，要做好田野、写好民族志，如前所说，当机会摆在我的面前时，我却没有很好地抓住，留下了一个很难弥补的心结。如果要给造成这个遗憾的原因做一个总结，我认为大致有以下三点。

首先，人类学需要田野的经验，但是什么是田野的经验？王铭铭老师曾经说过一句令我至今记忆犹新的话，"我下田野三天看到的东西比你们三个月都多"。换句话说，只有你脑子里面存有了很多其他的人类学知识，你才能真正踩到"田野的点"。否则，你带着一双空洞的眼睛下去，或者你带着偏离轨道的视野下去，你会什么都看不到，或者你看到的东西会离这个经验世界具有的意蕴相去甚远。

其次，阅读和比较是形成"田野经验"的前提和基础。2009年我读到《逃避统治的艺术》的英文版时，觉得比较惭愧。虽然我后来与更多学者交流后，不一定完全同意斯科特的理论和观点，但我当时想，如果这本书早十年出版，我在下田野之前读过它，那么也许我对田野的感觉会很不一样。我或许就会直接关注苗人与国家、与汉人之间的关系。至于用怎样的办法，谈物的流动、贸易、地景等问题并不好说，但不会做一个比较彻底的"向内卷的"民族志。所以，你能做出一个好的研究，写出一个好的民族志，是你头脑里装了好多好的民族志，不断地与之比较和对话的结果。

第三，每个民族志天生都具有和其它文本进行比较的关联性，我们在书写自己的民族志时，不求代表性和科学性，甚至可以很有文学性，但是要从认识论和社会理论角度突显出和其他文本之间的互文性和关联性。如果你写了一本民族志，无法和既有的重要的民族志形成关联，从而去言说既有的言说，或者你写的民族志讲了一个独特的故事，这个故事独特到难以和其他人类的故事发生勾连，那这肯定不是一部好的民族志。希望以上的想法，能够帮助我将来完成一部真正意义上的人类学民族志。

参考文献

Geddes, W. R. *Migrants of the Mountains*. Oxford: Clarendon Press, 1976.

Scott, J. C. *The Art of Not Being Governed: An Anarchist History of Upland Southeast Asia*, New Haven: Yale University Press, 2009.

Tapp, N. *Sovereignty and Rebellion*, Oxford: Oxford University Press, 1989.

—— *The Hmong of China*, Leiden: Brill Academic Publishers, Inc., 2003.

〔德〕费边：《时间与他者：人类学如何制作其对象》，马健雄、林珠云译，北京师范大学出版社 2018 年版。

〔英〕弗里德曼：《中国东南的宗族组织》，刘晓春译，上海人民出版社 2000 年版。

〔美〕格尔茨：《文化的解释》，纳日碧力戈等译，上海人民出版社 1999 年版。

〔法〕葛兰言：《古代中国的节庆与歌谣》，赵丙祥、张宏明译，广西师范大学出版社 2005 年版。

〔美〕康纳顿:《社会如何记忆》,纳日碧力戈译,上海人民出版社2000年版。

〔英〕利奇:《缅甸高地诸政治体系》,杨春宇、周歆红译,商务印书馆2010年版。

〔美〕萨林斯:《历史的隐喻与神话的现实》,蓝达居等译,上海人民出版社2003年版。

——《石器时代的经济学》,张经纬等译,生活·读书·新知三联书店2009年版。

〔美〕斯科特:《逃避统治的艺术》,王晓毅译,生活·读书·新知三联书店2016年版。

马健雄:《再造的祖先:西南边疆的族群动员与拉祜族的历史建构》,香港中文大学出版社2013年版。

汤芸:《以山川为盟》,民族出版社2008年版。

王铭铭:《"家园"何以成为方法》,《社会学研究》2021年第1期。

王铭铭、舒瑜编:《文化复合性:西南地区的仪式、人物与交换》,北京联合出版社2013年版。

杨渝东:《永久的飘泊——定耕苗族之迁徙感的人类学研究》,社会科学文献出版社2008年版。

张应强:《木材之流动:清代清水江下游地区的市场权力与社会》,生活·读书·新知三联书店2006年版。

四 "流动"的经验与"流变"的思想[①]

段　颖

人类学者谈及自身的研究，一般都是从田野开始说起，从生活世界中的各种经历、遭遇，到由此引发的各种困惑与张力，步步深入，由小见大，逐层说理。人类学者时时穿梭于经验碎片与整体系统之间，经常要面对理论想象与经验世界的矛盾、纠缠，这是一个不断探索、来回突围的过程。可当我们阅读民族志文本时，这一思索过程很多时候并不能得到完好呈现，因此，田野成了人类学者的"魔法"，只要有三段式的调查，[②]似乎就能得出自洽的结论。可是，田野境遇因人而异，与个人的体验、识见、际遇乃至知识基础、客观环境息息相关，也是人类

[①] 本文原载于《原生态民族文化学刊》2021年第1期，原题为《"流动"与"流变"——田野境遇、理论反思与知识生产》。

[②] "going there, being there, and coming back" 一度被认为是人类学田野工作的必由之路。

学者成长的心路历程，对于理解人类学的理论反思与知识生产，甚为重要。

其实，关于人类学者的"魔法"，已有不同层面的讨论，马林诺夫斯基将基于田野的民族志体现的整体性视为人类学的独创（Malinowski 1999［1961］：397），格尔茨强调需在远、近经验之间不断穿梭，搭建相互沟通、解释之桥，同时指出"研究村落"与"在村落做研究"之区别（格尔茨 1999：3-38）。埃文思-普里查德主张在田野中寻找关键象征（Evans-Pritchard 1962：80），如努尔人的牛。蒂姆·英戈尔德（T. Ingold 2014）借由民族志反思，指出无需过多强调"我者"和"他者"的二元对立，而是要在共享生活经验之下与被访者一起做研究（learning by doing，英戈尔德 2020：1-36）。拉图尔在解释行动者网络时也试图将之同时视为理论与方法，以观察各个行为主体在行动者网络中的转译及其意义生成的过程（Latour 2005）。而史铎金（George W. Stocking）则以历史的眼光，审视较早时期的人类学知识生产，同时从田野工作的兴起切入，分析人类学及其所处时代的关系，解读"科学"取向与素材取舍之间的微妙关系，探索人类学田野研究之"神秘化"过程（史铎金 2019）。

可见，每位人类学者对"魔法"有着不同的见解，实源于各自不同的性情、禀赋，以及时代背景、知识结构与田野境遇，

四 "流动"的经验与"流变"的思想

因此,基于中国西南与大陆东南亚地区长期的田野研究,本文试图从个人经验与反思出发,探讨从经验到理论,从民族志到人类学的知识生产过程与"中间地带"。我的研究一直与流动相关,流动既是生命故事,也连接着个人的田野历程。而从西南侨乡到泰国,再到缅甸与中缅边境的田野研究,以及由点及线,由线及面之间的关联,既体现出个人在田野中的不同际遇,同时也促成从微观个案探讨到宏观区域研究的思想流变。感性、直觉与理性、逻辑相互纠缠、交织,映射出田野境遇、理论思考、个体识见与共享生活经验等诸多因素相互塑造之下的"因缘际会"。

(一)从侨乡到泰北

2000年年底,我进入云南腾冲和顺进行田野调查,和顺又被称为边陲侨乡,这里有民国时期兴建的和顺图书馆,胡适为其题字,馆藏不少当时的英文报刊。乡里则存有许多民国政要的题诗、题词、题匾。很多人家至今保存很多舶来品,如,德国面盆、英国挂钟、日本烤箱等,乡间有八大宗祠,其中寸氏宗祠建筑兼具欧式风格,可谓中西合璧。凡此种种,不觉心生疑问,边陲侨乡,哪里边陲?

随着调查深入,渐渐知晓,和顺地少人多,自明清以降就有很多季节性移民，农闲时将瓷器、丝绸运到缅甸贩卖，再将缅甸香料、土产带回，或去玉石场开矿、找玉，当地称之为"穷走夷方急走场"。一来一往间和顺与上缅甸各地建立了密切联系，那时没有国家观念，他们在八莫、密支那经商，建立分号，讨缅婆，[①]建立两头家。而图书馆里的英文报刊，则与英国19世纪殖民缅甸有着莫大关系，边地腾冲成为连接内外的中转站，一度兴盛，并有"小上海"的美誉。

因此，这个现代国家的边陲地带，曾是区域中的重要节点，倘若超越国家疆界，围绕施坚雅市场结构理论（1988）展开，当时的腾冲作为边地商贸重镇，将中国西南内地和大陆东南亚连接在一起，某种意义上，其重要性甚至超过大理和昆明。那么，如何看待这些早于民族国家的流动与寓居？与民族国家主权与治理之下的边境生态有何区别？在和顺，几乎家家户户都有亲戚旅居缅甸、泰国乃至东南亚地区，也常常听到乡民说起商号、马帮以及曾经的繁荣。

所以，边陲对当地民众意味着什么，边民、侨乡这些概念何时开始进入百姓生活？那时我无法给出更进一步的答案，当时的研究主要是探讨地方宗族组织在民族国家建设中的变迁（段颖 2006）。不过乡民与缅甸、泰国乃至海外世界的关系，以

---

① 当地方言，指娶缅甸当地女性为妻或妾。

四 "流动"的经验与"流变"的思想

及在区域流动中形成的商贸网络,却引发我的好奇,我一直想借由乡民的关系,去缅甸、泰国看看和顺乡民在外的生存与发展。

2002年,我有幸参与爱荷华州立大学、清迈大学与云南大学的合作项目"泰国北部高地的华人社区:生态、认同与转型"。我们关注的华人社群有着特殊的历史背景,他们是1949年中国解放后退出中国大陆的原国民党军队及其后裔,之后大致经历了"反攻大陆(1950—1960)"、武装贩毒(1960—1970)、助泰剿异(1970—1980)、解甲归田(1980—今)四个时期。最初,蒋介石希望他们迁回于中缅边境,等待时机,反攻大陆。之后缅甸政府以异国军队滞留缅甸,危害国家安全为名向联合国投诉。联合国责成台湾当局撤军,两次撤台后,台湾当局正式宣布与仍留在缅甸的军队再无干系,"孤军"之名由此而来。之后,他们以护卫马帮、贩运鸦片及其他货品为生,在相关国家军队的联合进攻下逐步撤退至泰国北部,随后,泰国政府与之谈判,以剿灭泰共游击队换取合法居留权,"孤军"经过十年艰苦征战,清剿成功,最终定居泰北,发展至今已到第三代。[①]

在田野中,一些经验层面的问题逐渐浮现出来,他们到底

[①] 代际划分以2002年至2004年调查时的情形为准。

是怎样一群人？在战争的颠沛流离中如何求生？定居之后，他们的发展如何，与当地民族关系如何？他们与泰国、中国大陆和台湾地区保持怎样的关系？他们的认同如何？乡关何处，又何以为家？以此出发，在日常交往中，我会更留意"孤军"不同代际的生存状况与变化，而在他们的生命叙事中，也的确烙印着各不相同的时代印记。半个世纪，三代人，经历不同，也映射出彼此牵连，却又各不相同的人生轨迹。

"孤军"第一代大多为原国民党军队成员，如今侨居泰北。他们认同"中华民国"，但却对国民党颇为失望，怒其不争，他们对改革开放前的时代心存疑虑，却又对改革开放后中国的长足发展大为赞叹。在访问中，明显感觉出铭刻于这一代人心中的战争记忆和创伤，记得一位教官曾即兴吟诵"了却君王天下事，赢得生前身后名。可怜白发生！"，并将此视为其一生写照。当谈到他们为什么不随大部队一起撤回台湾时，大家的表述极为相似，因为留下的军队成员大多为云南人，都期盼战争尽快结束，到时只需再度翻山越岭，就可回到家乡。但如果去了台湾，就可能真的一去不复返。因此，他们选择留下，以观望的态度流寓金三角。而当他们渐渐明白已无法重回故里之后，只好寓居泰北，"照搬"云南的饮食与生活方式，重建家园。这也是我在新村能够吃到火腿、酸菜炒肉，看到滇西一带打歌风俗的缘由，他们平时很少走出村寨，在村里讲云南话，笑称那里是"泰北小云南"。

"孤军"第二代，从小跟随父辈征战，定居泰北后开始种植柑橘、荔枝、桂圆、生姜、芒果、玉米等，务农为生。而与当地泰族的接触，反而强化了他们的华人认同，他们珍视土地，重视家庭，善于拓展关系网络。他们能用泰语与当地泰族沟通，但发音并不标准。可是，他们对目前发展不错的生活依然心存顾虑，将之称为"借土养命"，因为过去军队与贩毒的历史，主流社会始终与之保持距离，使其无法更加顺畅地融入泰国。此外，台湾作家柏杨曾以"孤军"为主线撰写了纪实文学《异域》，出版之后舆论哗然，各方纷纷谴责国民党当局背信弃义，最终促成台湾"大陆灾胞救济总会"对泰北"孤军"的救助，包括资助难民村基础设施建设，以及提供"孤军"后代入台求学的名额，一部分人毕业之后留在台湾，并设法将泰北亲友接到台湾。就此，"孤军"与台湾当局重建联系，形成新的跨区域网络。

而"孤军"第三代大多出生在泰国，从小接受泰国国民教育，庆祝泰王泰王后诞辰，过泼水节，与此同时，他们在晚上和周末学习华文，以求薪火相传。他们有很多泰族朋友，泰语流利，与外界的接触更多更广，也更向往泰国的城市生活。他们成长于和平年代，战争实为祖辈记忆，大抵与之无关。他们对中国大陆、台湾地区的想象更多来自媒体，如各类新闻报道、流行歌曲、电视剧以及故宫、长城、台北夜市等。20世纪90年代后，很多来自中国大陆、香港、台湾以及东南亚地区的华商进入泰国投资，市场急需大量的双语人才（秘书、翻译、导游等），这也成为第三代年轻人走出泰北的重要契机。可是，当他们进入城市时，却因其迁徙历史与族群背景而面对主流社会的偏见，他们被称为"钦霍"（Chin Ho），① 这对其未来的生活以及身份认同造成极大的困扰。

在对其历史境遇有所了解之后，如何呈现、解释这一特殊的人群，成为衔接日常经验与理论辨析的着力之处。首先，"孤军"被迫退出中国，流寓金三角的经历，与 diaspora（离散）意涵颇为相似，diaspora 最初指早期被迫离开耶路撒冷，散布世界各地的犹太人，后指被迫离开家乡，有家不能回的人群（参见 Cohen 2008），但经典意义的 diaspora 似乎只能解释"孤军"第一代的情况，第二代已落地生根，在泰谋求发展，到第三代变化更多，他们可能离开村寨去清迈、曼谷、台湾及东南亚其他国家、城市，其认同亦显多元，且仍在建构之中，所以 diaspora 并不能完全解释这一人群的动态发展。此外，"孤军"原为军队建制，靠强制力量将这群人扭在一起，但军队渐渐淡出之后，他们又如何聚集成群，他们为何称自己为"泰北云南

---

① 泰语 Chin 指中国人/华人，Ho 来自山区的未开化之人，也有野蛮之意。

人",如何完成从"孤军"到华人族群的转变?

由此,有必要引入族群形成(ethnogenesis)过程的思考(Roosens 1989),具体而言,"孤军"第一代、第二代、第三代的生存境遇如何,不同代际的自我认知、语言能力、文化适应及其与当地族群的互动又是怎样?他们对中国大陆、台湾地区以及泰国的认知及其相互关系如何,迁徙、寓居与地方化进程又对其族群意识与认同建构产生怎样的影响?而这些理论思考与想象,又常常被不断出现的生命故事"打断",促使我不断地穿梭于远近经验之间,适时调整、修正,进而形成以族群形成为主,离散与认同为辅的论述框架,探讨这一族群如何在复杂、多元的政治背景中通过调适、斡旋他们与泰国及周边多方的关系,最终完成从"孤军"、难民到华人族群的认同建构与历史转变(段颖 2012)。

(二)从泰北到缅甸

当然,作为一种生活状态,田野中难免碰到很多似乎与研究主题不太相关,但却颇有意趣的故事或现象,最终成为线索,延伸出后续的研究。同时,研究也会面临很多不确定的因素而未能按照设想的方向发展,两者在田野中同时存在。泰北项目结束后,我计划赴台湾展开田野调查,跟踪当年撤台军队的生存状况，他们大多被安置于桃园及各地的荣民村（眷村），可因为身份及其他因素，一时无法成行，而在之后的城市改造中，眷村多被拆迁，居民散居各地，研究只好暂时搁置。

我在泰北华文学校结识年轻教师小黄，他的特殊经历引起我的注意，小黄来自江西，并非"孤军"成员，先前在中缅边境做生意，后有朋友问他是否愿意去泰北教书，小黄觉得有趣，就答应回家办理护照，可他的朋友说不用那么麻烦，一切交由他来安排，于是，小黄就由朋友的各种私人关系，从中国经缅甸，再辗转来到泰北。几年后，小黄采用同样的方式返回中国。之前谈到"孤军"第三代大多离开泰北，可这些村寨并没有人去寨空，而是有新移民源源不断地从缅甸迁至，他们持有不同证件，身份复杂，迁徙方式多种多样。这就让我想到和顺早年的马帮与商贸网络，在中国与大陆东南亚的接壤地带，人、物究竟如何流动？

可当我进入缅甸，试图观察中国、缅甸、泰国之间的区域流动时，却面临另一个难以克服的问题——边境地带的局部战争与动荡，没人能保证我长期调研的安全。犹豫之中，只好先暂居缅甸中部的曼德勒，也是缅甸的第二大城市，一边做些随机观察与访谈，一边思考如何开展之后的研究。当时缅甸处于军事专政之下的半开放状态，国家监控无处不在，因此，公共空间（如茶馆）中充满各种各样的隐喻和黑色幽默。比如，那时还不能直呼昂山素季,而是称其为"the lady",军政首脑则被称为"一号",人们用很多曲折的方式表达对国家社会的态度与看法。

闲谈之中,我发现很多有趣的现象,老百姓戏谑缅甸就是一座巨大的汽车博物馆,各个时期各种款式的汽车同时在公路上驰骋,这是因为缅甸一度禁止进口汽车,民众只能靠修理及更换汽车部件来维持使用,所以,汽车外壳可能还是20世纪五六十年代出产,发动机已是最新配置。还有关于迁都的传闻,当时军政府没有正式公布为何迁都,所以坊间流传着很多说法,如王朝更替、星象占卜、军事防御、控制民运等。一次我和朋友聊起缅甸电视,他告诉我缅甸电视只有黄色、绿色两个颜色,黄色是袈裟,绿色是军服,官方频道只有军政要员活动和佛教法会、开示两种内容。这一系列的现象,间接映射出民众对于缅甸国家及政府的理解与不满。

从军事专政的威权与监控到纷乱却充满生机的生活世界,其间充满巨大的张力。首先,在讨论国家权力时,政治合法性乃必备之前提,包括被统治者的同意、程序、执政绩效和共享的价值规范(参见让-马克·夸克2002)。可在缅甸,军政统治几乎面临全面的合法性危机,1990年大选后,军政府以修宪为由,拒绝交权,并软禁昂山素季,程序不合法,被统治者同意更是无从谈起,而军政府执政绩效积弱,缅甸一度被视为世界最不发达的国家之一,余下只有共享的价值规范,即佛教信仰,大抵还能达成共识。可是,军政府依然执政数十年,虽然间或经历一些动荡或局部战乱,但社会依旧缓慢发展,那么,合法性危机之下,国家何为?社会如何运作?

面对军事专政,田野自然无法直接从政治议题切入,这既敏感又不安全,可在访问中,虽然在谈论文化、生计,观察日常生活,可一切似乎都与缅甸的国家社会构成相关。比如,缅甸社会经济不稳定,政府数次宣布钞票作废,所以民众不会存有太多现金,而是将之转换为固定资产,如房产、汽车、黄金等,加之缅甸通货膨胀严重,这也成为另一种投资保值的策略。此外,商家手中时常会有两套账本,针对税局和自用。这都是公开的秘密,但若要追究,大家都不会承认。我的报道人曾言,"在缅甸,什么事情都要先做起来,如果什么都按政府法规去做,那就什么事都做不了。我的一位朋友开糖厂,从筹备开始就在申请执照,直到他的糖厂倒闭,执照都没有办下来。"在政府低效积弱的情况下,人们往往希望事情能够更快地解决,而不是依照规章或法律来解决。

在这样的环境中,人们需要重新梳理自身与国家和社会的关系,并为自身非常规/非法的行为寻求自洽的解释。一方面,民间社会的自主性逐渐呈现出来,如华人基于家庭、家族、同乡会等自愿组织所形成的信任、互惠与关系网络,在缅华社会的运作中扮演了重要角色。另一方面,面对军事专政中官僚体制的效率低下与人治环境,民众开始设法将不可控的正式、制度化的事项转入非正式的社会网络中,如关系逻辑下的官商共谋,以消除社会动荡所带来的不确定性与不安全感(菲利波·泽赖里 2005:63-69)。所以,在谈论某事时,人们更关注此事是否合理,有没有效,而未必关注其是否合法,后者至少不是首要考量。由此,腐败作为日常叙事,背后呈现的却是一个民间的道德世界,人们在寻求自我利益时,也在完成着无奈苦境之下的自我证成(段颖 2020a:30-32)。

另一个影响国家与社会关系的因素源自宗教,缅甸为佛教国家,佛教显见于日常,以生活的形态存在,既是缅甸的文化传统,又映射出缅甸民众的精神气质(Spiro 1980)。身处缅甸,时常见到托钵化缘的僧侣,几乎每个家庭都有人出过家,华人亦复如是。人们依靠布施、禅修、出家等一系列信仰实践,积累善业,同时完成着物质与精神世界的互惠与交换。可是,僧侣除每日清晨外出化缘之外,很少在公共空间出现,神圣与世俗,看上去依旧是两个世界。当时我在一所学校教中文和学习缅语,有缘结识前来学习中文的僧侣吴耶瓦达,他发愿将禅修心得介绍给更多的人,以利众生。我和他商量是否能去他的寺院住上一段时间,起初他说可能不太方便,几日后,他问我愿不愿意短期出家,这样就比较好安排,我自是欣然接受,而之后的出家经历，成为我进一步理解缅甸僧俗关系与社会构成的极佳契机。

2006年10月，禅修中心住持、吴耶瓦达以及一众僧侣见证了我的受戒仪式。我的缅甸朋友也参加了剃度仪式，他们非常开心，认为像我这样一个外国人愿意亲身体验修行生活，难能可贵。出家之后，我每日清晨外出化缘，上午在寺院禅修，下午则帮助吴耶瓦达翻译禅修心法，平时会有不少周围的村民前来布施，偶尔也会参加一些祈福法会。出家经历成了我的田野中的"过渡仪式"，之后的诸多事情亦随之发生着微妙的转变，我与报道人，乃至缅甸社会的关系似乎亲近了很多。一方面出家体现出我对缅甸文化与宗教的认可与尊重；另一方面，人类学者介乎局内与局外的视角，又使得他们更愿意和我分享很多故事，可从我这里听到不同的见解，又不会直接影响他们的在地关系。

出家使我得以真正参与缅甸的宗教实践，走进社会生活，身在其中，与常规的访谈全然不同。居处寺院，可以更细致地体验和接触僧侣的日常生活，我慢慢发现，寺院运作大多以社区为单位，并设有管理委员会，由社区中的贤达人士如公务员、律师、商人等组成，共同构建"僧俗共同体"，负责与寺院相关的世俗事务，如寺院经济、日常运作以及公益慈善。缅甸军政之下地方政府的效率极低，很少顾及社会建设乃至基础设施的

四 "流动"的经验与"流变"的思想　　117

维护，面对如此情形，僧侣通过寺院委员会号召社区成员捐资出力，修桥修路，建储水池，这些行动成为修行积德的重要途径，得到民众的普遍认可与支持，同时扩大了佛教与僧伽组织的影响力，佛教的道德权威与力量亦得到进一步巩固与提高，成为道德合法性的源泉（段颖 2020b：213-216）。

所以，在此环境之下，缅甸社会运作的肌理逐渐清晰起来。军政治下的合法性危机使很多事项被引入公共领域，以文化政治的形式呈现出来。尤其是共享价值规范层面，基于佛教的道德合法性，成为各种力量博弈和角力之处。军政府利用释迦牟尼舍利巡礼，其政治展演的确赢得民众的部分认可。当然，昂山素季领导的民盟也在推动大众禅修运动，践行以佛教文化与修行为基础的公民培力，寄期通过大众禅修培育公民社会，进而平衡国家与社会之关系（参见 Jordt 2007）。此外，道德合法性也体现在业报积累的实践当中。1988 年，民主运动遭到军政府镇压，曼德勒僧伽集团共同商议，如果军队不停止杀戮，那就号召所有寺院拒绝接受军人及其家属的布施。这意味着切断通过布施完成的物质与精神之间的交换，德性和业报积累随之中断，对佛教徒而言将是无法应对的冲击。

对缅甸华人社会经济与生存策略的观察，以及僧侣生活的参与，渐渐打开了从日常生活理解缅甸国家社会构成之门。军事专政导致的合法性危机，造成了"强权弱国"（参见

Pedersen, Emily & Ronald 2000）之下的国家与社会的疏离，实际上为缅甸社会提供了相对平行的自主空间，其中，依托市场经济（黑市贸易）的信任、互惠与理性选择，与依托作为文化传统与道德资源的佛教信仰实践，成为缅甸社会构成以及维系社会运作的重要基础，而面对军事专政，各种谣言、隐喻与黑色幽默，则成为民众解构威权的弱者武器，于公共空间广为流传，合法性危机之下，国家修辞趋于无效，随之成为文化产品，纳入民众的国家想象。

（三）从缅甸到边境

2006年至2007年，我的田野调查主要集中在曼德勒，曼德勒地处缅甸中部，连接上、下缅甸，日常生活能看到不少流动与连接，很多与边境贸易、文教交流相关。军政时期，缅甸币值波动较大，加之计划经济下官方汇率与市场汇率相差极大，因此，无论日常还是商贸用途，民众一般都直接去钱庄[①]而非银行兑换外币，以避免不必要的损失。我也需要将外币换成缅币使用，一来一往之间，开始注意到地下汇兑的信用与关系网络，比如有人要到中缅边境做生意，他可以在曼德勒的钱庄预存款

[①] 钱庄是军事专制下灰色经济的重要组成部分，经营并不合法。

四 "流动"的经验与"流变"的思想

项,钱庄会通知设在中缅边境的分号,到时就可直接提取兑换好的人民币,而无需携带大量现金。钱庄的运作需要各种关系的支撑和担保,涉及亲友、同乡乃至华人社团,极为复杂,牵连颇多,因此很少出现"跳单"之事。

此外,曼德勒华人社团中有和顺联谊会,在这里接触到的报道人,很多与我早期在和顺认识的报道人相识,有的甚至是亲戚,当谈起与家乡的关系时,旅居曼德勒的和顺乡民提到他们曾协助和顺亲友解决当地旅游开发争议之事,事情涉及地方政府、开发商与和顺乡民,矛盾来自旅游开发中的利益与博弈。起初各执己见,不肯让步,但情形似乎对乡民不利,于是,他们将此事告知在曼德勒的同乡,曼德勒和顺同乡商议后,将此事反映给中国驻曼德勒总领事馆,总领馆出于护侨的考量,将之报回中国,又经由国侨办转省侨办,再转给当地市级政府出面协调。虽然之后经多方了解,发觉此事远非"故事"讲述的那么简单,且华人内部亦有分歧,但依旧体现出海外华人与祖籍地之间的联系,甚至影响到地方社会的发展(段颖 2011)。

这些现象促使我再度聚焦边境与流动,并将历史与当下连接起来。可当我去往中缅边境,2012年起展开相关田野调查时,呈现在眼前的却是更为复杂、多样的边境生态。在边境地带,既有体现国家主权与治理的口岸,作为边境装置和基础设施,映射着国家的在场,但也会不时看到有人偷偷跨过"屏障",穿梭于两国之间。而在边境地带最为常见的则是分布在漫长国境线上的界碑,很多就立在田间地埂、河边溪畔,大多边民世代生活于此,对他们而言,边境地带是融汇山水风物、人情冷暖的生活世界,中缅两地民众之间跨越国界的往来可谓再寻常不过,因此,他们对边境的认知,也随民族国家建设经历了从"自在"到"自觉"的过程。

田野时间久了之后,我渐渐发现,中缅两地之间的来来往往可谓由来已久,甚至早于民族国家建设。英国殖民缅甸时期,中国正在经历抗日、内战,为避战乱,中国边民流入缅甸,种茶种稻谋生。新中国建立后,他们又回到中国,但在之后的各种社会主义运动中又再度出走,直到改革开放后,中国社会稳定,经济发展,他们又再归来,此时还有不少缅甸人来中国打工。边境村寨中这样的案例很多,充分体现出比较视角下两国之间的往来与流动。正如一位报道人所言,"以前我们穷,跑到那边讨生活,现在我们富啦,他们再过来。一样一样呢。"在五六十年代勘界时,一些村落一半划归缅甸,一半划归中国,甚至有的家庭田在中国,家在缅甸,每日出国耕地,回国休息。我们在与边民和边防官兵聊天时,他们笑言出入边境可以"刷脸",主要是时间久了,彼此熟识。所以,边境日常与普通民众常识和想象中的主权、边界、国门、海关、护照、签证有很大不同。

四 "流动"的经验与"流变"的思想

当然,这并不意味着国家在边境生活中"缺席"或不重要,国家可以各种形式出现,边境贸易特区中人、物之所以能够自由流动,实乃两国经由协商,让渡主权的结果。改革开放后,中缅两国重开边境贸易,一些缅甸华人开始在瑞丽买房置地,从事边境贸易,他们通过"侨居"中国,享受中国招商引资的优惠待遇,而华人在文化上的亲和力,又使其容易融入当地。因此,他们利用灵活公民身份(Ong 1999),通过跨境流寓,逃避军政专制以及由缅甸政治经济不稳定带来的风险,同时利用中国改革开放的利好政策,获得更好的发展空间(段颖 2018)。

表面上看,中缅两国之间不同时期的比较差异,如政治稳定、经济发展等因素,促成了两地之间的流动。可是,边境地区的往来,并不必然源于经济驱力,更呈现出多中心的叙事。中国西南边境很多少数民族信仰南传上座部佛教,村寨基本维持"一村一寺"的传统格局。改革开放后,中国城镇化速度加快,人们开始向往城市现代生活,很多村民不再愿意像以往那样,将子女送到寺院出家,经过一段时期的修行,接受传统教育之后再还俗。如今,年轻一代大多进入小学、初中、高中,学习汉语,希望借此离开村寨,向上流动,寻求更好的发展。

这就导致中国西南边境村落虽有奘房、佛寺,但却没有僧侣常驻。对于信仰南传佛教的村民而言,这成了亟需解决的问题,因为他们的岁时节气乃至日常生活,均与佛教信仰息息相关。如今，他们只好在逢年过节或某一特殊时期去请缅甸僧侣来主持祈福法会。以前，人们要亲自去缅甸迎请僧侣，通信方便后大多电话预约，民众笑言其为"电召佛爷"。一到节庆如泼水节，佛爷就会很忙，一个村寨接着一个村寨的"赶场"主持法会。此外，中国边民还会定期到缅甸边境较近的佛寺院圣地朝拜，听说某位高僧在此云游挂单，他们也会前去拜谒、布施，积累功德。这样的流动往往以地方文化和佛教传统（圣地、高僧）为中心，未必与政治经济比较差异下的流动一致，是另一种形态的空间关系与边境流动。

此外，在中国西南边境，世居跨境民族众多，如傣族、佤族、景颇、德昂等，德昂族在缅甸又称崩龙，随着中缅两地之间的互动日趋频繁，不少崩龙族来到中国工作，有的还结识伴侣，建立跨国家庭。访问之初，无论德昂还是崩龙，都会强调他们是同源民族，可在日常生活中却又存在着微妙的差异，双方根据各自优势，强化自身认知。访谈中，一位德昂女性言说缅甸崩龙女子来中国不是为了工作，而是想借嫁到中国，过上好日子，所谓"打工打工打老公"。而寓居中国的崩龙女性则强调她们对佛教的虔诚和对民族文化的尊重，如一位缅甸媳妇所言，"我们那边每个村寨都有寺庙，寺庙里都有佛爷，每天都有人去布施，这边连佛爷都没有了，他们只想着赚钱"。可见，政治经济比较差异驱动下的流动使身处两国的同源民族的群内差异随之浮现，彼此对不同层面优越性的强调，使多重的文化亲密性（Herzfeld 2004）在跨境流动与边界形塑的过程中逐渐显现出来。

随着全球化和信息时代的到来，中国村村通网络的政策和相应的基础设施建设，使得网络迅速进入边境地区，在中缅边境，方圆几十公里内均可接收中国移动和联通信号，因此，缅甸边民可以使用中国手机卡而不用交纳高额的国际漫游费。而微信的使用则使身处各地的跨境民族通过建群的方式迅速连接起来。人们在这样的虚拟空间中通过语音、图片、视频，共享各地的节日庆祝和日常经验。调查期间，一位德昂民间歌手因病去世，她用毕生精力记录、传承德昂民间歌舞，为人爱戴，各地德昂同胞纷纷在朋友圈里发起吊唁，并通过微信转账给逝者亲属，以表慰问与缅怀。与此同时，网络的介入也为边境治理提供了新的平台，2017年，缅甸边境地区发生战事，中国地方政府随即通过微信发布治安通告，希望暂居缅甸的中国边民即刻返回，如有缅甸亲友前来投靠，需要做好安置和登记工作。

因此，网络进入边境之后，人们开始充分利用网络沟通的方便、快捷，在虚拟世界中建立起属于他们自己的族群空间，他们在群里讲自己的民族语言，而傣族还会在圈内转发分享泰国的流行乐、电视剧，热议剧情、明星、偶像。缅甸边境战乱时，德昂族、景颇族的微信群还会上传一些战场伤亡画面，引发民族共情，大家纷纷募捐，希望能够尽力帮助跨境同胞。可见，互联网一定程度上塑造出新的边境媒介景观（Appadurai 1996：35-36），不同地区的同源民族通过即时通讯的方式共享彼此的社会生活，打破了山水相隔的物理距离与国家疆界，改变着彼此对边界的传统认知，创造出虚拟世界中的想象共同体。

总体而言，边境地区乃边民世世代代生活之地，这里存留着他们的生命经验与历史记忆。翻山越岭，跨越边界，于来往之间谋求发展，就是他们的日常生活。但是，若将边境叙事置于历史的维度以及更为广泛的政治经济过程中，不难发现，自民族国家成立以来，边境作为主权与民族国家建设的基本地理构成与控制节点，却将边境地带从自然之边陲带入政治之边界，各种语言、文化、宗教、政治乃至意识形态，在此相互交织（Farrelly 2013）。因此，边民的流动，直接或间接受到国家政治、意识形态、经济发展、国际关系等因素以及由之构成的"推－拉"之力的影响。此外，在日常生活中，虽然可以看到边民能够基于其对边境地带的经验与感知，"自由"出入边境，但这恰恰反映出边境生态与边境治理中的弹性空间，国家往往就存在于"为"与"无为"之间，在"日常"与"非常"之中彰显主权以及对边境地区的人口管理与控制。而全球化之下的信息与网络社会，在连接各地的同时，也创造出新的跨国/跨境族群空间，虚拟世界中的互动与共情，超越了以血缘、地缘乃至国家为基础的传统边界，塑造出更为流动、丰富的边境景观。

（四）结语

综上，我在不同时期不同地点的田野研究，看似各自独立，但却有着千丝万缕的联系。跟随田野的流动，我的关注也渐渐转向中国西南与大陆东南亚这样一个地域性的整体社会体系，在这里，山川相隔，河海相连，结构松散，关系千万重。而从"孤军"的族群形成到缅甸的国家与社会构成，再到边境的人、物流动，推动我重新思考区域视野下的国家、社会与人群。事实上，中国西南与大陆东南亚所构成的整体社会体系，学界已有讨论，如安东尼·瑞德（Anthony Reid）提出的风下之地，主张将东南亚视作人文地理单元加以研究（瑞德2010：6-15）；利奇（2010）在研究缅甸高地时也提出区域诸社会体系的概念，以此来理解山地和平原，以及各族群之间的动态关系；埃里克·沃尔夫（E. Wolf）在讨论地方社会与世界政治经济之关联时，也提到应将印度－中国－东南亚视作连续统一体，以此考察不同地方的人如何吸纳不同的文明因素，为己所用，并由此创造出更为丰富的地方文化（沃尔夫2006：56-72）。斯科特（2009）的佐米亚与不被统治的艺术，虽引发不少争议与批判，但作为学理探讨，启发我们超越国家与社会的二元关系，将区域生态与社会体系带入更为立体、多元的论域。而以"流动"为线索的田野工作，则使我以具身体验的方式，寻找连接宏观区域体系与微观生活世界的关联，与此同时，身处其中的人的情感、理智与行为，以极富生命质感的形式，更加鲜活地呈现出来。

因此，在考察区域社会体系时，需注意历史与当下的关联，以中国西南与大陆东南亚为例，其所呈现的，是一个多重力量汇聚且充满张力的世界，以及在长期人口迁徙与族群互动之下形成的松散、弹性、共生的关系结构。具体而言，包括历史过程中自然形成的多元共生体系，民族国家与国际关系，以及全球流动中形成的跨国社会领域，三者交错叠加，共同影响着生活在区域中的人。而人们在区域中的长期流寓，逐渐形成了由区域中各个节点相互支撑的多中心构型，"居"与"游"之间，我们看到的，并非传统的中心与边缘，而是一个"无处非中"的地方世界，个人、族群乃至地方，都可能是一个自在的中心，依照自身位置判断中心与边缘的关系。这就需要不断变换视角，理解中心－边缘的相对性及其历史形成过程，而以"流动的地方性"出发，分析区域中弹性、灵活的族群关系、生存心态与交往规范，以及区域社会体系中的复杂关联，更需要跨越国家疆界的人类学（anthropology of transnationality）视野。最后，从知识生产的角度来看，我们观察的区域，存在着不同的维度，一是作为本体的区域，山川海河、风土人情以及人与人、人与物、人与地方、人与自然之间的自在关联；二是关于区域的制度性建构，包括民族国家、世界政治经济体系以及权力关系格局；三是学术领域对"区域"的界定与讨论，涉及时代变化以及知识生产中的学术与政治，不可回避。

总体而言，我的研究一直与"流动"相关，流动也形塑了我的人类学之旅，流动背后的轨迹（traveling routes），连接了我的田野际遇。对于我和田野中的朋友而言，这既是漂泊旅程，又是人生轨迹。英戈尔德在反思民族志与人类学之关系时，提倡将之视作人类学者的田野境遇，一种与他者相处，共享生活经验的学习过程（Ingold 2014）。我们沿着与他者一起生活的轨迹，和过去相连，与现在结合，并由之思考未来的种种可能。而强调田野工作者与其观察对象的互为主体，以及两者生活世界的相互交织，正是为了避免民族志研究与写作中的主、客二分与工具意图，研究者若在某地生活很长时间，但依旧和研究对象之间保持着问问题、听故事的交往方式，自然也就无法呈现民族志的本体论意义，田野感以及同情共理更无从谈起。

再回到田野境遇、理论反思与知识生产，亦即人类学家的"魔法"。事实上，长期的田野经历，使人类学者以一种"中间人"（live in between）的状态不断地穿行于不同的经验世界，形成对日常生活的敏感与直觉,这是一种关联与想象能力的积累;其次,田野中的细微之处,都可能成为继续前行的线索和动力,研究时既需要强调问题导向,也需要放宽视野,全身心投入,捕捉看似无关或不经意的事项与信息;第三,田野中的张力,可能来自生活世界中的文化震撼,也可能来自理论旅行中的扭曲与变形,当常识不再习以为常,理论与经验之间存有裂隙,亦将是知识生长的契机;第四,田野境遇、田野中的关系,以及当时所认为的顺境与逆境,都包含着人类学者的主体情感与具身体验,映射人心人性,对于理解现实世界而言,既珍贵又不可或缺;第五,参与观察、参与和观察,共同构成人类学者的田野,不可偏废,需要创造参与的机会,体现做田野之"做"(doing),只有身处其中,才能真正感受、实现融入与抽离;第六,比较之心,经历不同田野之后,需存有比较的意识,在相似与差异中寻找关联与超越,连接更大的世界;最后,也最为重要,承认田野的局限与未知,田野就像一盒巧克力,你永远不知道下一颗是什么味道。而生活世界远比我们的理论辨析复杂,在我的田野经历中,质疑、反思从未中断,也充满各种不确定的因素。因此,更要时时保持谦虚、谨慎与好奇,将田野视作生活,在共享经验的状态中向他者提问,向世界提问。做田野,成为人类学家。

参考文献

Appadurai, A. *Modernity At Large: Cultural Dimensions of Globalization.* St. Paul: University of Minnesota Press, 1996.

Cohen, R. *Global Diasporas: An Introduction.* London; New York: Routledge, 2008.

Evans-Pritchard, E. E. *Social Anthropology and Other Essays.* New York: Free Press, 1962.

Farrelly N. "Nodes of Control in a South (east) Asian Borderland", in D. Gellner ed. *Borderland Lives in Northern South Asia.* Duke: Duke University Press, 2013.

Herzfeld, M. *Cultural Intimacy: Social Poetics in the Nation-State.* London: Routledge, 2004.

Ingold, T. "That's enough about ethnography!" *HAU: Journal of Ethnographic Theory* 2014 (4): 383-95.

Jordt, I. *Burma's Mass Lay Meditation Movement: Buddhism and the Cultural Construction of Power,* Athens: Ohio University Press, 2007.

Latour, B. *Reassembling the Social: An Introduction to Actor Network Theory.* Oxford, UK: Oxford University Press, 2005.

Malinowski, B. *Argonauts of the Western Pacific: An Account of Native Enterprise and Adventure in the Archipelagoes of Melanesian New Guinea.* London: E. P. Dutton & Co., Inc., 1999 [1961].

Ong, A. *Flexible Citizenship: The Cultural Logics of Transnationality.* Durham: Duke University Press, 1999.

Pedersen, M. B., Rudland, E., and May, R. J. *Burma-Myanmar: Strong Regime, Weak State.* Adelaide: Crawford House Publishing, 2000.

Roosens, E. *Creating Ethnicity: The Process of Ethnogenesis.* London: Sage Publications, 1989.

Scott, J. C. *The Art of Not Being Governed: An Anarchist History of Upland Southeast Asia*, New Haven: Yale University Press, 2009.

Spiro, M. E. *Buddhism and Society: A Great Tradition and Its Burmese Vicissitudes*. Berkeley: University of California Press, 1980.

〔美〕格尔茨:《文化的解释》,纳日碧力戈等译,上海人民出版社1999年版。

〔英〕利奇:《缅甸高地诸政治体系》,杨春宇、周歆红译,商务印书馆2010年版。

〔法〕让-马克·夸克:《合法性与政治》,佟心平、王远飞译,北京:中央编译出版社2002年版。

〔澳〕瑞德:《东南亚的贸易时代》第一卷,吴小安、孙来臣译,商务印书馆2010年版。

〔美〕史铎金:《人类学家的魔法》,赵丙祥译,生活·读书·新知三联书店2019年版。

〔美〕施坚雅:《中国农村的市场和社会结构》,史建云、徐秀丽译,中国社会科学出版社1988年版。

〔美〕沃尔夫:《欧洲与没有历史的人民》,赵丙祥、刘传珠、杨玉静译,上海人民出版社2006年版。

〔英〕英戈尔德:《人类学为什么重要》,周云水、陈祥译,北京大学出版社2020年版。

〔意〕泽赖里:《腐败、财产返还与罗马尼亚》,载于〔美〕迪特尔·哈勒、〔新西兰〕克里斯·肖尔主编《腐败:人性与文化》,诸葛雯译,江西人民出版社2015年版。

段颖:《边陲侨乡的历史、记忆与象征——云南腾冲和顺宗族、社会变迁的个案研究》,载于陈志明、丁毓玲、王连茂主编《跨国网络与华南侨乡》,香港中文大学亚太研究所2006年版,第77—112页。

——《谁的古镇?谁的侨乡?——腾冲和顺旅游开发与社会发展的个案研究》,载于杨慧主编《旅游·少数民族与多元文化》,云南大学出版社

四 "流动"的经验与"流变"的思想 131

2011年版,第161—179页。

——《泰国北部的云南人——族群形成、文化适应与历史变迁》,社会科学文献出版社2012年版。

——《跨国流动、商贸往来与灵活公民身份——边境地区缅甸华人生存策略与认同建构之研究》,《青海民族研究》2018年第1期。

——《平行与交织——军政时期缅甸华人的生存策略、日常政治与国家想象》,《思想战线》2020年(a)第3期。

——《缅甸军政之下的佛教、道德合法性与社会构成》,《开放时代》2020年(b)第3期。

五　讲好一个故事，做好一个论证

张文义

我本科学物理，硕士和博士学人类学。物理学要求严格的实验操作程序，寻求不变的世界规则；人类学要求细致的田野调查，触摸生动鲜活的生命经验。民族志是人类学家呈现田野调查成果的基本方式。读博八年，我囫囵吞枣读完了四五百本民族志，一字一句精读过十来本，从教以来，带着学生又精读过十来本。在这过程中，我深刻体会到导师说的，好的民族志要完成两个工作：讲好一个故事，做好一个论证。讲好一个故事包括两方面：首先，把田野材料细节连接成一个民族志现象的整体，保持材料所由来的世界，切忌带着上帝的目光切割材料、以例证的方式填入论文。其次，考虑写作策略，让读者心甘情愿进入作者描述的民族志世界。讲好一个故事，要求触摸到人的生命经验；做好一个论证，则要从个案中跳脱出来，分析生命经验背后的文化逻辑和机制。合起来，人类学既研究人类的机制，也传达生命的质感。本文分析我的两篇民族志论文，检讨自己在多大程度上做到了这两个要求。第一篇与博士论文同时开展，但用了不同的材料和理论。论文用英语写成，得到过导师的全方位指导，包括语法、用词、材料选择和论证过程。第二篇用中文写成，试图在主题和写作方式上走出博士论文的影子，发表前在四五个地方讲过，得到过多位同行的批评和建议。①

通过分析这两篇论文，我要讨论三个问题。首先，在研究的不同阶段，我眼中民族志现象的整体发生了什么变化。读博期间，我沉浸在社会文化中，认为它自洽而完整。从教以来，面对学生提出的各种问题（尤其是人类学和社会学、民族学的异同），也在跟医生和生物学家的交流中，我不得不思考人类学眼中人的整体性跟其他学科眼中人的形象的差异。这种思考影响了我的民族志研究和写作。其次，民族志论文最关键的是个案能带来什么理论意义。读博期间，我想的是大师们说了什么，我可以学什么，又如何跟自己的田野材料结合起来。工作五六年来，给学生上人类学理论课，体会到大师的思想都传达着他们时代的焦虑和梦想。当我越来越熟练地传达大师思想时，我开始思考我所处时代和社会的焦虑和梦想，以及它们如何影响

---

① 本文讨论的两篇文章依次为：Wenyi Zhang 2016，张文义 2019。

我的人类学实践和追求，民族志又如何传达这种生命经验和时代精神。第三，两篇文章分别用英文和中文写成，我从中体会到语言也是思考方式和意识形态，能看到每一种语言蕴含的思想体系如何影响我的材料选择和论证过程。总结这三个问题，我想呈现人类学的民族志研究如何在严格的田野操作中触摸飘忽的生命经验。

（一）严格的操作：拓展现象所处的整体

第一篇论文主要呈现严格的田野调查结果可能蕴含什么样的理论意义。我的田野在中国西南地区的景颇族中展开，景颇人主要分布在云南、缅甸克钦邦和印度阿萨姆邦。我比较了景颇社区中献鬼人家的献祭仪式和当地基督教的祈祷仪式。献鬼是景颇的传统治疗方式，通过牺牲动物生命向鬼神换取福祉、治疗人的疾病。基督教从19世纪传入景颇族，在我的田野点有三分之一的人入教，而缅甸克钦邦95%以上的民众都信基督教。基督徒和献鬼人家相互鄙视。基督徒认为鬼神是恶魔撒旦的后代，他们歧视献鬼人家："你们就跟着撒旦走吧，永远没有进步的一天。"因为献鬼人家经常杀猪杀鸡，财富没法累积。相反，基督徒认为景颇文使用了英语的26个字母，而世界上最富有的国家都在使用这26个字母，所以"我们也会富起来的"。

与之相应，献鬼人家把基督徒称为"景颇奸"（就像抗日战争时期的"汉奸"），认为他们背叛了景颇祖先。日常生活中，献鬼人家和基督徒都由当地婚姻交换圈联系起来，彼此有沿袭亲属关系而来的责任和义务。田野中，我做过三个多月的谱系调查，明确了献鬼和基督家庭之间的亲属关系，还参加过一百多个献鬼仪式（我师父是当地最大的祭师）和四十多次祈祷仪式。我的祭师师父细致解释了创世史诗，它是一切献祭的根源。村里教堂法人代表是当地最早的基督教徒，也是最出名的口传史讲述人。他给我写了55页的景颇文版的口传史，整合了圣经和景颇创世史诗。基于这些材料，我试图寻找一种共通理念来呈现献鬼和祈祷仪式彼此矛盾、竞争、又相互理解的复杂关系。

我的出发点是医学人类学：世界各种医学和信仰体系都是对人的生命存在的某种理解，并从中演绎出具体的医疗实践。景颇祭师认为，献祭仪式可根据它们触及的人的生命的不同部分来分类，据此我总结出景颇人视野中人的生命的四个部分：身体、灵魂、生命线和 $woi^{33}nyi^{31}$。[①] 后三者存在于身体中，但没人知道它们的确切位置。生命线连接身体与灵魂，其长短决定了寿命。灵魂分两部分，在人的世界叫 $num^{31}la^{33}$，在鬼神的世界叫 nat^{55}。普通人灵魂的这两部分互不相干，活着时

[①] 景颇语的四个声调分别由数字上标表示。具体见徐悉艰等（编）1983。

$num^{31}la^{33}$ 主导，死后 nat^{55} 主导。经过数十年的磨练，祭师可在仪式中进入"强化的意识状态"，同时激活灵魂的这两部分，既是人也是鬼神，从而沟通二者。$woi^{33}nyi^{31}$ 是"意识"，它在个体出生时把阴魂转为生魂，死亡时化生魂为阴魂。这四部分关系和谐，人就健康活泼；任何一部分出了问题，比如身体受到伤害、或灵魂离开时间过长、或生命线变得过于细弱，人就会生病。此外，没有任何医药和仪式可以治疗对 $woi^{33}nyi^{31}$ 的损伤。而且，$woi^{33}nyi^{31}$ 坏了就意味着家族传统败落，因为祖先通过 $woi^{33}nyi^{31}$ 影响后代子孙的命运福祉。

基督徒也认可生命的四个构成部分，但修改了其中两部分的含义。首先，灵魂来自上帝，是上帝赋予人的气息。人死后，肉身化尘土，灵魂归上帝；据此，景颇是上帝的子民，就该信仰上帝。其次，基督徒把 $woi^{33}nyi^{31}$ 解释为对上帝的虔诚；成为基督徒意味着在日常生活中培养和实践对上帝教导的清醒意识。对献鬼人家来说，祖先的 $woi^{33}nyi^{31}$ 是家族的传统，它规定了后代子孙的福祉。但基督徒相信命运取决于个体对上帝的虔诚程度；数十年如一日遵守上帝教导的人，可在末日审判中获得永生。命运掌握在自己手中。

无论对基督徒还是献鬼人家，灵魂都可被视为一种普通的意识状态，而 $woi^{33}nyi^{31}$ 则是一种强化的意识状态。据此，我展示了两个仪式的矛盾和共通基础：它们是对人的意识的不同运用方式，献祭仪式通过祭师进入强化意识状态来改变普通人的日常意识，在祈祷中牧师引导所有参与者从日常意识状态进入强化意识状态。意识状态的改变带来身体状况的改变，从而治愈病痛。对这一点我现在还比较满意。但回读这篇论文，顺着这种思路，我还应该展示两个仪式如何各自嵌入献鬼人家和基督徒的日常生活，如何在婚丧嫁娶、人生礼仪、病痛灾难中扮演特定角色，从而给个体生命带来变化转折。这部分我只提到一两句，缺了它们，文章读起来就好像把仪式抽离出社会生活，只在思想体系中讨论仪式，脱离了在场感。

之后几年，给本科生和硕士生上人类学理论课，我眼中的人类世界和大师眼中的世界不断碰撞，我看到这篇文章传达的人的整体性的各种不足。首先，在思维方式上，这篇文章呈现的世界非常静态，在其中，底层机制（生命观念）决定表层现象（仪式行为）。这是20世纪70年代之前人类学的主流思维方式，它后来被政治经济学派的动态视野（Scheper-Hughes 1993）和实践理论的非决定论视野（Sahlins 2000）取代。虽然我很欣赏实践理论，但我的第一次民族志写作依旧体现着决定论的思考方式。从教以来，我每年都重返田野，看到了社会历史对仪式的影响——仪式在决定论的思维方式之外。由于20世纪的社会运动，景颇的祭祀传统衰落，人们不再熟知禁忌，不断犯忌，于是鬼神震怒，降祸于祭师。把信仰烙在身体和精神上的祭师，以自己和家人的生命承载着衰亡的祭祀。我的师父在2007年升级为大祭师后就不断遭遇不幸；我田野点的四个学徒也各自遭遇了程度不等的不幸，另有四个小祭师为躲避灾难而加入了基督教。而且，祭师的培养方式也发生了变化。以前需要一二十年，最终由雷神认定。2010年以来，德宏州政府召集仅存的几位大祭师，定期培训年轻人。通过考核的人获得政府颁发的祭师证，四五年就学成。更重要的是，随着经济发展、生态变迁和信仰衰落，新型疾病也随之而来。除亚热带山地生活常见的疟疾、风湿、感冒、跌打损伤外，毒品、艾滋病、性病、糖尿病、癌症等现代疾病也越来越普遍。2014年以来，我发现村里四五十岁的人一半左右都患有各种无名疾病，比如身体莫名疼痛或说不出的难受。进城打工的年轻人也患上与城市生活，尤其是跟毒品和性相关的疾病。我参加过为三个在外打工的年轻人准备的献祭仪式，其中两个女孩的病为村里从未见过的妇科病，男孩的病则是不明原因的虚弱无力。这些疾病不能被鬼神或祈祷仪式治疗，也不被现代医学明确命名和有效医治，人们不明白它们从何而来。大祭师告诉我，村里人来求卦时，卦象总显示有鬼神作祟，但没法确认到底是什么鬼神，也就无法确定献祭细节（比如时间地点和祭品等）。在病人家属的要求下，他只好根据疾病的外在表现和以往经验，选择向某些强大的鬼神（如雷神）献祭，但效果不是很好。他相信，鬼神虽然已经走了，但还存在。相比之下，牧师倒是信心满满，认定一切都是人们未遵守上帝教导的后果。虽然祈祷仪式也无效，但牧师认为，对上帝不虔诚，祈祷和医药当然不会起效，因为教堂和医院共享十字架符号，只有医生和病人共同信仰上帝，药物才有可能发挥最好效果。他甚至引证乡卫生院医生（西医）的话。他们在给出药物治疗后，也不时对人们说，"你们回去做点迷信吧"（不过，他对医生把祈祷当作迷信很不满）。在社会变迁中，不同代人有不同的疾病谱，祭师的培养过程在变化，仪式治疗的逻辑机制和实际运转也随社会历史变化。

其次，即便在决定论的思维方式下，这篇论文讨论的祭祀机制也不完备。景颇社区中有四种与治疗相关的知识体系：景颇的献鬼、汉族的献鬼、景颇的基督教仪式、西医。在我参加过的多数病例治疗中，人们都会求助这四种体系。景颇和汉族献鬼虽然细节不同，但彼此可以相互理解。基督教和西医走得很近，因为医院和教堂共享十字架符号。这两对知识体系既相互鄙视，也彼此依存。景颇和汉族祭师通过打卦让知识立足现状，又逸出现状，牧师和村公所干部给人们灌输有关未来的新观念，从而启动社会控制过程，以未来规范行为，创造新的社会事实。由此，基督徒和村公所作为一方，景颇和汉族祭师作为另一方，在一个更远的机制（未来立场）上统一了分歧。一方面，未来立场保留了打卦和概念设置各自的不可通约性：打卦把病痛归因于人力之外的因素,而基督徒和村公所则归之于设计和理想。另一方面,这种不可通约性是两组知识体系对待未来的不同方式,又统一于未来立场(张文义 2021)。

在观点论证方面,我意识到这篇论文的观点有不足之处。我的博士训练努力调和认知的生理进化机制和社会文化过程,从教以来,我一直教授医学和认知-心理人类学课程,试图整合人的生物和社会两面。这种整合磕磕碰碰,经常找不到出路,这一点在这篇论文中表现得很明显。该论文论证献祭和祈祷仪式是对两种意识状态的不同组合,各自产生不同效果。与认知和宗教研究的文献相结合,这个论点通向"符号疗愈"(symbolic healing)的机制。但是,我当时没意识到,我的论文只是探讨了其中符号(symbolic)的部分,没触及疗愈(healing)的过程,当然也是因为不知道如何着手。后来接触了神经人类学(neuroanthropology)对治疗过程的探讨,认识到不同意识状态下身体的不同物质和心理状态(即不同意识状态下,不同神经递质和不同神经元网络结构。结合人类学和神经科学来理解治疗仪式的研究,参考 M.Winkelman 2010),还了解到精神分析对梦这种意识状态下身体和心理的不同性状的研究(弗洛伊德 2014)以及中医的气化质、质化气过程,我才开始明白什么是疗愈的机制,并将其与符号的过程结合起来。这就是我追求的人类学,结合多个学科的视野和方法,理解人的生物和社会的统一机制。

（二）飘忽的生命经验："你不喝酒，鬼不会认你的"

第二篇论文断断续续写了四年，我想理解田野中一直困扰我的一句话。我跟祭师学习献祭，几年下来，除景颇语不太好之外，我对献祭知识的理解可在社区中排名前三。但人们都认为我做不了祭师，因为"你不喝酒，鬼不会认你的"。我把这句话放在鬼神献祭和食物味道的背景中，探讨体验的社会与生物过程，从而理解这句话意味着什么。这篇论文遇到两个挑战：首先，连接微妙飘忽的个体感官经验与宏大的社会秩序和历史过程；其次，连接的关键是记忆的生物和社会过程。

第一个挑战，把飘忽的感官经验与宏大的社会秩序和历史过程联系起来。味觉体验在具体情境下由特定行为引出来，要把体验放回到真实的社会生活中。首先，景颇人认为没有仪式就不能杀生，献鬼才能吃鬼鸡，鬼鸡因此得名。鬼鸡制作有几个步骤：第一，必须和米一起煮，否则只能给厉鬼吃。第二，要和稀饭一起吃。煮稀饭关键靠柴火余温收汁；柴火剩多少，温度要多高，持续多久，都得靠感觉。最好吃的稀饭是看得出水、看得出米，米和水还连在一起。第三，调料除了葱姜蒜外，还要在路边摘野菜，洗干净舂碎放进去。这里的关键是食物在社会中扮演的角色。比如，祭品的哪些部分可用来献鬼？用叶子正面还是反面包祭品？里面加生米还是熟米？献祭完，鬼神吃好走了，人们看鸡卦，判断鬼神满不满意。鸡的头骨、腿骨、翅膀骨都可用来判断。祭品只能由男人准备，女人准备人吃的食物。不同人分到不同食物；杀猪杀鸡的人，分到祭品的特定部位；孩子和女人不能吃某些和鸡血有关的食物。食物分化着人群，也是人神连接的标志。

接下来，经验在具体情境中展开。食物有味道不仅因为食物本身，还因为和谁一起吃、当时发生了什么。当地有汉族、傣族、景颇，景颇还分为信仰基督教或鬼神的，大家都做鬼鸡，又相互拿鬼鸡说事。汉族看不起景颇，认为景颇给鬼吃稀饭，鬼很快就肚子饿了，又来要吃的，景颇只好天天杀猪杀鸡；汉族人给鬼神吃干饭，它们很长时间才又来要吃的。但是景颇认为，汉族吃的鸡是没用米煮过的，是给厉鬼吃的，人吃了会遭殃，所以汉族人身体不好，只能住坝区，那里又潮又热，不像景颇在山上健步如飞。景颇和傣族也相互评价。傣族住山下，相对富有，景颇住山上。每年献寨门时，景颇祭师在山上说："鬼啊，不要再咬我们景颇了。带上这只鸡，这包稀饭，下山去吧。看看吧，山下的汉族人和傣族人，又白又净，跑得还慢，你咬他们，一点都不费力。他们的牛那么肥，他们的鸡那么多，他们的人那么多。你咬了左边的，右边还有，咬了前面的，后面还有。想想那种生活，你会很忙，很开心。赶紧上路吧，我们给你准备了路上吃的鸡和稀饭。"山下傣族的佛爷，除了和佛打交道也要处理各种鬼神，他们念道："你看我们傣族人的肉那么松弛，没有嚼劲；山上景颇人健步如飞。你吃傣族人，一下就抓到了，好没有成就感；你去山上抓景颇人，从背后抓住他的时候，你会非常开心！"景颇基督徒也煮鸡肉稀饭。献鬼家的稀饭在野外吃，旁边孩子在打闹，日落西山时（仪式一般持续七八个小时，早上八九点出去，下午五六点回来），烟雾缭绕，人们用芭蕉叶包着吃。鬼吃过祭品、开心地走了，人带着满足感喝酒吃肉。基督徒给上帝祈祷，上帝不吃鬼鸡，人们用碗筷盛着吃，不能喝酒，要安安静静，上帝在看着。吃是一种文化行为，人吃的不仅是食物，更是欲望和情绪，因此氛围和社会关系影响着食物的味道。

我 2003 年第一次到景颇山，十多年间吃到的鬼鸡味道都在变。随着 20 世纪后半叶的经济发展，景颇与土地的关系日渐疏远。发展项目给景颇带来了财富和舒适的物质生活，也诱导了宗教传统的衰落。2007 年，金竹寨分山，每户几百亩。当地县政府提供低价苗种和免费技术指导，鼓励村民种植核桃、咖啡、西南桦、杉木等。2008 年，县政府颁发林地使用权，保障村民对所种林木的所有权和砍伐权。很快，种植改变了景颇的生活和劳作节律。分山前，村民干季在山坡刀耕火种，雨季在山谷种植水稻，辅以狩猎采集。他们尊称土地为大地母亲。雨季，大地母亲生养万物，人们赋闲在家；干季，大地母亲让万物结果、长膘，人们庆贺丰收、交换礼物。分山之后，无论干湿季，人们都忙于种植，土地失去轮休，慢慢耗尽它生养万物的能力。人们还大量使用杀虫剂和化肥，只保留少数几种作物，消除了其他物种对土地的依赖。大动物没了藏身之地，纷纷跑入缅甸，小动物也越来越少。2010年，村民开始发现一株患病作物会快速传染整片地，而以前一种植物患病并不波及周边物种。祭师哀叹大地母亲的死亡及人们对祖先记忆的丧失。他们认为，发展过分剥削了土地，诱导人们不再敬重和感激大地母亲的物产和保护。大地母亲不再培育新的英雄人物，景颇只能跟在其他民族后面。比如，当汉人种植西南桦和咖啡多年，大有收成之后，景颇才跟上，而此时的市场价格已大幅跌落。更严重的是缺乏英雄人物的引领，市场浪潮让景颇人欲望膨胀，却未提供实现欲望的手段。失去人、动植物和环境之间的平衡，人们丧失判断好坏是非的能力，被毒品诱惑。

  在这样的生活变迁中，如何感受和讨论鬼鸡的味道？人们都说，这些年鬼鸡没那么美味了。他们还用隐喻告诉我："你不喝酒，鬼不会认你的。"为什么人们认为食物的味道随时间改变，为什么"鬼不认我"很重要？这是本文面临的第二个挑战，探讨社会历史和个体经验之间的连接。这里的关键是记忆，隐喻唤醒记忆和想象。神经科学发现，味觉包括两个过程：一是味觉的顶端，二是味觉的底端。底端是口腔和味蕾受到的刺激，顶端是大脑的想象，味觉是二者的结合。不同文化传统以不同方式讨论这两端。英语中，sense 是 sense of sth 和 make sense of sth 的结合，是知觉（perception）和概念（conception）的结合。汉语中，味是形声字，"口 + 未"。口在后天八卦中位处西南；未，也位于西南，它们都和脾有关，都属于长夏（食物开始成熟的季节）。食物五行属土，和土有关。综合神经科学和人类学对食物和记忆的研究，我确定了理解食物味道的两个记忆机制。首先，记忆是建构的，有短期记忆转化为长期记忆的过程。长期记忆是关于"我是谁"的内容，它们决定了我们选取哪些短期记忆进入长期记忆，依据记忆不断建构自我，而自我决定着我们体验到的味道。其次，同一道菜在不同情况下吃、和不同人吃、在不同氛围中吃，味道不一样，这也和记忆有关，因为记忆是情境化的。记忆蛋白由氨基酸链接而成。常规蛋白质由不同氨基酸穿插组合而成，而记忆蛋白肽链的一端有同样类型的氨基酸重复出现，它们不受 DNA 控制，而由具体情境激发。因此，那些原本以为已经消逝的记忆会在特定情境下突然爆发。结合这两个机制，鬼鸡的味道和吃它的人经历的社会历史有关，也和吃的具体情境相关。

这篇论文的缺憾是没能测量人在不同情境和不同时代吃景

颇鬼鸡时,记忆蛋白有何不同,即没法确证记忆的生理过程如何与社会生活交织。这对人类学的田野来说几乎不可操作。后来,我了解到神经科学家对记忆过程的更深入研究:记忆许诺新的想象,改变我们对过去的认识,甚至植入错误或不存在的内容,允许无意义存在,让个体走出当下生活决定的优先可能性(甚至是死结),最终给个体自由追求其他意义的可能性,带来新的生活方向(Maryanne and Polaschek 2000)。我认识到,即便不测量记忆蛋白,也可以借助神经科学的研究来理解食物激发记忆、记忆引发想象,从而改变我们感知味道的社会和生物过程。这开启了我今天的研究方向,从人类社会与自然环境协同进化的角度,研究西南乡村山区发展项目的多方面影响。发展项目把雨林结构改造为经济林,改变了人们的经济形式、社会关系网络、价值理念和信仰、人口结构和基础设施(如灌溉水道),从而影响了地方物产和物种的种类和数量,以及人和动物的疾病种类,更导致自然灾害(如泥石流、火灾等)的变化方式和频率,最终影响当地小环境的气候条件和当地人的社会生活和生命经验。

(三)语言背后的思想体系和意识形态

两篇论文在写作上有很大差异。写第一篇的时候,我理解

五 讲好一个故事，做好一个论证

的讲好一个故事，就是讲清楚事情的条理。这篇论文是中规中矩的传统民族志，从复杂琐碎的材料中理清逻辑和机制。当时的学习样本是英国人类学家埃文思-普里查德的经典民族志《阿赞德人的巫术、神谕与魔法》(2014)，以及法国人类学家列维-斯特劳斯的两篇论文(《巫师与巫术》和《象征的效力》，2009：153-188)。教了几年民族志写作课，又随外语系创意写作的老师跟班学习后，我开始明白，讲好一个故事中的故事，首先是字面上意义上的故事，然后才是事情的条理(Behar 2011：106-116)。这是我第二篇论文努力的方向：要传达经验，让读者莫名觉得景颇鬼鸡好吃，给他们仿若亲自经历的真切感。在努力讲好一个关于感觉的故事的过程中，我感受到文学评论家苏珊·桑塔格说的："说一种感觉，一种印象，就是消减它——驱逐它"(2015：6)。人类学的文字以现象为抓手，既传达社会怎么运转，也感受里面人的样子，看到人和社会的纠缠。这一方面要求做到纠缠(entanglement)：故事背后是一个生活世界，细节承载着当地生活世界和当事人的生命经历。另一方面，细节有质感，即知(embodiment)：生活中有些事，你说完了，总感觉没完，说过了，又感觉说的不是它。比如，幽默感、喜感、会心一笑，体会到了，意味无穷，说出来却总隔了一层。每个时代都有独属的气质，生活中也有某种氛围，你能感觉，但抓不住。民族志需要传达资讯，但从读者的角度看，阅读的快乐和感悟不来自资讯，而来自与一种精神、氛围和趣味的共鸣，从文字中感到振奋、忧郁、开心或迷茫。写这篇论文的民族志故事时，我参考的是阿城的小说《棋王》：母亲因贫苦劳累去世，交给棋王她亲手刻的一枚玉棋。这枚棋，这个物，不仅是下棋的工具。它是母亲的遗物，混杂着许多情感：穷人家里的一枚玉棋，是爱；棋子代表玩物丧志，是家族记忆；被母亲暴打的场面，是阴影；母亲唯一的遗物，是念想。这些汇成了一件事：下棋。对于棋王来说，他一生的事业就是下棋，棋子就是他，他就是棋子。他无法知道，母亲究竟是支持他下棋，还是劝他回头（阿城 2000）。民族志的细节传达这种韵味，挥之不去，甚至不可言说。这样的韵味和悖论不是用来理解的，它必须被感受到。民族志研究不能仅仅停留于文化翻译，它本身就是一种实践，传达生命经验，唤起人们的经验和认知，带他们进入新的世界。

而且，两篇论文分别用英语和汉语写成，我对两种语言的掌握程度不同，更重要的是，两种语言提供了不同的思考方式和思想资源。第一篇用英语写成。我的英语停留在写学术论文的水平，不足以描摹微妙的生活情境。写作中，我尽量摆脱自我，用客观的语言描述民族志事实，用严整的句法表达确定的意义。这种形式配合着当时我眼中民族志材料的整体：整体性是一个框架，它客观真实。而且，写作中启动的思想资源是我在英语世界中的阅读和体会。第二篇用汉语写，是在写文章，而不只是论文。文章不仅论证论点，也传达作者的风格和气质。在理论部分，我用确定的句法表达确定的意义，但描述民族志故事时，我有意传达文字的多义性，因为感官的世界不只是客观真实，它更是一种生活方式，带着人的气质。写作中的很多想法和我在景颇世界中的生活相映照，也不时跟汉语世界的思想资源共鸣。

用英语写作十多年后回到汉语，我意识到语言不仅是传达手段，它在一定程度上就是思想方式。如果借鉴人类学近些年来的本体论转向思潮，这也意味着，用不同语言书写，可以创造多种可能的人类学（Heywood 2017）。英语世界的人类学思想史，尤其在美国，就是各种二元的两极（生物与社会，科学与人文，观念与物质等）相互竞争，以及一组二元替代另一组的过程。而在汉语世界中，我们容纳二元的矛盾共存，在接纳矛盾的基础上，看到二元流转演变而成的整体（余莲2009）。语言转换还让我体会到，每个时代都在寻找能够深刻表达它的精神的文字。人类学历史上的每次重大理论变迁都或多或少传达着那个时代最深刻的焦虑和最热切的关注。早期的结构功能理论与两次世界大战期间追求社会稳定的普遍心理相关，结构主义契合"二战"以来重建统一的思维和理念，政治经济理论配合着民权、独立、冷战下暗流涌动的世界格局，诠释学派彰显民权运动以来的个体理念,实践理论试图在全球流动、技术和科学理性、市场逻辑至上的时代,理解人的确定性与不确定性(Barth, F., A. Gingrich, R. Parkin, S. Silverman 2005)。寻找传达这个时代声音的文字,也就是寻找这个时代的人类学,这是我的民族志研究努力想去追寻的东西。

(四)民族志探索背后传达的人类学

田野中,我们接触的都是经验表象。表象瞬息万变,它依托并改变社会的硬核(社会结构、政治经济变迁、认知模式、观念体系等)。就像思维穿梭时空,而身体只在具体时空中;无论思维如何沸腾,离开了身体,它就是空的。找到社会的硬核存在、看到它和经验表象的关联,是好的民族志的一个基本要求。因此,民族志研究需要严格的方法操作,依据它们,无论谁去调查,总能得到大致相似的有关社会硬核的信息。只有在这个基础上,每个调查者的阅历、气质和调查时的具体情境才让每个人的田野最终变成自己的样子。结合社会硬核和个体气质,田野调查者才能触摸到当地的历史感,而不是把历史简单作为背景来理解田野时段中人和社会的变化。博士毕业多年,我才开始在田野中触摸历史感。第二篇论文探讨的景颇鬼鸡味道随人们经历的社会变迁而变化,这种变化就是历史。

五　讲好一个故事，做好一个论证

民族志首先是一个完整的故事。故事，不仅包括具体社会历史场景下的人、事、物，也包括连接它们的特定社会结构、信仰体系和政治经济过程（对应着英语中的 narrative），更包括事件的因缘际会和主体经验的不可言说（对应着英语中的 story）。立足民族志故事，人类学家进而完成一个论证，探讨超越个案的问题，它们关乎时代、社会和人类的普遍生存境况。论证过程分三个步骤：一，从民族志个案中提炼研究问题；二，依据问题梳理文献，检定已有理论方法，阐明自己的材料和问题能带来什么贡献；三，运用民族志材料论证此贡献。问题、文献、材料、论证、结论一脉相承，从始而终。提炼出好的研究问题，研究就已经完成百分之七八十，因为它决定了需要什么材料、跟什么文献对话、论点往哪个方向走，也决定了论证过程（章节安排、标题选择等）。因此，人类学研究的最大挑战在于从田野材料中提炼研究问题。社科取向的研究一开始就确定了研究问题，研究过程只是检验研究者对世界的想法或假设。人类学则根据已有材料，提一两个问题作为田野调查的探针。随着田野深入，民族志材料不断扩展，研究者定期从已有材料中寻找一条线索，把尽可能多的材料连接起来，提炼一个研究问题，并以此为标准来梳理相关文献，让研究问题不断变形，既受理论指引，也力图改变理论视野。研究者不断修改问题，直到研究基本做完时。因此，人类学的基本方法论是观察中蕴含着观察者，我们对世界的理解随获得的材料而变化，也随研究者对自己的理解而深化。由此，人类学家在田野中必然经历一个内在转化的过程，允许新材料给自己打开一个个世界，延伸进去，看到未知。一开始就确定了研究问题，田野围绕着问题转，跟问题有关的材料我要，看起来无关的不要，不参加自以为不重要的事件，实际上是打着研究名义自我辐射和映照，不是合格的田野调查。

当然，必须看到虽然民族志是人类学的基本方法，但不是唯一方法，结合其他方法，民族志才能最终通向人类学。每一种民族志探索背后都预设了某种类型的人类学，而人类学可以是跨文化分析、寻求人类和社会的基本规则（如结构主义），或传达某个时代的人类生存境况、引发同时代人的共鸣（如米德对萨摩亚人青春期研究引发的对美国育儿观念和实践的反思），或让人类学和民族志成为参与社会过程的方法，甚至成为社会变化的力量之一（无论多么微不足道，参考 Pigg 2013）。对我而言，这两篇文章传达了我实践的人类学：理解人的社会性与生物性合一，探讨自然与社会的协同变化。每一项这样的人类学研究都必然通向某个不同的学科，也暗含着不同的思考方式。隐含在我的第一篇论文背后的是底层机制（生命观念）决定表层现象（仪式行为）的结构化思考方式，第二篇强调动态过程，它要求改变民族志研究的基本单位：当我们从社会文化或社会现象走向主体的生命经验时，该如何传达、书写和讨论经验。这是当代人类学的重要议题，因为经验有可言说的规则（社会和生物的），也有不可言说的韵味，如何才能完整地传达这两面？

从民族志到人类学，就像神话从一个部落传到另一个部落，传播让"神话发生变动，最终成为强弩之末，尽管不至于彻底消失。剩下两条道路可以选择，一是精心虚构故事，二是从合乎历史着眼，重启神话。"（列维－斯特劳斯2009：658）把田野中认识和体验到的社会生活转换为民族志就是重启神话，因为我们把别人的真实生活简化成了文字和话语（或影像）。我从2003年进入田野，十多年来一直关注同一个人群和社区，但景颇祭师的知识和实践传到我这里就不再是社会过程，只剩下话语。对此，人们评论说"你不喝酒，鬼不会认你的"。但即便如此，重启神话也在创造神话的多样性，因为"神话的思维具有某些神秘的多产能力，它似乎永不满足只为一个问题提供一个答案。问题一旦提出就会进入一个演化过程，多种可能答案同时或先后出现，改变、妨碍或颠倒它们各自的功能和价值，直到这个组合的资源减少或枯竭。"（列维－斯特劳斯2007：281）理解和传达这种多样性，就是民族志的任务，它需要列维－斯特劳斯说的新石器时代的智力：开垦和耕种一块土地之后，放火一烧就置之不理，再去开垦新的土地。但这不是人类学的任务；

人类学还需要所有文化领地的共同知识，让我们可以活在一个领域中，也可以进入其他领域。

实现这两个任务，需要遵循法国人类学家马塞尔·莫斯开拓的人类学视野和路径，路易·杜蒙将之总结为三次升级过程（杜蒙2014：145-161）。首先，做田野写民族志，以当地人的方式做当地人的事，获得内部视角。其次，汇集民族志成为民族学，把社区放到它所在的区域或国家，获得社区之外的视角。第三，从民族学到人类学，跳脱个案和区域，讨论时代和人类的论题。今天，莫斯的设计被完善细化为四个步骤：第一步，在一个具体时空中依据内外视角交织的方法做田野，既成为当地人，又不是当地人，既做自己，也不完全是自己。第二步，从田野材料表象推演当地社会世界的体系，寻找其中的逻辑，理解人们因为这样的信仰或生态，有了这样的社会结构，把人分三六九等，从而产生多样的个体言行。第三步，从民族志到人类学：立足民族志现象的整体，结合区域和全球社会历史过程，跳脱个案，讨论当今社会、时代和人类的生存状况，跟研究世界其他区域和时代的人类学家对话。第四步，从人类学到个体生命：有关时代、社会和人类的知识跟我这个人类个体有什么关系？或者，我这个生动活泼又微不足道的个体，怎么跟世界纠结在一起，让我活成这个样子？四个步骤循环往复，每一步都涉及人类学理论。第一步，不同理论要求田野中收集的材料和所用方法不一样。第二步，不同理论，如关于人的社会性与生物性的关联，或政治经济过程的社会效力，或自然与社会的协同变化，化碎片为整体的方式也不同。第三步，回到人类学论题，必需理论跳跃。第四步，所有人都是人类个体。人类是一个类别（category），不是一个实体，只有个体才是实体。四步合起来，人类学最终理解人类的规则，也理解个体生命的质感。

参考文献

Barth, F., Gingrich, A., Parkin, R., and Silverman, S. *One Discipline, Four Ways: British, German, French, and American Anthropology*. Chicago: Chicago University Press, 2005.

Behar, R. "Believing in Anthropology as Literature", in *Anthropology off the Shelf: Anthropologists on Writing*, ed. A. Waterston and M. D. Vesperi. Malden, MA: Wiley-Blackwell, 2011, pp. 106-16.

Garry, M. and D. Polaschek. "Imagination and Memory." *Current Directions in Psychological Science* 2000 (9): 10-6.

Heywood, P. "The Ontological Turn", in *The Cambridge Encyclopedia of Anthropology*, 19 May 2017, http://doi.org/10.29164/17ontology

Piggy, S. L. "On sitting and doing: Ethnography as action in global health." *Social Science & Medicine* 2013 (99): 127-34.

Sahlins, M. "The Return of the event, again", in *Culture in Practice*. New York: Zone Books, 2000, pp. 293-351.

Scheper-Hughes, N. *Death Without Weeping: The Violence of Everyday Life in Brazil*. Berkeley, Calif.: University of California Press, 1993.

Winkelman, M. *Shamanism: A Biopsychosocial Paradigm of Consciousness and Healing*. Santa Barbara: Praeger, 2010.

Zhang, Wenyi. "Healing Through States of Consciousness: Animal Sacrifice and Christian Prayer among the Kachin in China." *Medical Anthropology* 2016 (35): 119-131.

〔英〕埃文思-普里查德:《阿赞德人的巫术、神谕与魔法》,覃俐俐译,商务印书馆2014年版。

〔法〕杜蒙:《马歇尔·莫斯:生成中的科学》,载于《个体主义:人类学视野中的现代意识形态》,桂裕芳译,译林出版社2014年版。

〔奥〕弗洛伊德:《精神分析导论》,车文博主编,九州出版社2014年版。

〔法〕列维-斯特劳斯:《从神话的可能性到社会存在》,载于《遥远的目光》,邢克超译,中国人民大学出版社2007年版。

——《巫师与巫术》《象征的效力》《神话是怎样消亡的》,载于《结构人类学》,张祖建译,中国人民大学出版社2009年版。

〔美〕桑塔格:《心为身役:苏珊·桑塔格日记与笔记(1964—1980)》,姚君伟译,上海译文出版社2015年版。

〔法〕余莲:《势:中国的效力观》,卓立译,北京大学出版社2009年版。

徐悉艰等编:《景汉词典》,云南民族出版社1983年版。

张文义:《景颇鬼鸡是什么味道?人类学三次元视野下的记忆、想象与味觉经验的不可言说》,《开放时代》2019年第5期。

——《现象与现象的链接:中国西南边境多元知识体系的交融与衍异》,《开放时代》2021年第2期。

过程与结构

六 民族志方法能抓住宗教吗？

杨德睿

（一）民族志是否符合宗教人类学的旨趣？

身为一名以宗教为主要研究领域的人类学者，基于我从业十多年来的亲身经历，我感觉我最常被人问到的问题，就是"你自己是（你所研究的那种宗教的）信徒吗？"或者"你相信那种东西（如算命、占卜、法术治疗等）吗？"而且，我相信我的这种经历并非特例，而是搞宗教人类学、宗教社会学的同行们普遍的经验。不仅如此，会对我提出这种问题的人，也不都是冲着看热闹来的门外汉，许多搞人类学的大同行，甚至包括搞宗教人类学的"小同行"，也很爱提出这种似乎有点"八卦"的问题。

这个现象之所以值得注意，就是因为它相当特别，好像单单只困扰宗教人类学。毕竟，很少有人会问研究亲属的学者是否跟研究对象有真正的亲属关系，或者问研究政治的人类学家有没有亲身卷入过当地的权力斗争，或者问研究经济的人类学者是不是曾亲自在当地捕过鱼、种过庄稼、摆过摊子。当然，也颇有些人类学家会很自豪地宣称自己曾在"变成土著"（go native）这条路上走了多远——好比埃文思-普里查德在《努尔人》中自曝他也和当地人一样获得了一群牛（埃文思-普里查德 2002），正如马林诺夫斯基在《西太平洋的航海者》中说他也和特布里安岛人一样耕作着一片菜园。但除了炫耀以外，他们完全可以不必做这种自白，因为多数读者不会认为他们是否曾经"变成土著"，会决定性地影响到他们关于亲属、政治或经济方面的民族志的可信度，所以读者们根本不会在乎这个问题。然而，一旦当我们把话题从亲属、政治、经济等转换到宗教领域，状况就会立马改变。若是论及亲属、政治、经济领域，曾经"变成土著"的人类学家大概率会博得读者们更高的信任和赞许，但在宗教领域，"变成土著"（也就是"变成信徒"）却很可能使人类学家遭受大量的质疑、轻蔑、嘲讽。比如笃信恶魔存在并亲身学会驱魔法术的法国人类学家让娜·法弗瑞-萨达（见 Favret-Saada 1981；2015），或者亲身拜师学艺而且成为松黑（Songhay）民族大法师的保罗·史托勒（见 Paul Stoller & Cheryl Olkes 1989, Paul Stoller 1997），恐怕有大量读者怀疑他们对法国南部的"迷信"或尼日尔巫教传统的记述，甚至干脆视之为假借学术之名而行的神怪小说，而学界同行对这类作品，善意者最多也就是保持缄默假装没看到，恶意者则讥讽斥责无所不至。

这一现象显然意味着宗教是个独特的范畴。与其他领域截然不同，人们似乎普遍默认：在这个领域里，"土著／圈内人（信徒）"和"圈外人"之间有极为重大的区别，同时，信徒和圈外人这两个阵营之间的界限却又特别容易来回跨越，这就使宗教领域具有了一种异常强烈的紧张关系。的确，不论是在哪一个话题领域，人类学都普遍强调局内人的观点（emic view）和局外人的观点（etic view）的差异，但这种差异在宗教领域里普遍被人特别予以强调，人们多半认定圈内人和圈外人所见到的宗教会截然不同，而且绝大多数读者倾向于怀疑"圈内人"写出来的民族志——因为它不可能"客观"。然而，在可信度的判准如此强烈地依存于"圈内／圈外"立场之别的同时，宗教的"圈内人／圈外人"之间的界限却似乎又特别容易来回跨越，圈外人伪装成信徒或信徒假冒圈外人都很容易，几乎不必花费什么实质代价。因此，采信一份宗教人类学作品的风险就显得特别高，似乎一不小心就会被伪装成圈外人的信徒给骗了，误信了一套被主观立场严重扭曲的图景。正是这种面对高风险的紧张焦虑，促使读者们特别关注宗教人类学对宗教的一般立场

(当然尤其是对其所研究的宗教的态度），好据以评估其作品的可信度。

宗教这个领域为何如此独特？也许最直白的解释是"知识政治"，也就是自欧洲的启蒙理性发动除魅运动开始，与殖民主义一道向全球扩张，终于宰制天下的现代实证主义科学霸权，这个霸权对"宗教"这一范畴所包含的各种传统的、非西方的、非实证的、异于启蒙理性的"知识"体系的根深蒂固的敌视与歧视。简言之，宗教的独特之处，就在于它是启蒙理性最顽强的宿敌，现代实证主义科学的霸权始终难以彻底征服的"化外之地"。

然而，现代实证主义科学的霸权和其背后的资本主义世界体系一样，都不只是简单粗暴地靠镇压消灭异己的政治、经济、文化力量来成就的，其巩固霸权更重要的手段，是改造和收编那些异己的力量。现代实证主义科学的霸权对待宗教的手法，也是镇压、消灭和改造、收编两手策略灵活运用，宗教人类学、宗教社会学（在一定程度上宗教学也应在列）等号召以实证科学的方法来研究宗教的学问，就是负责改造和收编其"敌人"的部门，而宗教人类学更是其中最前沿的、以"深入敌后"为使命的特勤部门。这类的部门一贯讲究要放下身段，先悬置自己既定的价值观和信念，温柔、谦和地和收编对象亲身来往、长期相处，建立亲近的情感联系，以借此得到深入的第一手情报。这种工作表面上与人为善，似乎轻而易举，其实风险远高于负责铁腕镇压、消灭宗教的部门，因为正如尼采的名言"凝望深渊过久，深渊必回之以凝望"，一旦意志不坚、操作失当，可能就会像让娜·法弗瑞-萨达和保罗·史托勒那样"变成土著"，也就是成为了信徒。

正是在上述的背景框架下，我们能特别鲜明地看出民族志写作的重要性。为何？因为撰写民族志这项要求所牵涉的一大串事物，从确保其产出的先决条件，到它所导致的行动和意识上的后果，就是实证科学霸权改造和收编包括宗教在内的异己力量这一战略的具体落实形式。简单来讲，首先，民族志是田野调查背后的关键推动力，人类学者之所以必须离开自己熟悉的环境，投身到"他者"当中，忍受各种的不便和不舒适，甚至付出各种牺牲，就是为了满足撰写民族志的要求。所以，若没有撰写民族志这一要求来驱动，改造和收编异己力量的工作根本无从展开。另一方面，撰写民族志的要求又能使人类学者始终保持警醒，随时记得要为日后撰写民族志准备材料，所以要经常、规律地记田野笔记（而且所用的语言通常是和土著语言不同的另一种语言），还要不时拍拍照，甚至拍点纪录片。为完成这类任务，人类学者必须习惯经常把自己从与土著生活交融的时空场景中抽离出来，进入一种暂时孤绝隔离的状态，并从某种超越、客观的立场回顾审视自己的经历。这些在民族志的鞭策下产生的行为和认知习惯，很有力地帮助人类学者不至于迷失自己的身份而"变成土著"，从而避免了改造和收编异己力量这项工作彻底失败。

然而，如果我们拒绝接受现代实证主义科学的霸权给宗教人类学安排的任务，认为宗教人类学甚至整个人类学的核心价值，就在于打开我们的眼界，让我们看到人类心智在不同环境下能激发出怎样不同的发展路径，进而能相互理解甚至欣赏别种心智发展路径所达到的成就，也就是费孝通所说的"美人之美、美美与共"，而不是协助现代实证主义科学去改造和收编异文化，那么，书写民族志的价值就很可能要被重新评估。因为要真正理解和欣赏异文化，往往需要我们经历一段"文化休克"（或译为"文化震撼"，Kalervo Oberg 1960），和创生异文化的心智形态进入类似特纳所谓的交融状态（communitas）当中（特纳2006），之后才能变成入门者（the initiated）。正如特纳所言，这种跨过阈限（liminality）的过程一向是身体性的、感性的、非逻辑性的（甚至经常是刻意反逻辑的），这一切都和书写民族志所需要和鼓励的抽离、客观、语言逻辑刚巧相反，所以，撰写民族志这项要求其实具有避免人类学学者经历"文化休克"而与异文化进入交融状态的效果。因此，若想要确保生产出针对宗教的实证科学式的知识，撰写民族志是必由之路，但其代价很可能是研究者永远无法跨过阈限，成为异文化或另类心智形态的真正入门者。

（二）不在民族志的架构下的混沌田野经验

民族志究竟是有利于达成宗教人类学的旨趣，还是根本与之背道而驰？回顾本人最初的两次田野研究经历，或许能更准确地呈现出这一问题之难以取舍的特点。

约莫在1989年底至1990年秋之间，我进行了平生第一次对宗教的田野调查。当时我还是政治学专业的硕士生，但是已经对政治学感到彻底厌倦、反感，萌生了转行的念头。刚开始我还在上古史、考古学或者人类学这几个专业之间犹豫，随后越来越倾向于人类学，原因是当时的台湾正处于宗教热方兴未艾的当口，对于我这样一名出身于没有宗教背景的家庭（除了在过年时做点极其简单的祭祖仪式），并且在台湾最现代化、最没有宗教氛围的台北市中心长大，除了考试升学以外没有任何其他经历的年轻人来讲，宗教无疑是近在咫尺，仿佛有点认识，但其实又极端陌生的异世界，对我散发着无比的魅惑力，而人类学刚好就是个号召以长期的田野调查来理解异文化的专业，所以我想要不就先试试水，在真正下手搞转专业这项大工程之前先"土法炼钢"一把，体验一回田野调查，看看自己跟人类学究竟有没有缘分。

于是，我请一位拜师学法已经数年之久的同学引介，让我到他师父的道场去拜访，这位同学爽快答应了。几天之后，他就带着我去了那个位于台北市边缘、紧邻景美溪防洪堤的法坛，我第一次见到了闾山法教的法师。

我当时还不是人类学系的学生，完全没学过任何人类学的理论或是什么田野调查方法，对真实世界中的宗教也是一窍不通，知识储备几近于零。当然，当时我并不自知这一点，以为读过点科普水平的宗教史、宗教哲学思想简介，再加上几篇道教经典原文，就算有知识储备了。当我懵然一头撞进气氛神秘的法坛空间，跟一位有着法师身份的人物面对面时，我无疑彻彻底底愣住了，根本说不清自己来此究竟是想干什么，也问不出任何清楚的、有点知识含量的问题，只能苍白无力地说自己纯粹就是好奇，想来拜访看看，认识一下。结果，很自然地，这位曾接待过无数善男信女的法师，就把我当作众善信当中的一员来对待，跟我不深不浅地聊了一会我的身世和近况之后，马上画了两张符给我随身佩戴，并告诫我最近要特别小心骑车以避免血光之灾——虽然这是我第一次拜访法师，但也嗅得出这就是要我告辞的信号，所以我也就很识趣地起身告退了。

就在这初次拜访之后没几天，我真的和一场致命的车祸擦肩而过，幸而毫发无伤！惊魂甫定后，我马上拉着我同学到法坛向法师道谢。这一次，以我的惊险经历为引子，我们之间的对话顺利了不少，谈得也比较深入了一点，我那位同学也就此了解到我对他师父和道场的好奇，可能比想寻访到本事高强的法师来帮助解决自身问题的一般善信要高一点，想知道的事情也不大一样，于是，他随后建议我"不入虎穴，焉得虎子"，干脆就追随他的脚步拜师学法，这样就有资格接触到一切不外传的秘密了。显然，当时还是人类学门外汉的我，实在想不出有什么理由去推辞这个建议，毕竟，直接亲身成为研究对象当中的一员，不就是"参与观察"期望达到的目标吗？

于是乎，我在同学的引荐下向法师表达了拜师的愿望。法师显得颇为踌躇，但又不忍断然否决（主要是顾念我同学的面子），结果同意我以"学生"，也就是"预备弟子"的身份在道场常驻学习，直到双方都感到缘分成熟时再进一步。从此，我开始了为时数月在法坛"参与观察"的日子。

在这几个月当中，我和两位师兄轮流负责早上卯时到坛，开门，做早课，然后酉时做晚课，如果当天没有别的工作得做，原则上晚上10点左右可以闭门回家。不过，这样清闲的夜晚很少，通常师父会在晚上回到道场召集弟子们开讲，或者师兄突然有兴致带着师弟们练功，或者有善信来访问事，或者要准备接下来要举行的庆典法事，或者要修缮采买道场所需的东西。总之，事情经常是在8点多、9点才突然出现，所以一直做到凌晨才结束，甚至通宵达旦，都是家常便饭。那么，如果前一天做事到凌晨3、4点甚至通宵，第二天又轮到值殿，那自然无法回家，就只能一直驻守在坛场，直到轮班的人出现，或者终于碰上一个清闲的夜晚，才能闭门回家。

这样的作息形态，让我因为长期缺乏睡眠而处于疲倦恍惚之中，而且饮食几乎没有规律可言，导致我的肤色快速暗淡变黑，体重急剧下跌，脾气也变得暴躁易怒。这些变化很自然地引起了我的家人和女友的严重关切，他们全都立场一致地劝我即刻停止这一切。然而，当时觉得自己已经"入了虎穴"但却还没"得到虎子"的我，却执拗不听劝告，甚至考虑过离家出走，在坛场附近租屋独居。当时我的想法是只要熬过了这段观察期，能正式成为法师的弟子，之后就能渐入佳境走上坦途。结果，我的家人终于忍无可忍，决定强势介入，直接让法师知道他们强烈反对我继续到法坛学习的意见。对此，法师似乎有点如释重负，他早就预见到若把我纳入门下，一定会给他惹来麻烦，所以才一直没同意收我为徒，如今事已至此，也不必再费言解释了，随即令我马上离开法坛回家报到。就这样，我的第一次田野经验在我极度的尴尬、歉意和各种关系的紧张冲突之中戛然而止。

我从这几个月的田野体验中获得了什么？可以说非常多，但是能用语言文字有效传达的部分着实少得可怜，而且就算硬是把那些主观的见闻感受写下来，这些文字记录不要说他人不

六　民族志方法能抓住宗教吗？

可能去核实，恐怕连我自己都不免怀疑它是否能准确传达我所经历过的真实。

具体点说，我在这段期间习得的绝大部分是"身体化的知识"，更精确点讲，就是一些经常体验到的感官知觉模式和一些特定的肢体动作和姿势等。所谓"经常体验到的感官知觉模式"，比较能说得出来的是一些视觉和嗅觉模式。比如说在视觉方面，我熟悉了被香烟熏黑了的殿堂坛场、闽台风格的神像雕饰（使我从此能相当准确地靠直觉区辨闽台地区和来自其他省份的神像）、密密麻麻摆满神像的神龛、龛上众神分布的大致规律、五营旗黑令旗等法器的形态和惯常摆设位置、刺球鲨鱼剑等"五宝"的形制、熏黄了的咒语抄本、殿前悬挂的黄纸灯笼、常用的几种金纸、五鬼的小纸像、不同形状长短粗细的香和蜡烛等。在嗅觉方面，我变得熟悉被香烟和蜡油熏染了多年的殿堂的味道，能够准确分辨老山檀、新山檀、沉香、奇楠香等各种台湾常见香料未燃时和点燃后的味道，准确记得用酸解法制作出的传统竹纸未燃时和点燃后的味道、画符时用米酒调和朱砂的味道等。当然，其他还有一些印象深刻的听觉触觉模式，比如吹龙角的声音、抽龙头鞭的声音、敲木鱼和磬时的手感与音响、磁带播出的《玄天上帝宝诰》唱诵声等。至于"特定的肢体动作和姿势"，基本上就是在神龛前进行的几种动作套路，比如小心翼翼地清理神龛的香灰蜡油、上供茶水水果等供品、点燃香烛、上香、长跪、三跪九叩、敛手恭敬肃立、瞻望神明时谦恭的视角和眼神等。

我习得的第二类"知识",或许应该称为"社会经验"或者"社会阅历",其内容可以粗略分为"社会范畴"、"社交关系"和"社会情境"三部分。就"社会范畴"言,这几个月让我头一次接触到了"开宫的"或"开坛的"法师、跟法师学功夫的弟子、乩童、道士(俗称"黑头",即正一派道士)、师公(俗称"红头")、四处找机会拜功夫更好的师父以求提升境界的"半路人"、以诵经为业的"师姐"、雕刻神像的师傅、卖香烛纸马的商人,还有许许多多落拓江湖,在台北社会下层载浮载沉,一不小心就灭顶的劳工、小贩、小业主、流氓地痞、帮派份子、陪酒女侍等形形色色的"善男信女"。就"社交关系"言,我初次亲眼见识到了许多之前只是听说过,或是在小说戏剧里看到过的各种社交关系——特别是那些中华文化传统积淀厚重、与现代都市社会中的人际关系气性迥然不同的社交关系,并多少亲身体验到了这些关系几乎必然产生的纠葛甚至恩怨,比如学徒在师父家里的复杂处境、师兄弟之间微妙的竞争合作、学徒的家庭背景和师父之间的复杂牵扯、法师和同行之间的江湖恩怨、法师和善信之间恩义利害虚实交杂的博弈关系、社会下层民众对国家和知识分子有关的一切元素的嫌恶排斥、不同方言族群之间深刻的互不信任甚至敌意等。最后,我所说的"社会情境"是指在特定社会中比较出现的人（社会范畴）、时间、地点、物质／物体和行动的组合模式，说得直白点，也就是"哪种人在什么样的时间、地点，用什么东西干什么事情"，即一个社会当中为数不多的几种戏码，由差不多固定的角色、场景、道具，在差不多的时间点，演出套路化的情节（时下青年称为"梗"），从而构成特定社会的"日常"。在这几个月当中，我着实认识到了一些虽然同在一个都市，但我此前完全陌生的社会情境，比如在废品集散中心里的二手家具店和店家讨价还价，在清晨5、6点的台北市骑着摩托车和赶着去上班的劳动大军一起奔涌上通往郊区的大桥，在午夜的法坛前战栗地体验师父痛斥处罚徒弟，在烛影幢幢的殿堂边上迷惑地旁观师兄们练功、斗法，听被负心汉欺骗到想跳楼的女子含泪跪求法师帮忙斩桃花煞，听做小生意的老板如何借着酬谢神助之名来炫耀新斩获的一笔横财，等等。

这些"经验"或者"阅历"其实和"身体化的知识"相距不远，只不过它们比较能够依托事件性的脉络，所以比较可能用说故事的方式把它们框架出来。但事件性的框架毕竟只是外面的框，里头装的关键的感受、体验，依然是身体性的、不可言传的。此外，更重要的是这些"经验""阅历"全是散的、片段的、局部的，能勉强把它们兜笼在一起的，就只有"我"这么一个空洞的范畴——"这都是某某人的所见、所闻、所感"——罢了,若勉强把它们叙述出来,恐怕也不过就是一堆杂乱无章的呓语。

综上,我这初次的田野调查所获得的经历,是无法写成什么像样的民族志的。那么,何以至此?也就是说,为什么我所获得的,几乎全都是难以用文字来传达的身体化"知识"和流动变幻、轮廓朦胧、难以把握的"社会阅历",没有多少可以写成民族志的东西?我认为核心原因,就在于我在这过程中从来没有把自己从田野场景中抽离出来过,相反,我一直沉浸在其中不能自拔。之所以会如此,一方面当然也是我在那段期间一直处于高度紧张、情绪亢奋和疲倦之中,彻底无力找出把身心暂时抽离的空档,但这应该说只是另一些更深层因素的结果,那就是我从头开始就没有清晰而强烈的意识或者决心,要把这段田野经历写成可读的民族志,因为我连人类学学生的身份都没有,自然也没有写出一份民族志好交作业的压力,所以也不曾努力去营造能让自己暂时抽离的空间。

(三)在民族志架构下有序的知识生产

以上,我们看到了在没有以撰写民族志这一任务为轴心来建立架构的情况下,田野调查可能会如何沦为一段莫名其妙、充满折磨而结果模糊的经历。以下,我将以我的第二次田野调查经验为例，展示在有撰写民族志这一明确的任务为轴心的情况下，田野调查会如何被组织成有序的知识生产流程。

在最初的那场失败的田野经验后，我在低迷中徘徊了数年，最终还是下定决心转行读人类学。于是，在曼彻斯特和伦敦苦读数年之后，我于1998年以英国大学的人类学系博士生的身份跨过海峡回到祖国大陆，开始了人生中第二次长期的田野调查。

我这一次的选题与第一次极为接近，也是道士的养成教育，只不过对象不再是台湾道教闾山派（即"法教"）法师，而是江南的正一派道士。感谢当地的挂靠单位以及指导教授的鼎力相助，我得以直接参与观察正在道士培训学校里（该校就设在一个大庙里）学习的青年道士，以及那些已经从培训学校毕业了的青年道士。我曾经向指导教授和道教协会的领导提出申请，希望能让我就住在学校的宿舍里，但遭到了各方一致毫不容情的否决，理由很简单：只有出家道士才准住庙！所以我只能在庙附近租屋居住。

申请住庙不成这小事，其实就已突显出我这次田野调查与上次在台北市郊法坛的经历的最根本差异，那就是我和周遭所有的人都明白：尽管我可以混在青年道士群中，和他们一起在学校里学习、聊天、说笑、发呆，而在他们不必去上学的日子里，我也几乎天天到他们挂单的各宫观里去串门，看似非常亲近，但我终究只是个来做研究的人类学学生，无论是现在或是将来,都不可能变成他们当中的一员,成为一个正一派道士。换言之,我的身份已被当地人确认为一个外人,这条内外的界限是任何人都不准许逾越的。老实说,我确实曾想试试能否逾越这条界限,比如申请住庙就是第一次失败的尝试,后来我又试了几次,结果都是以失败告终。比如有一次混在学生群里偷看老道长传授清微派科仪的"内秘"(即只允许师徒相传的道法秘诀),结果被老道长怒骂后轰出教室,还有一次我为了巴结一位坤道(女性出家道士),想让她多跟我说说她的身世阅历而帮她誊抄账本,结果被坤道院的住持严厉斥逐,从此不准踏进那所坤道院所辖的庙宇半步。后来,我听说那位让我帮着誊抄账本的坤道也受到了严厉的申斥。

这个"外人"的身份当然对我深入了解研究对象构成了阻碍,但它却不折不扣是生产民族志所需的材料的关键!靠这个身份的"加持",我能任意游走在道士培训学校和各个宫观之间,不用帮他们分担任何劳动,也无由卷入任何的人情关系纠葛,我能彻底超脱于当地人在社会场景中进行的互动和情绪交流之外,很突兀地站在场边观察他们,专心生产写民族志的材料,比如记笔记、拍照、画地图等,最后,我还能每天晚上都把自己从这一切当中抽离出来,回到租住的房间,尝试以客观超脱的视角审思今日的田野经历。同样重要的是,这个外人身份给我提供了一种心理上和伦理上的隔离保护屏障,它使得无论是青年道士还是教育他们的老道长、老师都不会跟我较真，就像心智成熟的人一般不会跟一个傻子较真一样。所以，就算我干出什么冒失的言行，所得到的处罚也不过就是被冷落孤立一阵子，或者被大伙嘲笑几句。相应于此，身为外人的我也明白不必跟当地人较真，提醒自己这田野调查只是一个工作，跟本真的自我无涉。于是我也很快练就了一层厚脸皮，对圈内人的鄙视、戏谑、质疑淡然处之，在保持"装疯卖傻"之余坚持"广结善缘"。只要圈内人没禁止我赖着不走，我还能收集到有用的材料，其他都无所谓。实话说，若是没有这道隔离保护屏障，我不敢肯定自己能否在田野中平稳工作一年多之后全身而退，回到伦敦。

一切按照原规划时程，我带上了在这次田野调查过程中积累起来的数百张照片、六本随身笔记，以及装在笔记本电脑里的数十份已经整理好的文档回到伦敦，然后无意外地在差不多一年之后基本完成了民族志写作，为我的博士论文奠定了基础。最终，我所完成的博士论文，是从道士教育体制的历史演变、时间意识、知识理念和经济模式等四个方面探讨江南地区的这所道士培训学校的教育。虽然我已经听从导师的指导，尽量把我的民族志扯上理论概念的分析、阐释，但这本论文终究有七成以上的篇幅是由民族志所构成的。

（四）民族志方法的得与失

比较一下我的第一次和第二次田野调查，其教训是显而易见的：以收集撰写民族志所需材料为核心任务来组织实施的田野调查比较可能"成功"——这里所说的"成功"，是指能够按照规划的时程，稳定持续地与当地人接触、交往，最终能收集到预期中的经验素材，然后把材料带回到位居田野地点之外的科研中心，进入后续的知识生产流程。相反，若没有树立以完成民族志撰写为第一要务的意识，没有以完成此任务为第一优先来规划工作框架、对各项工作条件（包含研究人员进入当地的身份、与当地各方人物的关系、参与当地人的生活到什么程度、食宿的安排，等等）进行筛选采择，那么田野调查就很可能会像我的初次田野调查一样惨遭"失败"，没产生什么能写民族志的素材。

但是，没能生产出什么民族志素材的田野调查，就得判定为失败吗？的确，若从"得"——理解为"经验材料"或"知识"的习得、积累——的角度来评价我初次的田野体验，确实虚多实少（"实"指可以用语言文字表述的、有可能变成"知识"的材料，"虚"则是无法言传的感受、体验）。然而，我认为这段经验最宝贵之处，恰恰是它带给我的"丧""失"或"损"，也就是它让我"丧失"了原有的我，或者说使我之前的自我认识被大幅破坏、耗损到几乎完全无法再辨识。在进入那段田野之前，我完全不能意识到熟悉的那个自己，原来是如此深刻地凭借外力、外物、和重要他人（家人、朋友、同学等）之间的社会关系的支撑，然后按照某种习惯性的"合宜"位置被镶嵌在熟悉的诸种情境之中，这些外物、他人、情境像镜子似的持续映出我的影像，使我单纯地认为那影像就是我，我就是那个影像，丝毫没想过要去怀疑二者的同一性，直到这些熟悉的外物、他人、情境全部陡然消失，换成了另一茬人、物、情境，我才发现原先熟悉的"我"没了，那个对自己的家世背景、学业表现、德行操守、处事能力等各方面都有一定的自信甚至有点自豪的我，原来只不过是一个幻影。当时的我曾真的认为如今所见方为真实世界，认为自己至今才明白真正的我是出身于有可耻的"原罪"的家庭的一个愚蠢、迟钝、卑鄙、怯懦、无能的家伙，除非经过从肉体到心灵的一番彻底改造，否则没有存在的价值。之后，随着我被迫终止这番"误入歧途"，回到原先的生活世界，加上类似心理学所说的意识解离（dissociation）机制的启动，强迫我遗忘了许多经验细节，于是那个负面的、卑微的自我影像又从意识的表层缓缓隐退。然而，"历经沧海难为水"，原来的那个享有充分"本体上的安全感（ontological security）"的我（Anthony Giddens 1991; Zygmunt Bauman 1997），终究已再无踪迹可寻了，而那个在田野中否定自我的自我,却似乎始终躲在我的意识表层下面,窥伺、等待着再出场的机会(事实上,他后来确实曾成功出场过几次)。

经历这样一场"文化休克",体验一番自我的"丧""失""损",究竟对人类学者有何价值?也许可以分三个层次来说。首先,在比较普遍的层面上,这种跨出自身母文化的屏障的经历,也许只需要体验一次,就足以让人再也难以天真、盲目地把自身的母文化当作理所当然、天经地义的。这种经历不见得会给人带来超乎常人的同情共感能力,让人能对异文化轻轻松松地达到深刻的、共情的理解,但是它绝对会大大提高人对"文化"的敏感度,让人变成一个难以"入戏"的演员,经常意识到自己亲身参演的这台社会大戏背后的各种"设定"(也就是文化)。当这样的人从演员转变成观看"他者"演出的观众时,一般也会比较容易意识到这出大戏背后的文化设定。显然,这种让人经常"出戏"的敏感度,对于实现人类学理解异文化的旨趣来讲,是很有帮助的。

其次,就宗教人类学这个较狭窄的层面言,经历过自我的"丧""失""损"的人,等于见识过了人类的心智状态确实有可能骤然转变,也见识到了心智状态的骤变会如何带动从心理到生理全面的改变。一旦切身体验过这种情况,人才比较会真正意识到心智的力量有多大,从而谦卑地承认人类其实并不是"理性的动物",工具理性只是人类众多的高度发展的心智状态当中的一种,而且只用物质性的因果率来解释人类的动向是走不了多远的。因此,有过这种经历的人,肯定更能感受到宗教的巨大重力,不管其具体反应是尊敬推崇,还是畏惧排斥,他们都会严肃对待这种以塑造特定心智状态为职志的文化体系(格尔茨1999),而不会把宗教蔑视为只是一些浮面的象征和仪式的堆砌,其实不过是为追逐政治经济利益做掩护,或者是一群闲人幻想出来浪费生命的由头。

最后,在最具体的层次上,由于足以导致自我的"丧""失""损"的强烈"文化休克",几乎必然是一段被强烈感官刺激、身体的困乏和痛苦、情绪剧烈的高低起伏、瞬时涌入的大量非逻辑甚至反逻辑的信息所塞满的阈限经验,否则人们一向执着的自我认同和惯习的理性逻辑也是压不垮的。因此,经验过强烈"文化休克"的人,可能会对感官信息模式、"身体化的知识"、"身体记忆"等有较强的敏感度,而比较不依赖语言文字形式传导的信息。

(五)抽离抑或融合?

本文以宗教人类学者特别容易受到要求自白的压力为引子,点出宗教人类学被以实证科学为中心的当代知识霸权体系赋予了一个特别微妙敏感的角色,那就是担任对其宿敌——宗教——进行改造和收编的敌后情报工作。通过这个比喻的框架,可以很清晰地看到撰写民族志这项任务对宗教人类学确保其角色地位的重要功能:若宗教人类学要担任好当代知识霸权体系赋予它的特勤部队角色,不至于在敌营里"迷失自我"而"变成土著/信徒",就必须以撰写民族志的使命为中心来规划其田野调查的操作架构、指导其日常工作实施。随后,笔者以自己的最初两次田野调查经验为例佐证了上述论点。

然而,同样也是以自身的初次田野调查经验为例,笔者力图指出民族志方法,更准确地说是围绕着民族志方法的整套建制性框架,包含人类学在学术建制中的位置、人类学者的专业规范和职业生涯的制度、人类学知识生产分配消费的模式、特别是田野调查的套路等,这整套方法有着系统性、一贯性的偏差(正是这个偏差让宗教人类学能借以确保其在实证科学霸权体系中的角色位置),那就是促使研究者从社会语境中自我抽离,或者说持续地要求研究者确保与研究对象之间的距离,如此才能站在"客位"来观察后者(即"客观")。很自然的,这套方法会采用书写文本这种人类最熟悉的一种抽象媒介为其主要载体,于是我们也就很容易从文本这种载体的局限,看清被民族志方法所边缘化、虚无化的大量可贵的人类心智活动类型,诸如各种身体化的知识、敏锐细致的感性、能左右人的动机与思维的情绪、熟练巧妙而有美感的运动技能、对变化趋势的精准直觉等，更不必说更具广泛综合性、超越性的灵性觉照了。

　　民族志方法所难以把握的、难以用文本来传导的这些心智活动，其激发的冲动恰恰不是走向抽离、分别、观察、判断，而是趋向于接近——从亲身到现场观看、触摸、体验、模仿、练习，到最终在某种意义上和对象融为一体，也就是和对象完美地共情、共振、同步，变成它的一个化身，或者说把对象融进自我之内。

　　那么，趋向抽离或是趋向融合，究竟哪个才是包含宗教人类学在内的人类学整体真正的旨趣所在？在实证科学稳稳地掌控着知识霸权的今日，人类学特别是宗教人类学根本无力改变其被赋予的结构位置，思考这个问题似乎没有什么意义，但我想这至少能使我们在按照行规去做田野、收集材料、写民族志的时候，多少能意识到这只是一种局限很大的知识生产套路，从而能心怀谦卑，尊重、欣赏其它各种提升心智能力、内涵和美感的途径。

参考文献

Bauman, Z. *Postmodernity and its Discontents*. New York: New York University Press, 1997.

Giddens, A. *Modernity and Self-identity: Self and Society in the Late Modern*

Age. Cambridge: Polity Press, 1991.

Favret-Saada, J. *Deadly Words: Witchcraft in the Bocage*, trans. by Catherine Cullen (re-issue edition). Cambridge: Cambridge University Press, 1981.

—— *The Anti-Witch*, trans. by M. Carey. Chicago: HAU Books, 2015.

Oberg, K. "Culture Shock: Adjustment to New 'Cultural Environments'." *Practical Anthropology* 1960 (7): 177-82.

Stoller, P. & Olkes, C. *In Sorcery's Shadow: A Memoir of Apprenticeship among the Songhay of Niger*. Chicago: University of Chicago Press, 1987.

Stoller, P. *Fusion of the Worlds: An Ethnography of Possession among the Songhay of Niger*. Chicago: University of Chicago Press, 1997.

〔英〕埃文思-普里查德:《努尔人:对一个尼罗特人群生活方式和政治制度的描述》,褚建芳译,商务印书馆2014年版。

〔美〕格尔茨:《文化的解释》,纳日碧力戈等译,上海人民出版社1999年版。

〔英〕马林诺夫斯基:《西太平洋的航海者:美拉尼西亚新几内亚群岛土著人之事业及冒险活动的报告》,弓秀英译,商务印书馆2016年版。

〔英〕特纳:《仪式过程:结构与反结构》,黄剑波、柳博赟译,中国人民大学出版社2006年版。

七 身份自觉、自我意识与民族志写作指向

黄剑波

博士论文《四人堂纪事》(2003年)乃少年之作,相当粗糙,本不敢再看。庚子大疫之际,金光亿先生鼓励中国人类学界一批70后学人回顾和反思一下自己的第一本民族志,并惠赐了一个颇为文雅和具有想象力的题目:"人生初见"。也好,借此机会,整理一下二十年来的一些想法。确实,既然这是学术人生的初现,也就是无法回避的起点。

(一)二十年后的补记

当年旧作,近日重读,显然不过是一些阶段性的想法。不过,粗糙之中不乏真诚,间或还有若干有意思的点,当时无力展开,如今看来倒是仍有继续探讨和深入的价值。或许,可以于此再补写一个后记。事实上,这本完成于2003年的博士论

文，在经历种种艰难之后终于在2012年借道香港得以出版，标题改为《乡村社区的信仰、政治与生活——吴庄基督教的人类学研究》，书末附录了至少四份后记，略微交代了其间的一些想法和人事。

说不定，也可以参照玛丽·道格拉斯在《制度如何思考》（1988）中所说的那样，为其成名之作《洁净与危险》（1966）撰写一个"事后的理论性前言"。就这个意义上来说，本文可以说是《四人堂纪事》完成二十年后的一篇补记。

民族志作品有两个必须回答的简单问题，一是田野调查的时间长度，以此表明一项研究的可靠性和可信性（尽管这显然存疑），二是田野调查的地点，似乎存在着一种越遥远或差异度越大就越好的"纯正级序"。

我在2000年入读博士课程之后，在田野点的选择上很快取得了导师的同意。最初的想法很简单，寻找一个村庄，经典的民族志研究单元，利于展开研究；其二，基督教相关，个人兴趣；其三，汉人社会，当时业师庄孔韶教授正在北方布点，希望在东南汉人社会研究的基础上有所拓展。[①]因此，地处西北腹地的吴庄似乎满足了全部条件。

最初的理论关怀相当模糊，只是隐隐约约地觉得中国基督

[①] 此项工作在二十年后得以汇集成册，参见庄孔韶等（2020）。

教在20世纪80—90年代的快速发展需要有扎实的实地调查，同时（北方）汉人社会在近代以来的各种政治、社会、文化的冲击之下如何存续，需要得到一些建立在现实个案之上的分析和解释。对此，我在2010年9月的"补记"里有一个简单的交代：

> 就我个人的研究线索来说，从博士论文研究的乡村教会，到博士后研究的城市教会，再到计划于今年内完成的考察城市化过程中的从乡村到城市转移的"民工教会"，前后十年，我意识到自己对于中国基督教的"面上"的研究已经可以告一段落了，尽管我的进路其实是"点上"的个案研究。我同意一位前辈的指点，他认为我的研究似乎缺乏一种理论上的一致性，但我同时也意识到，正是这个进路使得我在研究过程上区别于那种以某种理论为指导的求证式调查研究。与之相反，我所期待的是在这种田野经验的积累过程中逐渐获得一种对现象世界的"感知"，并进一步期待在此基础上抽取出一些观察，或所谓理论。之所以说是一种感知，我想要强调的是这个研究过程不仅仅是一种认知上的了解，也包括了对于活生生的人和群体的感受及体察。（黄剑波 2012：271）

在这篇"补记"中我也提到：

> 我所理解和从事的中国基督教研究具有三层意义，它首先是一个"中国研究"，也就是说，我对中国基督教的研究乃是放在中国社会，尤其是在迅速变化和转型的中国当下的处境中来展开讨论，试图理解的是中国或中国社会这个或许过于庞大的议题。其次，它是一个"基督教或宗教研究"，也就是说，我对中国基督教的讨论乃是试图更深刻地认识普世意义上的基督教，更进一步，则是试图探讨宗教之本质，或者说"宗教是什么"这个看似简单却复杂无比的问题。其三，它是一个"人类学或文化理论研究"，也就是说，我对中国基督教的观察是一种宗教人类学的进路，还要试图对于普通人类学的理论关注和议题做出回应，特别是其中的文化理论。（黄剑波 2012：271-272）

就这里所说的中国研究特别是汉人社会问题来说，主要需要回答的问题是，基督教在吴庄这个中国西北内陆乡村社区中所呈现出来的种种文化现象，其关键究竟是中西之争，还是古今之变？

在基督教及宗教研究这个层面上来说，我试图从生活中的信仰、实践中的神学、社会中的教会这三个维度展开分析。当然，这样做不等于是简单地机械式的分解，而是力图在写作中有所整合。而所有这些或许看起来有些琐碎的故事和分析都旨在强调，基督教或宗教不仅仅是政治性的抵抗、经济性的反应、文化性的偏离，而需要将宗教当成宗教。我在做田野研究甚至写作时还没有读到英语人类学界刚刚兴起的基督教人类学作品，作为代表作品之一的罗宾斯的《成为罪人》(*Becoming Sinners*)出版于2004年（Robinson 2004），那时我已经完成并提交了博士论文。确实，我在一点上契合了他所强调的：基督教理当作为人类学研究的正当内容，而不仅仅是某种其他事物的反应、呈现或扭曲。如今看来，当年在田野研究中的一些朴素的想法在无意中回应了时代性的议题。

萨林斯（2004）对罗宾斯《成为罪人》这本书的推荐主要落脚于人类学的经典研究关怀之一——文化变迁，现在看来，我在吴庄基督教研究中其实也主要回应了这个方面的问题，例如，归信基督教对于汉人家庭的亲属称谓和社会生活带来了哪些影响和变化。

确实，近二十年后回头看当年第一部完整意义上的民族志作品，汗颜之余，有不少感触和反思，或可借此探讨"人生初见"之机做一回顾。借用我在《人类学理论史》（黄剑波2014）中倡导的写法，从社会史、思想史及个人生命史三个方面简要作结。

在社会史层面上，世纪之交的中国仍然在努力进入以世贸组织为代表的全球经济体系，"富强"以及相应的带有强烈方向性的发展话语成为最具有凝聚力和号召力的概念。研究乡村社会，尤其是研究在快速变化和强烈冲击下的中国乡村如何自处和回应，是在纯粹的学理性思考之下暗含的一种社会关怀，某种意义上说"救亡"（或发展）的叙事和情结引导了当年的这项西北乡村汉人社会研究。尽管我很清楚这么说来难免给人一种老气横秋的感觉，但我在阅读和思想上确实一直更接近50后或60后早期的一代人类学者，实属严重"早熟"或"错位"。

在思想史层面上，可以说在很大程度上并没有脱离如何与西方、与现代性以及与自身文化传统相适应和和解的问题，而作为一门现代社会科学的人类学所提供的学术训练则一方面继续强调"迈向人民的人类学"这一经世济民的应用性特点，同时也越发强调学科规范和学术性。借由费、林诸老引入的英国式结构功能论及社区研究构成了我当年的基本学科性训练，尽管已经接触到一些新的理论和方法，甚至包括不少后现代作品，而这也奠定了这项研究的基调和整体格局。

在个人生命史层面上，我对宗教（特别是基督教）的兴趣与业师其时正在北方展开汉人社会研究的设想，在西北一个汉人村庄那里取得了巧妙的契合，在民族志的写作中也得以纳入了在当时来说具有一定实验性的写法，将一些相当个人性的感受和体验以随笔的方式嵌入学术性文本中。人生种种机缘,确实意外远远大于规划。尽管有不足为外人道的苦痛和挣扎,但倒也说得上是"痛并快乐着",尚不至于落入"甜蜜的悲哀"那种本质上彻底的无望和无奈。

简言之,这项研究的展开和完成于我个人来说无疑是学术人生之初现,也开启了下一段继续思考和摸索何为中国,什么是宗教(基督教),以及怎么做人类学研究的旅程。

(二)田野研究中的四种身份意识[1]

显然,这部民族志作品主要采用了人类学的田野工作(fieldwork)方法。需要特别说明的是,人类学认为田野工作或实地调查本身就是研究过程的一部分,而不仅仅是资料的收集。田野工作不仅是一种方法,也是一种方法论。换言之,研究者一旦进入田野就已经开始了其经验性研究。[2] 而在田野工作过程中,研究者的身份就凸现为一个必须面对的问题,因为研究者的视角会在很大程度影响他所观察到的"事实"。如果我们假设确实存在一个事实的话,那么我们所采用的"眼镜的色彩"则

---

[1] 本部分讨论可参见黄剑波 2007(2)。
[2] 当然也可以说早在进入田野之前研究就已经开始了,预备进入田野本身也是研究,本文在此的提法旨在强调田野工作在研究过程中的意义。

会过滤掉一些"事实",被观察到和记录下来的往往是已经经过选择和裁剪的"事实"。

这就要求研究者对此有所意识和警觉,从而避免出现以某种先入之见去寻找支持性证据的陷阱,或所谓结论先行的问题。研究者必须防止以自身对于世界和事件的意义性观点来取代被研究者的观点(杨善华,孙飞宇 2005)。这也正是为什么我们强调田野工作本身就是研究过程的一部分,而不单单只是资料的收集。这也要求研究者一直保持开放和谦虚的态度,在田野工作过程中随时调整自己的观点和方法。毕竟,我们试图达成的是对被研究群体的理解,在一定意义上来说,那也是一种"地方性知识"(local knowledge)。而这就要求我们纳入被研究者自己的看法,以"本地人的观点"(native's point of view)来描述和解释其行动方式和社会生活(参见格尔茨 2000)。当然,这并不意味着完全摒弃理论框架和研究方法,而是说要意识到研究者的知识背景和所谓常识(common sense)的自身限制,有可能只不过也是一种地方性知识,因此不可以任意强加于被研究者。

在我研究吴庄基督教的过程中,从一开始我就注意到了我的"身份"实在是一个需要考虑的问题。在村民眼中,我是一个从"北京"来的人。对于村民来说,这是一个容易形成某种紧张关系的因素,一些人会担心这是"从上面"来做"调查"

七 身份自觉、自我意识与民族志写作指向

的,而对另一些人来说,则会心存"或许这个人能够帮我们反映情况"的念头,向你"诉苦",甚至会央求你捎带举报信之类的东西。① 不过,由于这里主要讨论的是研究者自己对身份的体认对研究带来的可能影响,我们就不展开讨论在互动过程中的被研究者对研究者身份的认知。② 在我看来,在田野工作中,研究者通常有以下几种身份意识:观察者、参与者、参与观察者以及观察参与者。③

1. 作为观察者

研究者的身份问题实际上关涉的是社会科学研究中的价值问题,而这是社会科学方法论的一个核心问题,其中的价值中立论更是一个老生常谈的话题。价值中立论是西方社会科学研究中带有唯客观主义色彩的方法论原则。其实质是研究主体在依据自身的主观愿望选择了所要研究的问题之后,应客观地描述关于问题的全面资料,对这些资料进行分析并得出结论。无

---

① 当然这种"诉苦"与 20 世纪 50 年代的"诉苦运动"有相当大的差异。关于后者的精彩讨论,参见郭于华、孙立平(2002)。
② 事实上,这是一个很值得深入讨论的话题,需要另外专门撰文,因为在一个文化场域中,被研究者对研究者身份的不同认知会影响到他的行动选择、叙述内容和方式。例如,研究者被视为代表政府了解"问题"的官员或进行纯粹学术研究的学者,就会产生不同的场景和交往方式。
③ 在宗教研究领域,笔者曾参与过一系列的田野调查,其中包括杨凤岗、杨慧林主持的"中国市场经济和社会转型中的基督教伦理调查"研究项目,并承担了北方某沿海城市和西北某古城的实地调查任务。

论这些资料和结论是否与研究主体、社会或者他人的价值观念相冲突、相对立。需要指出的是，所谓价值中立论其实至少有两种不同的意涵：实证主义（Positivistm）的价值中立与马克斯·韦伯的价值中立或价值无涉，但我们在使用价值中立一词的时候，常常不加分辨地混淆使用。

实证主义的社会科学方法的形成得益于近代社会科学试图将自然科学的研究方法移植到社会科学领域的努力。以孔德、斯宾塞为代表的实证主义思想家们认为，社会现象就是"事实"或"实物"，科学的任务就在于描述现象，从而发现事物之间重复出现的社会规律，经过归纳、提炼，最后形成一般性的结论。他们主张统一的科学观，强调自然界与人类社会有基本的连续性，社会发展过程在性质上与生物发展过程是相同的，社会现象不过是自然现象的高级阶段，生命是一个从最简单的自然现象延伸到最高级的社会有机体的巨大链条。因此，他们认为可以用自然规律来解释社会现象，并且主张用自然科学的模式与方法，来建立社会科学，保持价值中立。另外，他们认为社会科学家的任务就是描述客观事实和寻求客观规律，强调研究结果的客观性及科学性。这种研究方法的意义在于，追求社会科学研究的客观性，从而使社会科学从神学及传统形而上学的统治下解放出来，成为真正的"科学"。但是，这种方法论的缺陷也是相当明显的，即混淆了社会科学和自然科学之间的界限，忽略了社会科学和自然科学的研究主体与客体之间关系的差异。①

这种实证主义的社会科学研究方法论尽管受到了近代以来诸多学者的深入批评，但在当今中国这个科学至上的社会里仍然有一定的市场。其在宗教研究的实地调查上的影响就表现为强调研究者乃是"观察者"（observer，见宋蜀华，白振声主编1988：171-173），是试图帮助深陷其中而不能自觉的宗教信徒个体和群体认识自己的"外来者"。而这个观念显然来源于自然科学式的对物体的研究方式，视自己为"绝对客观"，并将被研究者客体化（objectified），使自己与被研究者完全抽离开来（detachment）。

将自己定位为观察者的研究者在宗教研究的实地调查中往往会将其研究对象视为完全被动的被观察者，剥夺了被研究的群体或个人的主体性。这样的研究者所关注的问题通常是："我作为旁观者是如何看他们的"。因此，他们所描述和呈现出来的宗教群体和个体自身是没有声音的（voiceless），研究者成了他们的代言人，他们不过是研究者所看到的对象而已。

正因为这样，持这种观点的研究者认为如果要做到"客观"地研究某个宗教，就必定不能是这个宗教的信徒，因为在他们看来，一个宗教信徒不可能在研究过程中做到完全的客观，不

---

① 赵一红：《浅论社会科学方法论中的价值中立问题》，引自 http://www.booker.com.cn/gb/paper54/1/class005400006/hwz6316.html。

可能站在观察者或局外人的位置上对自己所持守的宗教信仰进行考察和分析。但这样的看法其实建立在一个经不住推敲的假设之上，即一个非信徒的研究者就一定是"客观的"，因为他是价值中立的。但是，事实上这样的立场并不能说就是"中立的"，而是已经先入为主地采取了否定和拒斥的态度，这一点也不客观，或者说不过是"主观地以为自己乃是客观的"。①

我自己在撰写博士论文时便秉持这样的方法论：

> 我希望这个吴庄故事的建构不是单声道的，只有作为研究者的'我'的声音和在场，而希望至少是'对话式'（disscussion）的，也就是所谓的'多声部的'（polyphonic）。这样我希望能在一定程度上解决主体与客体之间的权力张力（tension of power）。也正是在这一点上，宗教人类学的研究与宗教社会学强调他观（etics）的研究出现了旨趣分野，人类学在不否定他观的贡献的同时，更为关注自观（emics）在研究中及民族志写作中的角色。（黄剑波 2012：12-13）

其实，纯粹的绝对的价值中立就是在科学研究中也只是一种难以实现的理想，类似于乌托邦，而且正如普特南所说，从

---

① 关于信徒和非信徒身份在宗教研究中的利弊，参见黄剑波（2004）。

更高的境界来看，脱离客观性的价值只是主观价值，并不具有真正的价值意义（普特南 1988）。库恩以来的历史主义学派深刻地批判了科学的积累发展观，论证了科学理论的根本转变并不简单地只是对关于事实的增长了的知识做出的理性反映，而科学不同学派之间的转换更像是信仰的转变，没有太多的合理性基础可言（库恩 2003）。

2. 作为参与者

另一个可能的自我认知是作为完全的"参与者"（participant），换言之，完全融入和认同被研究者的群体生活和价值体系。在宗教研究中，通常的情况是作为某一宗教的信徒的研究者对本宗教的信仰告白式（confessional）的研究，当然也存在一些非信徒的研究者为了深入和正确地理解某个宗教而单方面强调被研究者的观点。对于这样的研究者来说，他所关注的问题则是：我作为他们的一分子是如何看自己的。

这其实可以说是与作为观察者的身份认同相对的另一个端点。在人类学的理论发展史上，这种观点的出现与后现代思潮中对强调科学和客观的现实主义民族志方法的全面反思有关。总体来看，反思人类学有两个重要的特点。其一，在认识论意义上，反对把人类学知识当成脱离于社会和政治经济之外的"纯粹真理"，承认人类学者在材料整理和意义解说上的主观创造性。其二，在研究和写作方法上，主张把知识获得过程中人类学者的角色作为描写对象,并给予被研究者自己解说的机会。后现代人类学反思传统民族志方法,其主张被称为"实验民族志"(experimental ethnographies),有三个基本特点:1. 把人类学者和他们的田野工作经历当作民族志实验的焦点和阐述的中心;2. 对文本有意识的组织和艺术性的讲究;3. 把研究者当成文化的"翻译者",对文化现象进行阐释(G. Marcus and D. Cushman 1982(11):42-43)。

具体到写作上,不少倡导实验民族志的人类学家建议应当采用一种对话模式来进行文化撰写。民族志作者不应远离其研究对象,而应置身于同研究对象的对话之中。因此,理想的后现代主义民族志应是民族志作者与研究对象之间对话的重构(W. Haviland 1993)。一种比较极端的看法甚至认为,只有本地人才是解释自己行为方式和文化的唯一合法人。在宗教研究中,也确实存在这样的看法,认为只有信徒才能够真正理解某一宗教的内在特性和行为方式。

这种观点从理论渊源来说,可被归入与实证主义相对立的人本主义社会科学方法,深受新康德主义价值哲学的影响,主张在自然科学与社会科学之间作泾渭分明的区分。[①] 这种社会

---

① 康德认为人类理性的法则有两个对象,一是自然,二是道德。自然哲学探讨的是"是"(be)的问题,而道德哲学探讨的是"应是"(should be)的问题。康德的这种自然科学与道德科学的区分,到了新康德主义那里,(转下页)

科学方法论认为，自然科学要描述事实，寻求一般规律，它不属于价值领域，与价值无涉；而社会科学则属于价值领域，研究任何社会现象都与构成这一现象的人的行为有关，人的行动是在一定的价值观指引下和在一定的动机驱使下做出的。为此，必须借助价值判断或价值关系来理解和解释社会现象背后隐藏的"意义"，即以参照价值对人的行为意义做出理解，并最终认识社会现象。

这种新康德主义式的社会科学方法论的历史功绩在于明确划分了自然科学与社会科学在对象、方法、目的等方面的区别，并进而区分了事实与价值、价值关联与价值评价的界限，[①]从而纠正了实证主义者的唯科学主义倾向。但是，它却走向了另一个极端，陷入了主观主义和相对主义，否认社会历史领域里的规律性。人们对社会历史事件的把握只能依靠伦理的和审美的体验，从而进一步由主观主义走向非理性主义。

（接上页）则成了自然科学与社会科学分野的基础。他们认为自然科学属于可感觉的科学世界，旨在探讨自然现象之间的因果联系和一般规律性，它属于"规范性科学"；社会科学则属于不可感觉的价值世界，研究的是不可重复的历史个体：人及其行为，属于"表意性科学"。

① 李凯尔特最早对价值关联与价值评价进行了区分。他认为，价值评价是主观的、个别的，同一事物，人们可做出完全相反的结论；而价值关联则是客观的、共同的，它既非褒也非贬。他还指出，研究者必须运用自己的价值观念去考察被研究对象，才有可能真正揭示出该对象的本质特征和它存在的真正意义。

带着这样的态度进入宗教研究的实地调查中，其问题和缺陷是不言而喻的。对于作为信徒的研究者来说，问题在于，"不识庐山真面目，只缘身在此山中"。而对于那些试图完全融入被研究群体的研究者来说，怀特对街角社会的研究的经验就值得考虑了，他说，"人们并不希望我和他们一模一样；事实上，只要我对他们很友好，感兴趣，他们见我和他们不一样，反而会感到很有意思，很高兴。因此，我不再努力完全融入他们的生活中去。"（怀特1994：343）

3. 作为参与观察者

尽管马林诺夫斯基被认为是现实主义民族志研究典范的创立人之一，因而是被反思人类学作为批判对象的"科学"和"客观"研究立场的代表，但学界公认马林诺夫斯基确立了人类学的田野工作规范，特别是参与观察的方法和实践。也就是说，尽管马林诺夫斯基所撰写的民族志表现出一种被研究者失语的情况，但他在田野工作过程中却是试图超越那种将研究者或者视为局外人的"观察者"，或者视为局内人的"参与者"的两种极端，而更倾向于将自己视为参与观察者（participant observer）。

持这种立场的研究者在实地调查过程中所关注的问题是：我试图成为局内人来了解他们如何看自己。从方法论的角度来说，这种立场本身就具有一定的张力，因为研究者一方面要尽量地进入被研究者的文化处境,一方面要有意识地与他们保持一定的距离。这也就是人类学者们的一句老生常谈:作调查不仅要"进得去",还要"出得来"。换言之,研究者被要求同时是"参与者"和"观察者",既是局内人,又是局外人。

这与韦伯对于社会科学研究的看法就大致接近了。韦伯也主张价值中立,但是他突破了实证主义的局限,认为价值中立并不是取消价值关系,而是要求研究者在研究过程中严格确定经验事实与价值评价判断的界限,并认为如果社会科学家根据自己的价值观念选择了研究课题,那么他就应该遵从他所发现的资料的指引,而停止使用任何主观的价值观念,严格以客观的、中立的态度进行观察和分析,从而保证研究的客观性和科学性。[①]韦伯的这个主张同时还区分了事实领域和价值领域、事实判断和价值判断。他提出,"调查研究者和教师应当无条件地将经验事实的确定同自己的实际评价,即他对这些事实的评价是满意还是不满意,区别开来。这两件事情在逻辑上是完全不同的,把它们看作是同一的东西实际上是把异质的问题混淆起

---

① 韦伯进一步提出了理想类型(ideal type)的概念。理想类型是一种概念的逻辑结构。韦伯认为要达到真正的认识,只有将认识对象概念化,将概念结构化后形成可对现实做出客观性描述的"乌托邦"式的逻辑形式。这种概念结构并非客观现实的简单翻版,而是用来分析和移情地理解现实,表征"非真实性的因果关系",以获得自明性认识。正由于理想类型的抽象性、与现实的远离,才能够保证它不受主观价值的影响,从而保证价值中立的实现。

来。"(韦伯 1992：10)韦伯进一步认为,"一门经验科学——并不能教人应该做什么——而只能告诉他能够做什么——以及在特定情况下——他想做什么。"(韦伯 1992：51)而价值判断属于规范知识,即教人"应该怎样"的知识,两者不能混同。"至于提出这些价值判断的人是否应该坚持这些基本的标准,那是他个人的事情,这涉及意志和良心,而与经验知识无关。"(韦伯 1992：51)

可见,韦伯意义上的价值中立并不是一个普遍性的行为准则,而只是研究者进行学术研究时的一条规范。如果做到按学术规范从事科学研究,就意味着做到了价值中立。因此,我们应辩证地分析韦伯的价值中立的思想,避免把价值中立与价值关联对立起来。

韦伯的这个主张其实一方面反映了他对实证主义传统的不满,因为实证主义为了使社会科学合乎自然科学的标准,片面强调价值中立,却造成了科技理性的过度膨胀,导致了实质上的科学主义(scientism),另一方面则反映了他对德国唯心主义哲学的批判性思考,因为这种非理性主义哲学的认识论对唯理智主义的反抗也影响到了社会科学的认识和研究方法,它突出了人作为主体的不可重复性,将人的意志、情感、本能等提至首位,以至于将"应是"的价值评价判断全然替代了经验的论述,偏离了社会科学研究的初衷——"理解现实的独特性"(李小方 1988）。

因此我们可以说，韦伯的价值中立论是对实证主义和唯心主义哲学两大传统的综合，是一种试图超越唯理性主义与直觉式的非理性主义传统的尝试。其理论意义自然是毋庸置疑的，但是我们也需要看到它的局限和问题。对此，不少西方学者已经做出了很多深刻的评论，其中科学实在论者普特南的看法也许值得我们认真考虑。普特南重申了一种由来已久的关于事实与价值关系的观点，认为事实与价值的区分无论如何也是模糊不清、无法实现的。因为事实陈述本身，以及人们据以决定什么是事实和什么不是事实的科学探究实践活动，都预设了价值。普特南指出，关于科学价值中立的传统观点是建立在科学的工具的成功和多数人的一致意见基础上的（普特南 1988）。许多人相信科学理论的正确性可以做出使大家满意的论证。但在事实上，对于任意选取的一个科学理论的真理性，都不可能得到绝大多数人的赞同。许多人对于科学和理论都可悲地无知，至于科学的工具的成功，由于科学的意义决非仅限于它的实际应用性，故不能由此而推出科学的合理性。所以，用工具的成功与多数主义来证明科学真理的合理性和价值真理的非合理性，这是站不住脚的（顾肃 1988）。

具体到我们所讨论的经验性宗教研究的实地调查上，韦伯的价值中立论对经验事实与价值事实的区分，固然在一定意义上突破了作为观察者的研究者那种消减被研究者的主体性的局限，也摒弃了作为参与者的研究者那种信仰告白式的研究进路。但是，正如普特南所指出的那样，事实与价值能否有效区分，仍然是进行经验性宗教研究的社会科学研究者的一个理论困境。

4. 作为观察参与者："我与你"或主体之间

正是在对以上各种理论传统的反思和承继中，进行实地调查的社会科学家们越来越多的强调"互动"，指出研究者乃是在与被研究者的关系中认识和理解被研究的群体和文化逻辑。借用人类学领域里在参与观察方法基础上提出的"观察参与"的概念，即认为田野工作者自己也是被观察的互动主体之一，在了解被研究的群体的同时也被自己所观察，这种研究者更倾向于将自己作为"观察参与者"（observing participant），而他们在实地调查中所关注的问题是："我自己作为互动场域中的一个主体，如何看所研究的群体或文化。"正如蒂姆·英戈尔德所说：

> 在参与和观察之间实际上没有矛盾；确切地说，二者缺一不可。最严重的错误就是把观察和客体化（objectification）混为一谈。观察本身不是客体化。它是注意人们在说什么做什么，观看和倾听，并且以你自己的方式作出回应。也就是说，观察是一种投入的参与方式，

七 身份自觉、自我意识与民族志写作指向　　203

同时它也是一种学习方式。[①]（Tim Ingold 2017）

在这样的研究进路中，被研究者的主体性得到了恢复和重新确认，并且也意识到了研究者自己作为一个互动中的主体所带有的文化限制和理论预设。项飙在研究中强调研究者是在互动中认识对方，他也分享了他对人类学实地调查的基本体会：

> 第一，一定要"介入"。二，介入是有选择的……我的介入是侧面的，只是让自己成为"知情人"。三，在介入的同时，完全可以保留自己的原来角色，甚至坚持自己对生活的一些看法。这恐怕和以往我们对"参与观察"的某些理解形成鲜明的对比：一方面要掩饰自己，另一方面又和对方保持一定的距离。（项飙2000：39）

换言之，按照这个思路所进行的实地调查实际上是一个研究者与被研究者在互动中共同构建的过程，其产生的民族志作品也是一个共同构建的作品。[②]

---

① 引文的翻译来自"结绳志"微信公众号，链接：https://mp.weixin.qq.com/s/yrUd2fwpXxqMQKWZKJdc-w。
② 当然，这并不意味着一定要在形式上成为一些学者所建议的那种对话体的作品。

或许马丁·布伯的两对概念有助于理解我在这里试图强调的观点，他指出，单独的"我"是不存在的，"我"只存在于"我-你"或"我-它"之中（布伯 2002）。可以说，注重实地调查的人类学是考察他者以反观自身的学科，试图通过对异文化的了解来反思自身。在此，他者或异文化就是"我-它"关系中的"它"，研究者必须与"它"保持一定的距离，从它身上获得知识和经验。在这个关系中，也就是我们所考察的人类学研究传统中，"它"、他者或异文化仅仅是被人类学者利用或考察的对象而已。

如果说在"我-它"关系中的"它"还是可以与"我"保持距离，成为客体，那么布伯在"我-你"概念中则强调了"你"不是与"我"相分离的"在者"。在这个关系中，"我"不再是那个功利的、为自己谋取利益的主体，"我"不再为了满足自己的需要和欲求而与"你"建立关系。因为，"我"是以"我"的全部来接近"你"的；当"在者"对于"我"来说以"你"的身份出现，则它就已经不是时空、因果世界中的物，它是无限无待的。此时的"你"就是"我"的整个世界，"我"不可能客观的认识"你"，分析"你"。[①]换个说法就是，人在交往中生存，因而人的世界是一个交往的世界。作为主体的人们在

[①] 参阅孙晓舒 2006，《〈我与你〉读书心得》，未刊稿。

交往中表现出来的主体间性，实际上是一种交互主体性。具有交互主体性的主体和主体共同面对特定的客体或客体世界，成为某种共同主体。共同主体所具有的主体性是一种共同主体性，这是一种内含着交互主体性的人的主体性（郭湛 2001）。

从哲学的范畴回到社会科学的研究上来，我们越来越清楚地看到 19 世纪的社会科学的局限，当时的理论家们试图模仿那个时代测量方法的那种似乎无可辩驳的确定性，并借用其来诉求自己的地位和合法性。然而，20 世纪的科学发展出现了一个新的思潮：重视不同研究过程之间的碰撞、置换和交叉，或者也可以说是创造。海森堡（Heisenberg）将其恰当地总结为测不准原理，观察者必然地、不可动摇地成为被观察对象的一部分，所以研究者所面对的"现实"都是他通过自己的感知棱镜来获得理解的，他收集的结果也是观察过程最终的人造产物（奥弗林 2005：264）。无论社会科学研究者曾经或者强调自己观察和研究客观事实，或者强调主观事实，我都更倾向于认为社会科学要讨论的乃是关系或互动中的事实。

回到实地调查这个话题上来，这种将研究者自己视为观察参与者的进路承认研究者自己的主体性，也承认被研究者的主体性，并且充分意识到两者都具有的理论前设。另外，这样的研究者倾向于在主体之间的互动关系中去进行考察和分析。既然研究者充分意识到了自己的局限，那么，在宗教的社会科学研究中，也就无所谓自己到底是信徒还是非信徒了，也不存在谁比谁更"客观"，更有进行该项研究的"合法性"。分别作为所研究群体的陌生人和熟人，潘绥铭和王文卿在其对乡村社会中的男孩偏好现象的研究中反思道：

> 无论是"熟悉"还是"陌生"，这都是一把双刃剑。熟悉可能导致对司空见惯的事情视而不见，因而也就难以提出问题；而一旦提出问题，熟悉又可以帮助研究者迅速理解被调查对象。陌生所带来的迷惑感很容易提出问题，但文化之间的隔阂又增加了理解的难度。（王文卿，潘绥铭 2005）

早在20世纪60年代，米尔斯就已经指出，"任何一个社会科学家都难以回避对价值的选择及其在研究中的整体运用。"而且，"社会科学研究者并非突然之间面对价值选择的需要。他已经是在某一价值基础上进行研究了。"他如此问道，"不明言的道德和政治判断比对个人和专业政策的明确讨论有更为深远的影响力，难道这不是很明显吗？"我也同意他所提出的观点，"只有将这些影响转变为经过辩论的政策，人们才能充分地意识到它们，从而有意识地控制它们对社会科学研究及其政治意义所产生的影响。"（米尔斯 2005：192）

这也正是我所反复强调的观点，研究者需要深刻地意识到自我的有限性。具体到宗教的社会科学研究中，没有哪个研究者能够自许比别的研究者更为"客观"。我并没试图提出一个超越性的研究框架，而只是在强调研究者必须时刻反思自己的身份，具有这种身份自觉，因为意识到自己的有限性会有助于研究，这种自觉会一直提醒和反思，从而使得研究更为全面和"接近真实"。无论如何，知道自己有限比不知道自己有限，毕竟多了一个反思的角度和空间。

与此相关，我认为这种身份自觉其实关系到我们对于研究本身的意义的把握。就我看来，我们之所以对某一社会现象或宗教进行研究，不仅仅是为了揭示和认识社会文化现象，同时也是一个对自我的认识过程。作为人类学者，我们在试图"成为他者"（becoming to be others）以便更好认识自己的时候，实际上正是在成为自己（becoming to be self），对他者的认识加深，正是自我认识的凸显。换言之，我们之所以进行研究，并不是仅仅为了学术而学术，学术研究也是为了自身的健全和成熟。当然，我们的学术研究在帮助我们自我发现的同时，也会帮助其他个体和群体了解社会，认识自己。

此外，在与研究对象的互动中，除了能认识自身的局限性，还能让人类学更好地参与到我们时代中的重要议题——关于如何生活的讨论当中，也即：研究者不应避讳自己对被研究者的立场和观点，应勇于发出自己的声音，在和他们的争辩中来认识并形成自己关于"何为良好生活"的观点，从而在这个时代中让人类学对现实发挥应有的效用。这正是英戈尔德所强调的观点，他说：

> 参与观察可能是让人不舒服的，我们当然不必去认为，人们告诉我们的一切都是真实或美好的。他们可能会做或说一些我们认为可恶、可怕的事情。所以，我们的任务不是用同情的面纱来掩盖这种憎恶，或对于他们的言行进行美化叙述，而是直接与他们争论。因为在论述我们为何有这样的感觉时，我们能够增长自身的智慧，并增强我们自身观点的力度和严谨性。……只有卸下这样的伪装——即认为我们只有作为民族志研究者时才会有发言权、身为人类学家却无话可说——我们才能让他人感受到我们的存在。[1]（Tim Ingold 2017）

（三）田野研究中的自我意识与民族志写作指向[2]

通常，我们以为了解了一个村庄的地理、人口、文化等就

---

[1] 引文来自"结绳志"微信公众号，同前注。
[2] 本部分讨论可参见黄剑波 2013（1）。

七 身份自觉、自我意识与民族志写作指向

算是认识了这个村庄,我也不例外,因此我将《乡村社区的信仰、政治与生活》导论后的第一章命名为"认识吴庄"。然而,随着田野工作的展开和写作的深入,我发现对吴庄似乎越来越不认识了。现在看来,我所以为的"认识吴庄"是何等的"学术中心主义",以为那种我们习以为常的条分缕析的知识性认识就是对吴庄社会的真实理解,这种主观意识上的"我"文化狂妄症显然并不一定是西方文化霸权主义者的专利,我们这些处于国际学术边缘的人也同样分享着这些学术顽症。进而,我发现所谓的"认识"吴庄(或任何一个村庄、一个人群,甚至一个事物、一个人)本身就是一个问题。

或许,真正的认识是一个不可能完成的任务?

但这么说似乎在暗示一种不可知论,似乎也消解掉了我们所有的认知努力的意义和可能。这显然不是我的意思。事实上,这么说不过是在提醒我自己,其实我所以为已经达成的对吴庄的认识其实是需要打个问号的,甚至可能是好几个问号:认识吴庄从根本上来说可能吗?如果可能,如何才能?何时才能?而且,怎么知道已经达成了这种认识,如果确实有了某种认识的话?在此我并不想,也不能处理所有这些问题,而仅就自己有所感触的几个方面略作讨论,可以说是对人类学研究方法论的反思,更是对自己的思考局限性的反思。

1. 认识吴庄可能吗？

在 2003 年的第一份后记里我无奈地承认了一个事实：一项研究是必须有个结束的，但是村庄的生活却将延续下去。这一个看似简单却无情的事实反过来也说明，研究从根本上来说是不可能真正"结束"的，因为生息不断，个人生命的短暂与社会生活的"几乎永恒"完全不成比例，甚至夸大地说，这是所有社会／文化研究的根本上的悲哀和局限。

在文本的写作中，我特意安排了四个小节来试图处理一个很简单的问题，即吴庄的形貌。"地理吴庄"试图从空间上锁定其位置，"人口吴庄"试图从人口结构方面说明其内部构成，"历史吴庄"试图从时间上来进行定位，而"文化吴庄"则试图分析其思想传统和生活方式。一位朋友在阅读文本之后，第一反应是"看到了可怕的全面性"，然而仔细想来，其实我连"吴庄在哪里"这个更基本的问题都没有给出准确的说法。

这不是说我没有描述出吴庄的基本情况，而是说作为一个乡村社区的吴庄，事实上并不是一个文本叙述中所呈现出的边界清晰的一个静态的图画。相反，正如很多研究者已经意识到的一样，就算是一个所谓边远，没有受到现代文明冲击的部落，其实也是一个"超越边界"的社区，至少是一个边界模糊的社区。其中一个方面当然体现为人群的流动，就如之前一些学者对于北京的"浙江村"研究所揭示的一样，更为难以把握和掌

七 身份自觉、自我意识与民族志写作指向

控的则是因为时间的迁移所带来的不可避免的变化。正如"一个人不能再次踏入同一条河"这句话所显示的朴素道理,对于村庄或任何人群的研究都面临着这个尴尬或者说挑战,你的文本一旦写出来,就已经不是现在那个活生生的村庄生活了。进一步说,研究者所描绘的村庄生活肯定不是所谓"真正的"村庄生活。

或许我们可以从宋代诗人苏轼那里得到一些启发。我曾开玩笑地说,苏轼可以算是中国历史上一位不自觉的人类学家。记得一次给本科生讲《人类学概论》的田野工作部分时,提到不同的"视角"(perspective)会产生不同的观察和体会,其中主要从远近、角度和"立场"这几个方面来进行讲解。在举例时,突然想到这与苏轼的诗《题西林壁》所表达的意涵非常接近:横看成岭侧成峰,远近高低各不同。不识庐山真面目,只缘身在此山中。

苏轼当然不是人类学家,然而他的观察和体会至少和人类学家的研究堪作类比,其第一句类似于我们讲的"角度",第二句类似于"远近",而后两句则触及了人类学认识论中一个关键的话题,即"立场",你到底站在哪里的问题。从这个意义上,似乎苏轼为那种质疑本地人对于自己文化的解释之能力和有效性的看法提供了支持,然而,我们确实需要意识到,"不识真面目"的原因并不只是"身在此山中",实际上,就算身在山外,

一样也难以认识所谓的"真面目"。

如此说来，似乎对于"庐山"的认识是一个不可能完成的任务，所得到的答案也似乎只能是瞎子摸象式的尝试。的确，生活是一个整体，村庄是一个整体，而且更要命的是，村庄本身并不是一个自成一体的封闭系统，而是一个更大系统的一部分。我们所有的研究其实都有生硬的切割之嫌，因此也就在实际上永远无法达到所谓"整体"的认识，而只能是一个角度的认识，或者一个方面的认识，甚而可能只是一个点（时间点或空间点）的认识。这显然不是在说我们的研究没有任何价值，而是说对这一点的理解，或者说研究者对自己思考的局限性的了解，有助于我们承认和欣赏对于同一个人群、地方或问题的其他角度、其他方面的解说，而不那么执着于只有自己所见才是正确的或最好的，甚至唯我独尊的自大。

2. 吴庄人眼中之"我"

提到"立场"问题，通常就涉及人类学研究中的身份问题，这一点可见上一部分的讨论。在这里主要关注一个问题，在当地人看来，"我是谁？"，或者说，人眼中的"我"是谁？在我的经验中，至少有这么两个形象，首先当然是一个外来的研究者，是陌生人，最大程度上也就是一位比较友好的帮助者，尽管帮助的力度微弱；其次，由于我长期住在一个村民的家里，广泛参与他们的日常生活，特别是基督教会活动，因此一定程度上

七 身份自觉、自我意识与民族志写作指向

也是一位参与者。

记得一位修习哲学的朋友曾准确地批评我的一项研究，指出我所声称的"内部人视角"其实只是我的一种想象，他进而用格尔茨在其爪哇研究中与斗鸡人一起逃避警察的著名例子来说明我的那项研究的问题，指出我既然不是所研究的人群之一员，我的叙述和分析都是可疑的。他的批评是很中肯的，但我自己却越来越怀疑人类学的那个著名的"理想"了。事实上，就算是格尔茨，他真的就能成为爪哇人了吗？或许，因着他与斗鸡人一同逃避警察的举动而获得了文化报道人的认可和接受，从而得以获得更多的信息，进一步，他或许真的也体会到了斗鸡人的感受。然而，需要注意的是，他充其量也只是部分地体会而已，因为最终作为"美国人"、作为"研究者"，如果他与斗鸡人一起被警察抓获，他是不会受到与他们一样的"待遇"的。这一点，斗鸡人知道，当地警察知道，想必格尔茨自己也是心知肚明的。

显然，完全成为当地人是不可能的，怀特在其研究中也提到："人们并不希望我和他们一模一样；事实上，只要我对他们很友好，感兴趣，他们见我和他们不一样，反而会感到很有意思，很高兴。因此，我不再努力完全融入他们的生活中去。"（怀特1994：343）因此，我试图这样界定自己：首先一定要"介入"，但介入是有选择的，另外，在介入的同时，完全可以

保留自己的原来角色，甚至坚持自己对生活的一些看法（参阅项飚 2000）。例如，在与一位当地基督徒的交往中，他不断要求我接受他关于圣灵恩赐，特别是"方言祷告"的看法，但我并不真正认同，也就只能告诉他，我对他的主张表示尊重和欣赏，可还是对这个问题有自己的理解和看法。

那么，还有持守"内部人视角"这一"理想"的必要和意义吗？我以为还是有必要的，需要有介入，甚至一定程度上的"投入"。回到前面苏轼的诗，他说，不识庐山真面目，只缘身在此山中。他当然说得有道理，但如果我们引申开去，他似乎在假设如果身处庐山之外就有可能全面认识庐山，或曰知道了它的"真面目"。而这暗合了我们的格物致知的认知方式，或者说将认识对象首先客体化、对象化。按谢文郁的梳理，这大概与古希腊式的真理认知方式相近，而与希伯来传统的投入式认知方式相反（参阅谢文郁 2012）。

在此就出现了一个难以解决的悖论，一方面研究者需要"成为"或努力介入"内部人"，另一方面，"身在山中"也会妨碍对"庐山真面目"的认识。一个超越者的形象可能吗？或者说，研究者既是内部人，又是外部人。对于同一个人来说，在同一时间显然不可能具有这两个视角，但是，如果放在一个时间段或一个过程中，则至少是一个可能的景象，在内与外之间不断往返来回（黄剑波 2004）。然而，需要留意的是，这样来回往返的过程本身已经假设了研究者自身观点和体会的不断变化。在此，王铭铭的一项被忽视的研究或可作为类比，他在对中国历史上的"西方"形象的思想考古中，提到对他者的认识本身已经内化为对自我的认识之不可分割的一部分，同时他者形象的形成事实上还投射了我们自己的问题意识（王铭铭 2007）。

因此，在我看来，作为研究者或写作者的"我"的角色并不是一个单一和固定的样子，或许可以理解为读者与吴庄之间的一种媒介（media），更准确地说是一种传媒的过程（mediation）。也是因此，在我的文本中，"我"并不是中心，所希望展现的是"我"、读者、吴庄三者之间的"互读"，即互相的理解。

3. 到底是谁的生活？

其实关于这个话题，格尔茨在 1988 年时即已有所论及。在《论著与生活》一书中，他用一贯的双关语暗示民族志写作中到底是在描述或反映了谁的生活（whose life anyway）的问题（C. Geertz 1988）。尽管格尔茨极力强调民族志的文学性，或者说人类学家是文本的所有者（author），但他却同时强烈反对那种将言说完全个人化、绝对相对化，甚至只不过是众声喧哗的废墟的主张，相反，他仍然相信"符号的公共性"，认为"人类学在这里与在那里两个方面的文本关联，写作者（the Written at）与被写作者（the Written about）之间共同基础的想象性建构是人类学具有的说服任何人关于任何事的力量之根源（fons et origo)"（C. Geertz 1988）。从这个角度来说，也就可以理解一些后现代主义者对格尔茨的不满和批评。

那么，具体到我自己的研究和写作，到底是在写谁的生活呢？从文本的角度来说，其叙述的主体显然是"作为异邦的吴庄"，是"被写作者"，但显然这个文本的主要阅读群体并不是吴庄人（尽管也有一些吴庄人已经读过，或可能会读到），而是所谓学术圈。这不是说只有所谓学者才会读，或才能读，而是在强调这个文本的主要阅读者是吴庄之外的人，或者说是与我更接近的人群，换言之，这样一个研究的实质似乎又在于在异邦吴庄中认识或重新认识"学术本土"。这就具体表现在文本中大量旨在与前人研究进行对话的讨论，事实上，这些文字对于吴庄人来说可能是抽象的，甚至是无聊的，至少是无关的。

然而，在吴庄的数度停留和后期的写作中，以及多年以来的不断反思中，我发现这个研究其实更为切身的价值在于对自我的了解和认识。人类学的研究取向一向被表述为透过研究他者来认识自己，如果这里的"自己"主要还是指"自己所处的文化"的话，那么，我深切感受到，确确实实在这个阐释异邦吴庄和"学术本土"的过程中，发现了作为个体的自己。这个"我"是在对吴庄生活的观察（研究者）和体会（投入者）中透过"看"与"被看"，逐渐构成的一个我眼中的"我"。

回到一开始的那个最根本的问题，即是否可能获得真正的认识，我还是相信我们确实可以通过"试图认识"我们的生活世界（包括我们不熟悉或熟悉的他者），越来越接近真正的认识，而达到更准确地认识自己的目的，这正是人类学或所有学术（或非学术）研究的贡献和价值所在。

这么说，并不是在否定研究的公共性或所谓社会意义，只不过试图指出其实所谓学术研究只是一种生活方式而已，并不比其他生活方式更高尚、更纯粹，而居于象牙塔中的学者究其根本也不过是饮食男女而已。济世救民固然是研究者的抱负之一，甚至可以夸张地说以天下为关怀、以人类为归依，但其研究首先当是有助于研究者对自己的认识，而所谓学术人生则是身心日渐健全的旅程。再一次说，就这个目标而言，人们没有必要，至少不是所有人有这个必要，如韦伯所期许的那样以学术为志业，因为人们完全可以用其他方式完成人生的圆满。要说明的是，以学术为志业当然是高尚的，值得赞许的，也是我个人的向往，至少比那种只是以学术为职业，甚至以学术为附庸术的工具要来得美好一些。然而，学者的自命清高，即毛泽东所说的脱离群众，以及以普通人为自己拯救之对象的幻象反过来只能说明学者自己的角色混乱，不知道自己是谁，以致徒生各种的苦恼。实际上，学者也是在自己的生活中劳苦叹息，在自己的生活处境和人生问题上挣扎痛苦，并不比任何人高明。这么说，并非贬低我自己所属和认同的学者群体，乃是要将有些时候将自己自绝于其他人的学者首先还原为一个普通的人。

在这个意义上，或是我们真的应当思考一下古希伯来智者的当头棒喝：著书多，没有穷尽；读书多，身体疲倦。也就是说，如果我们将著书立说，或者立功立德立言作为人生唯一或终极的目的和意义，那么这一切到头来不过是捕风，是虚空的虚空。

（四）结语与讨论

一位青年学友在读过我的博士论文后曾直言他从中看到了"可怕的全面性"，意思是似乎面面俱到，但却缺乏一个明确的问题或线索。他的评论是对的。如果说有一个统摄整部书稿的逻辑和线索，大概可以这样说，"将各个章节勾连起来的是处于吴庄这个乡村社区中的基督徒及其教会，所希望展现的是基督徒个体与教会群体是如何与自己、与他人、与社区进行互动的。"（2007年3月，"再后记"）

其实从那本民族志作品的章节安排上就可以看出，在学术脉络上，我当时的研究和写作明显受制于英国式结构功能论的社区研究套路，或者说是受所谓中国人类学的燕京学派的影响。尽管这些年也有一些文章试图说明吴文藻、费孝通、林耀华等人的研究中并不是完全没有历史或时间的维度，但总体来说，结构功能学派无疑对历史的重视是严重不够的。至少就我当时的研究和写作来说，虽然也辟了一章专门介绍吴庄的历史，但现在看来确实更多的是一种背景式的介绍，而不是真正的历史性的讨论。这也正是为什么在2003年以后，我有意识地更多与两个相关学科领域的师友们交往，试图从历史和哲学（神学）寻求个人思考意义上的提升和突破。

对于这种缺乏历史向度以及甚至预设了某种有边界的社区研究的问题，已经有不少的精到批评。另一方面，越来越多的研究者感到传统的田野工作方法在一个快速流动和互联网的时代里的问题和不足，提出了不少新的看法，包括提倡所谓的多点民族志等。回想当年这项不成熟的研究，我还是会固执地认为，至少在人类学学生的基本训练这个意义上，单点深入的某种异邦性质的田野工作传统仍然有其价值。至少有两个理由，一是作为学科基本训练，相对容易操作；二是在已有知识体系之外增加一个可以随时参照的体系，为日后其他的研究提供对照。

前面主要的讨论是针对田野工作而言的，其实回顾这项吴庄基督教研究，民族志的写作及文风也有不少值得反思和探讨的空间。某种意义上来说，我当时采取了一些实验性的写法，有意融入了一些个人性的文字、随笔和感想。在这项研究之后，我还完成了一部对话体的民族志，《灵宫》（博士后出站报告：2005），讨论了一个城市基督教的案例。

受业师庄孔韶的影响，多年来我也一直鼓励自己和学生进行多种文体写作，写有温度的文字，做自己真正关怀的研究。尽管前文提到我希望我的研究可以关照到中国研究、宗教研究和人类学研究三个维度，但扪心自问，可能最深层或最根本的问题，或者说于我个人来说最为切身的问题反倒是一个与自身经历相关的问题，即何为基督徒，何为基督教？从这个意义上来说，对"成为"的关注并不是近期在参与推动"修/修行人类学"研究时才有的新奇想法，而是早早地就内在于作为一个活生生的个人的生活经验之中。

这样的个人关怀不仅直接影响了我当时的研究问题，也是多年后重新看这项关于吴庄基督教的研究时能够引发的主要反思之一，也就是前文用了大量篇幅所讨论的研究者的身份自觉以及写作者的自我意识问题。简言之，我认为，信仰者的宗教研究当然有其自身的问题，直接表现就在于身份张力，然而这同时又构成了一种新的可能性。

回顾过去这二十年，或许可以如此小结。人类学于我不仅仅是一个饭碗，一门学科，或者一个角度，一种方法，更是一种生活方式，可以跌跌撞撞地穿梭于自我与他者之间，在文化观是多年后重新看这项关于吴庄基督教的研究时能够引发的主要反思之一，也就是前文用了大量篇幅所讨论的研究者的身份自觉以及写作者的自我意识问题。简言之，我认为，信仰者的

七 身份自觉、自我意识与民族志写作指向

宗教研究当然有其自身的问题,直接表现就在身份张力,然而这同时又构成了一种信念、价值的碰撞中的破碎,以及破碎后废墟中的重建。同时,我越发能理解威廉·亚当斯那句话:人类学最令人欣慰的悖论,也是她最激励人的特征,就是研究他者的同时也是一个自我发现的生命旅程。

1997年我在糊里糊涂中进入民族学/人类学领域,上了贼船。三年的硕士课程完成后才算多少有点儿感觉,但实话说,我对学术研究的真正理解和真正投入可能是在完成博士论文,拿到了那张博士文凭之后的事情。

不过,虽然一路稀里糊涂地走下来,但回想起来有几个东西还是很清晰的。一是对于生/死问题的深层关怀,虽然是比较隐性的。亲人离世以及自己人生经验中的一些事件,使得这个问题无法避免,尽管在平常的生活中我们已经被训练好如何将其掩埋和隐藏起来。因此,也就会有意无意地阅读和思考一些哲学问题、人生问题,何以生,如何生之类的问题。

二是对于文化差异性的敏感和兴趣,这大概与我大学宿舍里的生活经验有关,在上大学之前我从来没有接触过回族或穆斯林,结果我一个宿舍七个人中有三位回族同学,这个冲击非常巨大。我们常说,文化自觉源自与他者的相遇。我这个经验大概就算是。

与此相关的则是对于宗教/信仰的关注。我注意到,尽管

他们三位都是回族，但似乎对于伊斯兰的理解和自身的生活实践差别非常大。同时，我开始接触到基督教和基督徒。尤其是在生活中见到"活"的基督徒，人很正常，不疯不傻，而且为人亲善，这对我也产生了巨大的冲击，因为那之前所知道的基督教大概就是历史或政治教材中的形象：要么是穷或弱，要么是比较傻，当然还有一个印象就是"帝国主义侵略的走狗和先锋"。

这可以说直接影响到我后来对于宗教问题的持续关注和研究。不过，从研究进路来说，现在回头看的话，最开始主要是比较社会层面的探讨，无论是博士论文阶段完成的乡村基督教研究，还是后来做的关于城市教会以及农民工教会的研究，基本上都还是在这个层面上的调查研究，与宗教社会学的路子比较接近，因此来往和互动也比较多。

不过，从 2004 年前后我就有意识地增加了与历史学和哲学／神学相关领域的交流，试图在历史的脉络中展开研究，在哲学的深度上有一定的思考。当然，一直也有意识地将人类学所强调的"地方／地方性"（local or locality）作为我的关键词切入到宗教（学）研究中去，例如《地方性、历史场景与信仰的表达》（黄剑波 2008）、《地方文化与信仰共同体的生成》（黄剑波 2013）等。

大概在 2013 年前后，我们进而试图去处理到底一个宗教信徒是如何体认其信仰，如何实际感受和"成为"（becoming）一个宗教实践者的过程。这也就是最近几年和杨德睿、陈进国等人一起在尝试的一个研究方向，做"修"或"修行"的探讨。其实扩展来说，也就是"学以成人"的这个哲学问题。简言之，我们的研究虽然目前主要集中于宗教领域，但确实并不仅仅是关注"修身成道"这样的"宗教"问题，而是"成人"这样的问题。

当然这还在非常初步的阶段，但从人类学学科的角度来说，一个基本的背景就是我们对于至少是宗教人类学研究中的政治经济学进路和结构功能论的统治地位的感知，这些研究当然产生了一大批重要的学术成果，并且仍然会是一个有益的研究进路，但如果局限于此，显然是不足够的，很多问题难以触及。其中一个比较显著的问题是，在我们的民族志作品中，具体的人基本被隐藏甚至消失于一些概念、框架及理论的分析之下，留下的是一个被抽空了的"人"。

另一个显然可以见的问题看起来则是相反的方向，那些看起来非常抽象化的理论讨论、学理分析，其实在很多时候又是非常琐碎的，纠结于一些细小的、局部的，甚至无聊的辨识和争论，而无法将民族志的写作提升到人类学的层面，从根本上放弃了经典人类学的最终关怀，将自己囚禁于对具体文化的描述和分析，闭口不谈对于人之为人的这样最为根本的探索。当然，奢谈人或人性的问题容易沦为流俗和空洞，并且也不是每一项具体的研究或文章都必须扯到这里去，但是，我坚持认为，这过去是，也理当继续是学科性的最终关怀。

参考文献

Cushman, M. D. "Ethnographies as texts." *Annual Review of Anthropology* 1982 (11): 25-69.

Geertz, C. *Works and Lives: Anthropologists as Author*. Stanford: Stanford University Press, 1988.

Haviland, W. *Cultural Anthropology*. Orlando: Harcourt Brace Jovanovich College Publishers, 1993.

Ingold, T. "Anthropology contra ethnography." *HAU: Journal of Ethnographic Theory* 2017 (7): 21-6.

Robbins, J. *Becoming Sinners: Christianity and Moral Torment in a Papua New Guinea Society*. Berkeley: University of California Press, 2004.

〔德〕布伯:《我与你》，陈维纲译，生活·读书·新知三联书店2002年版。

〔美〕怀特，W. F.:《街角社会：一个意大利人贫民窟的社会结构》，黄育馥译，商务印书馆1994年版。

〔美〕吉尔兹（格尔茨）:《地方性知识》，王海龙、张家瑄译，中央编译出版社2000年版。

〔美〕库恩，T.:《科学革命的结构》，金吾伦、胡新和译，北京大学出版社2003年版。

〔英〕拉波特、奥弗林:《社会文化人类学的关键概念》，鲍雯妍、张亚辉译，华夏出版社2005年版。

〔美〕米尔斯，C. R.:《社会学的想象力》，陈强、张永强译，生活·读书·新知三联书店2005年版。

〔美〕普特南:《理性、真理与历史》,李小兵等译,辽宁教育出版社1988年版。

〔德〕韦伯,M.:《社会科学方法论》,朱红文等译,中国人民大学出版社1992年版。

顾肃:《社会科学研究中的价值问题》,《江苏社会科学》1988年第1期。

郭湛:《论主体间性或交互主体性》,《中国人民大学学报》2001年第3期。

郭于华、孙立平:《诉苦:一种农民国家观念形成的中介机制》,载于刘东编《中国学术》第12辑,商务印书馆2002年出版。

黄剑波:《往来于他者与自我之间——经验性宗教研究的问题及可能》,载于中国人民大学基督教文化研究所编《基督教文化学刊》第11辑,中国人民大学出版社2004年出版。

——《灵宫》,中国社科院博士后出站报告,2005年。

——《地方性、历史场景与信仰表达》,中国戏剧出版社2007年版。

——《身份自觉——经验性宗教研究的田野工作反思》,《广西民族研究》2007年第2期。

——《乡村社区的信仰、政治与生活》,中文大学宗教与中国社会研究中心2012年版。

——《地方文化与信仰共同体的生成》,知识产权出版社2013年版

——《地方社会研究的不可能与可能》,《中国农业大学学报》2013年第1期。

李小方:《马克斯·韦伯的社会科学方法论述评》,《文史哲》1988年第1期。

宋蜀华、白振声主编:《民族学理论与方法》,中央民族大学出版社1998年版。

孙晓舒:《〈我与你〉读书心得》,未刊稿,2006年。

王铭铭:《西方作为他者——论中国"西方学"的谱系与意义》,世界图书出版公司2007年版。

王文卿、潘绥铭:《男孩偏好的再考察》,《社会学研究》2005年第6期。

项飙:《跨越边界的社区:北京"浙江村"的生活史》,生活·读书·新知三联书店 2000 年版。

谢文郁:《道路与真理——解读〈约翰福音〉的思想史》,华东师范大学出版社 2012 年版。

杨善华、孙飞宇:《作为意义探究的深度访谈》,《社会学研究》2005 年第 5 期。

赵一红:《浅论社会科学方法论中的价值中立问题》,引自 http://www.booker.com.cn/gb/paper54/1/class005400006/hwz6316.html。

庄孔韶等:《"离别"东南:一个汉人社会人类学的分解与组合研究》,中国社科出版社 2020 年版。

八 占卜、宇宙观和江湖：
从连贯性角度的阐释

李 耕

第一次长期田野作业，一般都会给人类学者打开新的天地和坐标系，并奠定其基本的方法论。我的博士论文讨论的是当代中国的占卜行业。占卜缺少合法性，但目前民间仍有较多人从事或作为顾客购买占卜服务，产业链庞大而活跃。我的论文以占卜从业者在灰色地带寻求职业合理性的过程为主题。田野调查发现，自我合理化过程从知识体系、制度组织、效果动机等层面展开，从业者以文化民族主义、传统主义、心理咨询作为意义依托，并积极效仿专业化等现代社会组织特征。

虽然主题是行业自我合理化的策略问题，但实际上占卜从业者的社会结构、日常状态和宇宙观，这些在最后的成文里没有充分开展论述的内容，反而对我的实际影响更大。它们使我对理性化思维的统摄地位，以及江湖社会的社会学想象力，有了更清醒的认识。还有一些训练随着论文写作过程持续发酵，也完全改变了个人思考与表达的路径。我会"偷懒"地以一个关键词来串联上述反思，这个关键词就是连贯性（coherence）。

coherence 这个单词，像梦魇一般贯穿于博士论文写作的整个过程。数次和导师约谈论文的时候，他都会说我的写作不够 coherent，达不到 coherence。我从没接触过这个单词，又不好意思让导师解释。几个同门也有同样遭遇。我们为如何达成 coherent 的"如臻化境"而抓耳挠腮。

《朗文当代英语词典》以注释简洁著称，其为 coherent 一词，给出两条释义：

① when something such as a piece of writing is easy to understand because its parts are connected in a clear and reasonable way.

② if a group has coherence, its members are connected or united because they share common aims, qualities, or beliefs.

按照朗文词典的解释，coherent 包含两个彼此关联的层次：第一层，某件事情，尤其某种书面或口语表达容易得到理解，因为其各部分以一种清晰、条理的方式连缀、贯通在一起。第二层，某个群体因为共享着价值观、目标理念等而团结在一起。导师的批评和表达有关，也就是指第一层意思，各个部分的组合衔接，要达到如下效果：清晰、条理、通畅。本文暂且把"连贯"作为 coherent 的概称，以"连贯性"对应名词形式

coherence。其实连贯性的要求，不仅限于写作，田野过程和田野对象本身都有自身的连贯性。下文以笔者的博士论文研究为例，按顺序分别介绍写作、研究过程、田野对象本身三个部分的"连贯性"为何，及其充满曲折的达成过程。写作的连贯性背后，既是以清晰、连贯为标准的有效信息传达训练，也代表着现代职业团体的工作伦理，而田野过程的连贯性则需要经过夹杂着试错、偶然性、社会交往的发展过程。最后也是更重要的是，田野对象的连贯性，面对着逻各斯中心主义体系下的理性化横扫一切的趋势，构成一种抵抗的异质性力量。

（一）书写的连贯性

连贯在书写或口语表达的要求中，占据核心位置。连贯的文章就像冷兵器时代的锁子甲：铁丝套扣，缀合成衣，形如网锁。与之类似，民族志或论文的各个部分互相链接在一起，才构成一个整体。链接的构件有多个尺度，在博士论文或民族志的写作中，常见有三个尺度：句子与句子搭建的段落，段落组成的章节，章节汇聚而成的全文或书。

笔者在开始尝试博士论文写作时，越自我感觉良好的段落，越容易被导师大修或删除——只顾着自己文采飞扬夹杂思维火花，但受众方却看不懂或看不出意味在哪里。现代职业化的社会科学写作，要求文本之间的链接不能靠作者主观头脑分泌出来的化学胶水"粘"在一起，而是依靠专业读者也一目了然的"物理链接"。导师大量修改每个句子之间的衔接，或者用旁批的形式，让笔者解释自己如此安排句子的原因。他的原则是，句子的前后衔接都要有明确的道理。如果让读者费解，那么作者就有责任去修改。段落之中，他建议要安排一些表明主旨的句子。"总分总"的结构不但在谋篇布局中使用，在段落布局里也成立。有了主旨句，其他句子的位置和功能也就好定位了，因为其他句子是为主旨句服务的。同时，句子主语在一个句子之内不要无理由地频繁转换。笔者教学后发现很多学生会这样写作：上半句写人，下半句就跳到物上去。初学者的写作需要经历"连贯性"的校对训练。

按照"锁子甲"的连贯性原则，段落前后、章节前后之间的跳转，也应有明确的逻辑关系。以博士论文第六章为例，该章论证了术数从业者之所以能建立与心理咨询的关系，源于两个行业在建制化程度上均不完善。章节末尾由玄学资本的概念引申到术数从业者通过山寨化的职业社会资本建立职业合理性的另外一种方式——通过组织建设和证书体系进行自我合理化——从而过渡到下面关于职业协会的章节。

对连贯性的要求非常基础，甚至有些刻板，在各类学术写作指导手册中或许都不会出现。但是基础的东西应该受到重视，目前国内的高校教育甚至中学教育都欠缺相应内容。像笔者这样资质平平的人，的确需要从基本的语文表达就开始具备"收束心"和细节上的连贯性训练。

连贯性的写作，背后有一种朴素的为他人着想的观念。导师在提点的时候，出发点都是让专业读者、编辑看得懂。也就是说，写作的时候，心里得装着别人。在职业团体中，也需要有遵守契约、照料他人的工作伦理。此考虑还含有一种实用取向：有效的信息传递，将为写作者开拓更多的机会，也就是来自编辑、评审专家等有学术话语权的人的机会。

（二）田野工作的连贯性

对于长周期的田野工作来说，清晰、有条理的工作效果，在田野的前期较难达成。到了田野的后半程或者收尾阶段，多数人可以做到更加"心中有数"，包括调查的内容、侧重点、主旨方向，以及如何组织部分材料，等等。和书写需要提前谋篇布局的规划性质不同，田野经历更多是由"歧路""曲折""无用功""反复""撤退""放弃"铺就的。在千变万化的环境中开展的田野实践，需要在试错中摸索着提炼出"连贯性"的线索。田野中常见的"试错"有如下几类。第一类是主题变化。计划的调研主题会在长期田野中被改变或者校正。第二类试错是对田野报道人以及相关事项的认识。因为与人互动交流，并不是一个扁平的平面，而是一个逐渐深化的过程。这一类的调整也会带来主题的更迭。

在研究开始之前，我的研究计划是描写一些鲁南乡村的民间信仰以及仪式。但在实际进入调查阶段后，发现调研所在的一个山东三线城市里，市区算命店铺的数量之多，大大超出我之前的想象，立刻吸引了我的注意力。我随即写信给导师申请换主题，他认为突出"城市"情境也挺好，就同意了主题更动。

术数从业者虽然因店铺等原因是"可见"的，但又不那么"可及"——职业特殊性让他们对外界有所防备。所以我自然想尽可能多地积累对从业者的了解。随着对占卜从业者的访谈的增多，注意力从对城市占卜现象的关注，逐渐转向了对这个职业群体的关注。这样研究重心又进一步缩小、聚焦到了从业者身上。对占卜从业者的了解，也渐渐有了丰富的层次。根据收入层级区分出不同类型，对从业者的前台、后台有了更立体的认识。其实在田野结束的时候，我也没有确立写作主题。一直到论文初稿写了一段时间的时候，才确定用"职业群体的自我合理化"这个题目来组织罗列田野材料。选定该主题主要由占卜从业者作为一个职业群体在国内的特殊处境直接生发而来：大众对其有普遍的需求，同时意识形态和制度政策上其又处在受打压的地位。特殊处境能够折射出科学主义在国内的发展、

八 占卜、宇宙观和江湖：从连贯性角度的阐释

文化民族主义的抬升、专家体制的模式、个体命运在社会结构的缝隙磨合中如何摆荡等多个普遍性的话题。

主题最终确立后，就进入写作的主干道。按照前文所述的"连贯性"的要求，每个章节都应服从于主旨，都应围绕着核心主旨来展开，像辐条围绕着车辖辘一样。最后论文的主干章节从四个方面的合理性建构实践来展开：（1）强调道德话语；（2）调取传统文化的保护伞；（3）类比心理咨询；（4）开展组织建制。结构相对清楚，主语都是从业者，紧密围绕"合理化自身"这一个固定的落脚点。

需要坦陈的是，职业群体自我合理化的主题对于国内读者而言，吸引力有限，也只能把一部分田野资料网罗进来。但自我合理化作为一种有目标的努力，可以条理清晰地把一个行业群体的诸多面向展示出来，便于组织章节。同时，组织结构也因为追求清晰性而让讨论的复杂性大打折扣。假设写作者能够在掌握了连贯性要旨后，在不同的主体之间来回穿梭跳跃，于多个场景中腾挪转移，那么深度和艺术性应该都会提升。笔者限于学力和写作能力，采取了较为保守而保险的排布阵型，并且也相信这是多数人会经过的阶段。

在相对清晰但刻板的章节排布之下，章节内部散布的知识点才是"主菜"。它们就像一颗颗花骨朵一样，逐渐从论文章节结构的主干上生长出来。每个知识点，一旦展开就又是一个

完整的"小世界",或所谓"总体社会事实"。勾勒出总体社会事实内部隐约但实在的"连贯性",是人类学者的基本任务之一。这里突出连贯性,并非否认断裂、冲突、无常、混乱等现实世界的真实情况。从学术处理的角度来说,学术化呈现,不是拍风格粗粝的纪录片,必须有一个"提纯""提炼"的过程。况且,由还原论和连贯性组成的逻各斯中心主义体系,越发细密地统摄着东西方的思想和实践。一些思想家和写作者如列斐伏尔,故意以曲折的表述来避免落入理性主义的窠臼,并批评逻辑至上的原则掩盖了真实世界里的矛盾冲突(杨舢,陈弘正 2021:24)。对于理性化的铁笼具有反思意识的,不仅仅有西方学院体制内的知识分子。非西方的本土传统观念以及运用这些观念的人群,也发挥了替代性阵地与异质性抵抗的作用。但这并不意味着本土观念就只能归结为"气韵"之类无可名状之所在。我认为,对于处在霸权地位的体系或话语,不能缺少"以其人之道还治其人之身"的方法。当我们操用连贯性和还原论的原则,去分析非西方的本土观念,如同把观察角度从"身处水中"变为"悬于水面之上"。水面如镜,既倒映出现代理性化体系的扩张性,也反射出本土社会型构的异质性价值。下文将先讨论占卜世界观里的另类连贯性,然后再说明总是与占卜从业者相伴出现的"江湖"所蕴含的连贯性,给予我的社会学启发。

（三）占卜宇宙观里的连贯性

汉地文化自古以来习惯于通过阴阳五行生克制化的原理来推断人事吉凶、指导生存。有关命运的知识与技术，与中国传统民众信仰有盘根错杂的关系，里面有哲学认知、归纳推理，更有迷信法术。纵然有很多糟粕内容，但是占卜算命在整个华人世界持续流行，拥有贯穿各个阶层的广大市场。本土知识体系内在的连贯性，与主流的连贯性体系，既相似又有差别。差别造成的张力，推动了理解的扁舟，将研究者摆渡到一个更方便的位置，观察异端与主流混杂甚至彼此模糊的世界。

作为连接已知和未知之间的桥梁，占卜需要一个地基。这个地基就是在自然世界、人类世界、超自然世界之间的关联建构，以及中国本土的分类体系和数字推理。汉族主流占卜的宇宙观和技术，并不依靠神谕、天启，它有一套内部自成条理的推导体系。作为推理前置条件的本土宇宙观建立在丰富的数字系统之上：阴阳、两仪、四象、五行、八卦、十二地支等。本土宇宙观不仅渗透在汉文化的方方面面，还发展出了一种倾向于将时空巧合阐释为比纯粹偶然更有意义的思维方式，这种思维方式被李约瑟归纳为"关联性思维"。[①] 同一结构中的概念不

[①] 也有学者用"相关思维"或"联想思维"等术语。

是隶属关系，而是并列关系，不同结构之间通过类似共鸣的方式互相影响（J. Needham 1956：280-281）。例如方向的东方、人体的肝脏、颜色中的绿色与木属于同一序列，西方、肺、白色与金则另外属于同一序列。李约瑟认为，中国的关联性思维描述了一个精确有序的宇宙。宇宙中的"秩序不是由一个最高创造者、立法者制定，也不是因两球体相撞中一个球体的运动引发了另一个球体运动这样的物理原因，而是一种没有统治者存在的一切意志的和谐。就像是在跳舞，舞者的动作不受规则约束，不受他人影响，舞蹈动作是自发、有序、有规律可循的拟态联想"（J. Needham 1956：286-287）。荣格则用"共时性"的概念描述占卦的特征。共时性指画面、事件和概念集群通过有意的安排而非物理因果关系产生关联（C. Jung 1967）。没有这些原理，以物象取卦，以卦象取事理，就无从谈起。我们常说的"感应""呼应"，不仅是传统美学里的成分，更是逻辑推导中的习性。关联性思维不但链接了既有经验与未来可能性，也是一种让文化内部达到可沟通状态的母基土壤。可见本土知识体系特有的连贯性如同真菌与根脉，盘根错节地贯通起人文世界，实现了文化土壤的有机化以及一体化。

占卜从业者的角色则好比一个摆渡人，把顾客从混乱无序的生活世界，通过连贯的结构化的解释，摆渡到"命运"这个在常人认知中看似必然的世界。研究非洲占卜的学者加里曾这样定义占卜:"关于未知的探寻,让时间连贯的技法,将不确定转化为确定的语法,为抉择寻求保证的公有程式"(P. Curry ed. 2010)。其所依凭的结构化解释并不符合科学,但从社会学的角度来说,它有着特别的价值:江湖术士是跟民众做直接面对面口头交流的人。术士诠释命运,解释世界,预测未来的实践,对民众的思想与实践都有深远的影响——毕竟只有少数人,才会直接"读圣贤书"。知识阶层也在口头与日常传统中,习得了关联性思维营造出来的宇宙观和思考倾向,并内化到他们的语言与表达之中。

尽管需要给出一个结构框架性的解释,占卜从业者给出的具体断语却经常是含糊的。除却具体的断言如"某某年走好运",其言辞常会附加一些让顾客摸不到头脑的术语,典型如寺庙里的"签诗"。"含糊其辞"作为"江湖"技巧,除了具备增加断言准确度、扩大预测覆盖面的实际功能之外,也是对逻各斯中心主义的一种对冲。它在一定程度上故意放弃"彻底解释清楚",并否认透彻解释的必要性。这个属性对于反观主流有重要的价值。

当下,在各种日常场景的表达与规训当中,人们逐渐协同形成整齐划一的现代性的思维方式,同时一切领域都在呈几何倍数地增加精细化和清晰化的程度。上述过程让我们更加义无反顾地拥抱"理性"。在此背景下,江湖术士的断语暧昧模糊、光怪陆离，也提示了我们除了工具理性这个不断扩张的体系之外，还存在着其他自成体系的知识传统。

（四）江湖的连贯性

古往今来因痴迷研究数术知识而走火入魔者不在少数，它如同一个不见底的深渊。人们只是短暂望向浮动着的水面，倒影里不仅有本土宇宙观世界的形貌，更有水上的社会隐喻——数术从业者常被称为"江湖术士"，他们所处的"江湖"何尝不是我们中国人想象"社会"的主要意象呢？

"江湖"是日常生活里的高频词汇，其社会科学价值一直被低估。虽然它曾被普洱茶研究者（J. Zhang 2014）、街头文化研究者（A. Boretz 2011）所调用，但其具体的所指仍旧缺乏透彻的梳理。在社会事实如蛛网菌丝一般的复合体系之中，本土概念具有特别的结构性位置，它们不但可以充当牵引出连贯性逻辑链条的"凝结核"，自身也有内在理路。江湖的涵义层次丰富，但并非"不可言说"，下文我们结合社会科学习惯的还原路径，逐一解析，看一看实际上无法被切分的江湖本身的丰富性。

在社会分层的意义上，江湖多指向庙堂外的庶民阶层，以及包括流浪者、不法之徒、艺人、小偷、保镖、放高利贷者、流浪汉、赌徒、妓女在内的流动职业者社会。上述群体通常区别于有固定住所和谋生方式的精英阶层。在一些极端情况下,"江湖上的人"特指法外之徒。阶层特质影响了"江湖"职业特有的身世感和自我认知。笔者在田野调查中接触到的典型数术从业者是失业工人、没有土地的农民,或因为各种原因流落到体制之外的人,例如由于超生而被开除的学校教师、因为下海而被迫离开单位的职工。曾经有一个开店的从业者,以前是当地工厂的基层干部,因被举报从事占卜副业而离开了原单位。他带一些自嘲和恼怒地叮嘱笔者,"你得把这个写下来:我们这一行只是落魄文人的临时生意!"另有一些从业者很坦诚地说这就是个"底层行业"。的确一些混迹精英圈层或经营有道的从业者,动用玄学资本获得巨额财富,这些人毕竟只占极少数,多数从业者的经济地位并不高,收入也不稳定。

除了阶层,作为一种生活的"状态","江湖"又被用来描述充满风险挑战和不确定性的日常生活。江湖此时和带有负面意涵的、混乱危险的"社会"等同,暗示一种复杂、陷阱、骗局、派系、不公正交织的状态。在此意义上,包括精英群体在内的人也会有职场倾轧和办公室政治,发出"人在江湖"之感慨。在多变的游戏规则冲刷下,没有人能预料未来的走向,每个人都"沉浮"于人间,也增加了对命运发出疑问的概率。

紧接着,面对"复杂的江湖/社会",人必须不断发展人际交往能力,获得社会里存活的实践智慧。我们发现作为形容词的"江湖",意指社会生活经验多,喜仗义,好结交朋友,另也有圆滑狡猾,善于操作人情的意思。那些处世丰富、见多识广、精于世故的人又被称为"老江湖"。江湖习气,暗示着混乱和粗俗,其积极含义,则指向义气、勇敢和直率等特征。这也与江湖的第一层含义里,与阶层关联的刻板印象关联起来。上述特征通常被认为是正统的中上层阶级所缺乏的。如果单纯用作形容词,数术从业者最为人知的"江湖"色彩,就是把话说"圆"的技巧,对顾客察言观色以提高断言的命中率的本领,甚至设局下套的骗术。

江湖术士们,可谓上述江湖多重含义的典型写照。从社会阶层的角度上来说,"后单位时代"提供了源源不断的人力,输送到"江湖"世界;在江湖险恶中身不由己的各色人等,发出命运的疑惑,又养活了"江湖"行业;占卜从业者于法理的边缘地带执业,做一个合乎顾客期待的"预言家",就得演变出各种"江湖"技能以傍身。一个"江湖",串联起本土经验里对社会的想象、日常生活状态,以及行动者的实践三重涵义。江湖概念的三个层次是连贯的,彼此关联又分别对应着社会科学的三个维度。从日常混杂性中,还原提炼出连贯性的概念群组,承载了变"已知"为"未知"的乐趣,让我们更加综合立体地去看待自己"日用而不知"的日常。这种分解式的分析,并不能抹杀江湖作为一个总体性隐喻的特殊性:它是我们构想社会的母本之一，也是制约人们实践能动性的结构性存在，更是武侠小说、游戏等无数象征符号的核心。用最时髦的社科词汇来说，它是一个知识发生的"装置"。

（五）介于修补匠和工程师之间

法国思想巨匠列维-斯特劳斯（1997：20-28）曾区分两种思维方式，一种是工程师思维，一种是修补匠思维。工程师通过结构的手段去创造事件，修补匠则通过事件的手段去创造结构。工程师靠概念工作，修补匠靠符号工作。游戏是工程师科学家式的，而仪式是修补匠式的。修补匠的工具世界是封闭的，他的操作规则总是就手边现有之物来进行。工具盒材料里的这套东西所包含的内容与眼前的计划无关，也与任何特殊的计划都没有关系，但它是以往出现的一切情况的偶然结果。这些情况连同先前的构造与分解过程的剩余内容，更新或丰富着工具的储备，或使其维持不变。因此，修补匠的工作方法与工程师科学家强调的一种可以放之四海而皆准的方法区别开来。

列维-斯特劳斯强调，两种思维经常互相渗透，且不存在阶段性、等级性的区隔。在本文的讨论范围内，我们也可以区分出一系列类似的对立又联通的模型。"江湖"作为技能是修补匠式样的，因江湖没有固定准则，人们讲求通透圆融练达，以不变应万变；江湖作为社会分层则是一种工程师区分风格的冷硬现实。占卜思想世界里的关联性思维，与造物主思维或者因果关系相比，又是修补匠式的。其间万物彼此都是共生的体系，每一种"零件"都表示一套实际的和可能的关系，它们是一些"算子"，但却可用于同一类型题目中的任何运算。阴阳五行和关联式思维，作为一套基本逻辑的公理、原则，它所引发出来的理性推导，又是一个引导占卜从业者自认为"占卜是科学不是迷信"的工程师模式。正如列维-斯特劳斯所言，不同的知识体系与其内在连贯性，不必然在时间上有差等。

研究对象作为"拟客体"塑造了主体的实存性身份，是人类学有别于其他学科的特征之一。占卜从业者头脑中的宇宙星辰与万物，给我打开了中国文明里被李泽厚（2012）称为"理性化的巫史传统"的门扉；占卜从业者的江湖，让我对中国人如何组织并想象社会，有了更多觉察。与此同时，书写表达连贯性的训练却像铁链一样，频繁将我拽回到那个需要把一切都说得"科学""透彻""清晰"的世界。我认为自己的博士论文是刻板平庸的，甚至浪费了一个本来应该让人目眩神迷的题目。在注定平庸下去的学术人生里，占卜的宇宙观与社会隐喻，间歇性地让笔者飞跃现代性的藩篱，得以窥见本体论意义上的多元云团以及彼此的关联。

参考文献

Cushman, M. D. "Ethnographies as texts." *Annual Review of Anthropology* 1982 (11): 25-69.

Boretz, A. *Gods, Ghosts, and Gangsters: Ritual Violence, Martial Arts, and Masculinity on the Margins of Chinese Society.* Honolulu: University of Hawai'i Press, 2011.

Curry, P. ed. *Divination: Perspectives for a New Millenium.* Burlington, VT: Ashgate, 2010.

Jung, C. G. "Foreword to The I Ching, or The Book of Changes", trans. by R. Wilhelm and C. F. Baynes. Princeton, NJ: Princeton University Press, 1967.

Li, Geng. *Fate Calculation Experts: Diviners Seeking Legitimation in Contemporary China.* New York, Oxford: Berghahn Press, 2019.

Needham, J. *Science and Civilisation in China: History of Scientific Thought.* Cambridge: Cambridge University Press, 1956.

Zhang, Jinghong. *Puer Tea: Ancient Caravans and Urban Chic.* Seattle and London: University of Washington Press, 2014.

〔法〕列维-斯特劳斯:《野性的思维》,李幼蒸译,商务印书馆 1997 年版。

李耕:《边缘职业群体的自我建构:以术数从业者为例》,中国社会科学出版社 2019 年版。

李泽厚:《说巫史传统》,上海译文出版社 2012 年版。

杨舢、陈弘正:《"空间生产"话语在英美与中国的传播历程及其在中国城市规划与地理学领域的误读》,《国际城市规划》2021 年第 3 期。

历史再造与现实

九　冷与热：海外民族志研究中的历史感问题

龚浩群

> 我渐渐体会到曼谷那隐藏在现代化、国际化的外表之下的深层的独特魅力。当我在当地的时空观念和社会规范中进行自我调适的同时，我也在思考这样的问题：在世界范围的现代化进程中，一个民族如何保持自己的民族性和自信心？处在急剧变迁中的"热社会"又如何来维系"冷"的一面（恒定的宇宙观）并为现代生活提供价值参照？——龚浩群（2009：3）

从 2003 年第一次去泰国并在泰国中部大城府的曲乡开展田野调查，到最近一次 2019 年 7 月在泰国北部的南奔府做调查，我对泰国社会的观察经历了空间与时间上的双重变化。首先，从空间上来说，我从较为保守、稳定、代表泰国主体社会的中部乡村转移田野调查点，先后进入曼谷和更为激进、多元、融合诸多少数族群的泰国北部地区。与此同时，我对泰国历史的感觉也发生了变化：最初我似乎更愿意去捕捉所谓泰民族的传统文化，更愿意看到传统如何被再发明（霍布斯鲍姆、兰杰等 2004[1983]）并成为现代化进程的缓冲器；而2006年在泰国发生的军事政变及延续至今的政治动荡，促使我更多地去思考泰国社会的冲突与变化，并关注到泰国历史中的革命性因素。

法国人类学家列维-斯特劳斯提出了"冷社会"和"热社会"的概念。他用"冷社会"来指代无历史（毋宁说是不愿承认历史）的原始社会，而用"热社会"来指代具有强烈的历史意识的现代社会。冷社会在面对历史变迁时仍坚持恒定的关于世界的解释模式，而热社会则通过对历史的解释来指导和推动未来的变化与发展。列维-斯特劳斯也指出，冷社会和热社会代表的是两个极端的类型，实际上所有社会都处在这两个极点之间。本文认为"冷社会"与"热社会"这一对概念试图建构不同的社会类型，然而，通过对我个人泰国研究经历的反思，我想说的是"冷"与"热"是相对的，这不仅是说任何社会都处在冷与热之间，而且也意味着研究者对被研究者的历史的感知是在特定的语境下产生的，因而这种历史感是动态的，也是变化着的（参见列维-斯特劳斯1997：266-267；迪迪埃1997：158-159）。

什么是民族志研究中的历史感？简单地说，就是研究者对被研究者所处的历史语境的感知和认识，并在此基础上基于双方之间的对话而形成对他者的文化描述。我们在民族志研究中通常会强调调查和写作中要观照到他者的历史，其中包含了个人生活史、社区历史、族群历史、国家历史乃至区域史和全球史等不同维度。但是我认为民族志当中提到被研究对象的历史并不等于就有了历史感。民族志研究中的历史感是研究者和被研究者对自身所处的时间和空间的自觉，是他们共同在当下对历史的感知，基于这种感知双方形成对于当下的意义阐释，并采取社会（包括学术）行动。

我将在本文中回顾和反思我的泰国研究经历，并以此为案例，讨论海外民族志研究中的历史感问题。我试图表明历史感的形成与研究策略有密切的关联；历史感不仅与时间因素相关，也与研究者所处的空间位置相关，并体现为历史的多元性；自我与他者之间不仅存在同时性，也存在共生性和历史的交集。研究者对于历史感的自觉是民族志研究，尤其是海外民族志研究方法论中的重要部分。

（一）"冷社会"：反思我的民族志研究策略

《信徒与公民：泰国曲乡的政治民族志》作为博士论文完成于2005年，2009年由北京大学出版社正式出版，是高丙中教授主编的"走进世界·海外民族志大系"之一。在这里需要说明该书主题的确定过程和采取的研究策略。现在看来,当时我的海外民族志研究策略取决于中国人类学的学术语境,这种研究策略的优势和局限性同时存在。

1. 传统的泰文化与历史叙述的标准模式

2001年我进入北京大学,师从高丙中教授攻读人类学博士。读博之前我读了不少费孝通先生的著作,非常钦佩甚至崇拜费老的学术理念,我最初希望跟随费老的足迹到广西大瑶山去做研究。进入北大之后,高老师鼓励我去海外做研究,他认为我们年轻的一代应当去开辟更为广阔的研究地域,并由此来拓展中国社会科学的经验研究基础。我很快接受并认同这个在当时看来颇为大胆的理念——后来学界称为"海外民族志"研究。我从2002年下半年开始学习泰语,2003年2月抵达曼谷,开始了我的田野工作。

高丙中教授对我的田野工作有两点基本要求。一是学会泰语,必须使用泰语在当地开展田野调查;二是开展以一年为周期的长期田野工作,以期对当地的自然环境变化与社会生活节奏有比较完整的观察。在研究主题的选择上,我们当时采取了如下研究策略:

第一,研究说泰语的主体民族,而不是去研究泰国的华人,因为我们认为需要真正开展关于东南亚本土社会的研究。在中国学界的海外华人研究传统中,学者们有很强的"故土情结",这当然没错,但是过于强烈的中国意识会导致学界仅仅将海外华人社会当作中国社会的自然延伸,海外华人的亲属关系、社会组织、民间信仰等似乎都只是中国文化在异国他乡的复制品,但是我们对于海外华人的生存境遇及其与当地社会的融合缺乏了解,我们对于不同代际的海外华人身在其中的地方政治、经济、文化与社会网络缺乏把握,从而在研究对象的处理上使得海外华人脱离了其所在社会的语境。因此,海外华人并不是不可以去研究,而是我们认为当时更需要针对东南亚本土社会开展研究,东南亚华人研究也必须以东南亚本土社会研究为基础。

第二,我们是为解决中国问题而研究,要欣赏其他国家与社会的长处,为中国社会的发展道路提供借鉴,而不是专去挑别人的毛病,满足虚荣的民族或国家自豪感。正如我后来在博士论文的摘要中所写:"公民身份的建构关涉到民族国家建设的重要环节,也是当代中国社会所面临问题的症结之一。泰国作为一个发展中国家,其建立现代民族国家的历史背景与中国有相似之处,但她做出了迥然不同的路径选择,并在民族国家建设的若干方面获得了成功。本文在细致叙述泰国一个社区案例的基础上,将一般社会科学关于'公民身份'的理论与人类学特有的学术关怀和研究方法相结合,探讨当代泰国在建构公民

身份过程中的得失,以期为中国当前的公民身份的建构提供有益的参考。"(龚浩群 2005:摘要)

第三,以现代民族国家的公民身份建构为研究主题,着重考察现代泰国如何确立和培养公民意识,泰国人如何实践他们的公民权利和义务。事实上,我的田野调查经费来自高丙中教授主持的教育部人文社会科学研究重点项目《社会转型过程中公民身份建构的人类学实证研究》——当时还没有任何机构资助人类学博士生到海外做田野调查。这个课题的十万元经费资助了我和其他两位同门分别在泰国、蒙古国和马来西亚开展调查,我们三位的研究设计也都围绕公民身份展开。公民身份(citizenship)理论是在二战后由英国社会学家 T. H. 马歇尔提出来的,该理论关心战后欧洲福利国家的制度设计框架,后来继续有社会学家、政治学家对这一概念进行发展,将公民权分为民事权利、政治权利、社会权利和文化权利等不同维度(Marshall 1964;Chaney 2002)。这个研究主题把我的视角从传统人类学关注的亲属关系、社会组织、宗教仪式、礼物交换等日常生活现象转换到现代国家公民的政治生活领域,我的研究过程也因此充满了社会理论视角与人类学视角之间的张力。

在北京大学东语系傅增有教授的帮助下,我以朱拉隆功大学访问学生的身份进入泰国。该校指定政治学院院长、人类学家阿玛拉教授(Amara Phongsapich)担任我的指导老师。阿玛

九 冷与热：海外民族志研究中的历史感问题　　253

拉教授询问我的研究主题后，建议我到泰国南部研究穆斯林社会，或是到泰国北部研究山地民族，或是研究妇女问题，我和她解释说我希望研究泰国的主体社会，想知道最普通的泰国人而非少数族群如何理解公民身份。于是阿玛拉教授建议我在泰国中部的大城府开展调查。最终，阿玛拉教授的同事、朱拉隆功大学社会研究所的素丽亚研究员帮助我与大城府曲乡的一个家庭取得联系，曲乡学校的教师平姐和她的大家庭[①]接纳了我，待我如姐妹。2003年3月直至2004年2月，我在曲乡开展了将近一年的田野调查。

　　选择泰国中部的一个乡村作为田野调查点，是实施之前制定的研究策略的第一步。泰国中部既被看作是泰文化的代表性区域，也被认为是泰国相对稳定、富裕、现代化和政治上保守的地区。实施研究策略的第二步是要学会欣赏当地社会，我确实是这么做的。我和当地人解释自己的研究动机时，会说自己专程来学习泰国社会的优点和泰国文化，中国现在的发展有一

[①] 在大多数情况下泰人婚后男从女居。平姐与她的父母以及姐妹们的家庭同处一个院落当中，院子里一共有三栋房子，平姐家（有两个孩子）一栋，平姐的大妹妹家（有一个孩子）一栋，平姐的大姐（未婚）、小妹妹（已婚，没有孩子，丈夫在曼谷工作）和小弟弟一家（有一个孩子）与平姐的父母一起住在老房子里。平姐的小弟弟因为妻子的家乡在远离曲乡的泰国东北，所以他们夫妻俩也和平姐的父母住在一起。我在曲乡调查期间得到了这个大家庭的照顾和帮助。更幸运的是，平姐的父亲元大爷是当地最活跃的公共人物，也是我最重要的报道人。

些问题，我们希望借鉴泰国经验。有意思的是，曲乡村民对我的这一解释非常认同，而且一些村民会好奇地翻看我的记事本，提醒我"笔记本上记录的不好的方面回中国之后就不要说了"。[①] 我还记得在曲乡学校的一次活动上，校长要求学生们好好表现，要在中国学生面前展示泰国社会中最好的一面。还有村民自豪地对我说，大城府是泰国真正的"中部地区"，有正宗的传统文化，曲乡人说的是"标准"泰语。我十分愿意接受他们的这些说法，并将当地人的生活方式与泰国的文化传统等同起来。

曲乡村民还在一定程度上"塑造"了我对泰国历史的理解。平姐的丈夫威诺兄也是一名小学教师，他常常和我谈起泰国历史上重要的国王。在他看来，从曼谷王朝四世王到当时在位的九世王都是积极向西方学习的典范，他们引领了泰国的现代化进程，也正是他们的努力使得泰国免遭被西方殖民的厄运。在父亲节也就是国王生日那天，平姐的表兄表姐专门带我去曼谷领略广大民众膜拜国王和为国王做功德的庄重氛围。这种以曼谷王朝历代国王为核心的现代历史叙述与泰国小学历史教科书中的内容十分一致，可以说是泰国历史叙述的标准模式——君主的伟大成就成为塑造历史连续性和国家感的关键因素（威尼差恭 2016［1994］：186）。更有意思的是，许多村民都会问我

[①] 我的随身笔记本上通常用中文来记录有关村民隐私或是涉及某些负面评价的内容。

一个问题——"中国有没有皇帝",令我惊讶的是很多村民都听说过秦始皇,在他们的印象里中国是一个古老的帝国。在这种气氛当中,我很自然地将泰国理解为相对中国而言的"冷"社会,并认为宗教与王权在现代泰国发挥了重要作用——泰国也因此而呈现出令人炫目的、传统与现代之间暧昧的两重性。

我的研究主题是公民身份,但是真正对我形成"文化震撼"的是当地人的宗教生活。我在调查过程中曾一度苦恼如何在我感兴趣的宗教生活与先前设定的研究主题——公民身份之间寻找到有效的关联性,直到民众为国王做功德的场面带给我灵感。我在研究结论中说道:"人们不仅通过给予来为自己获得功德,而且通过功德的让度和共享实现了人与人之间的社会联系,并进行着各种道德共同体的塑造——在最高层次上体现为民族国家共同体。"(龚浩群 2009:23)在我看来,曲乡人对公民身份的理解离不开他们的民族国家认同,而国王——作为传统佛教政体与现代民主制度之间的桥梁,在国家认同的塑造中发挥了不可替代的作用。我的研究虽然看到了民主政治与地方社会的运作逻辑之间的矛盾,例如法律将大选期间议会候选人参与村民葬礼并助会定义为非法的"贿选"行为,但是总体来看,对于王权、宗教和所谓传统的强调体现出偏"冷"的历史感。

我认为与中国相比较而言,未经历过西方殖民和革命战争的泰国在面对自身历史传统的时候表现得更为从容,并将传统文化因素如宗教和王权转换为民族国家建设的有利资源。也正是基于这样的历史感，我的研究借鉴了坦拜尔关于泰国宗教与政治之间辩证紧张关系的论点（Tambiah 1976：517），并以此确定了整本民族志的结构——以"做功德"为代表的宗教观念与宗教行为构筑了泰人的共同体意识和本土的公共性逻辑，而现代民主政治和公民身份在本土的公共性逻辑中展开，其中有相互适应的方面（主要的方面），也有冲突的方面（次要的方面）（龚浩群 2009：366-370）。我当时认为原生依恋与公民情感（格尔茨 1999 [1973]：307-309）之间的冲突不仅在城市与乡村之间以及乡村内部产生了分化，也可能在行动者的个体层面产生观念与行动之间的矛盾（龚浩群 2009：361-362）。这些对于矛盾和冲突的思考在当时虽然没有成为整个民族志的基调，但是为我后来的研究埋下了伏笔。

2. 过滤：曲乡社会内在的异质性

我在曲乡的田野调查过程似乎过于舒适。我得到了大多数村民的关照和配合，通过习得当地社会的礼仪和身体语言，我学会了如何向长者表示"恭敬"，将自己编织到当地人的社会与年龄阶序当中，从而获得安全感和满足感。但与此同时，对于出现在曲乡人日常生活中的"文化异质性"，我不自觉地采取了相对漠视的态度，因为这些因素与我试图描述的传统泰族文化相抵牾。这包括两个方面：一是我对于村里的少数群体或边缘人的忽视；二是村民们关于历史和传统的评价并非一致，我对其中的矛盾性因素重视得不够。

首先，我沉浸在对"传统"泰族文化和地方政治的观察之中，对于几种边缘人——华裔老板、被隐藏在马路背后窝棚里的贫困的"东北人"①以及热衷于个体修行的极少数村民——没有足够的兴趣。限于本文的篇幅，在此我仅举一例。我到曲乡后不久，在为曲乡寺募捐的活动中认识了年近七旬、来自曼谷的李老板。他是潮州籍的泰国华人，前些年在曲乡买地，开设了一家饲料加工厂。李老板能说一口流利的汉语普通话，见到我这位中国人非常激动，之后他和他的妻子常常请我去他家吃饭，他也很乐意和我聊自己的人生经历，我能感受到他对家乡的赤子之心。李老板在家中供奉祖先和华人信仰的神明，从来不去曲乡寺参加任何礼佛仪式，但是在曲乡寺每年的募捐中他会慷慨解囊。他事实上有两个妻子，正妻也是祖籍潮州的华裔，住在曼谷，只是偶尔会来曲乡探望；他的第二个妻子是比他年轻许多的泰人，很贤惠，与李老板常年住在曲乡，照顾他的起居。我从李老板那里听到许多有趣的故事，然而，我从没有想过要把李老板当作我的研究对象，因为他在曲乡太特别了，似

---

① 泰国东北部是泰国国内的经济欠发达地区，该区域的很多中青年离开家乡，到曼谷等城市和地区务工。在某些语境下，"东北人"甚至被认为是带有嘲讽意味的贬义词。

乎不能算是曲乡地方社会和泰国传统文化中的一部分。现在回想起来，我其实忽略了曲乡与外界的联系，也忽略了泰国社会本身内在的族群、文化、经济生活的多样性，以及华人在泰国社会中的重要影响。

其次，村民们对于历史和传统的评价体现出社会内在的矛盾性因素，这些矛盾和冲突在我的研究中没有被作为重要的方面来对待。例如，在曲乡的凉亭里我看到一幅照片海报，呈现的是1976年十月事件中泰国右翼分子对青年学生的暴力行为，这幅海报让我很震惊。后来我和一些村民聊到十月事件的时候，他们对青年学生运动有不同的评价。事实上，国家、宗教与国王三位一体的意识形态在当代一直受到挑战，对于这种挑战我缺少敏感性，却希望从泰国的个案当中寻找东方社会独有的现代性。另一方面，曲乡处于泰国最富饶和政治上较为保守的中部地区，现代历史上的政治矛盾和冲突在这里似乎被淡化了。例如当我询问20世纪70年代的乡村童子军运动时，当地人反馈给我的是愉快高昂的乡村共同体记忆，与美国人类学学者笔下泰国右翼的血腥恐怖运动相去甚远（Bowie 1997）。我在书的末尾写道："泰国的个案体现了整个亚洲的公民政治当中所具有的，与西方自由主义意识形态相区别的另一种现代性。泰国的个案也提醒我们，在建设民族国家的过程中，东方社会完全可能在传统公共资源的支持下，积极地创造符合本土的公共性逻辑的公民身份形式。"(龚浩群 2009：371）我仍然在试图明确地区分东方与西方，并捕捉符合东方特色的泰国文化当中的观念逻辑，在今天看来，这一结论有所不足。

总的来说，从我当时采取的研究策略来看，有其成功的部分，这主要体现为对人类学学科规范的坚持，包括较为成功地学习了当地语言、开展了长期调查和高度的参与观察等，我确实深入到了曲乡的地方社会内部来理解他们。同时，我的研究策略也带来一些问题：首先，与近代以来经历了翻天覆地变化的中国相比，泰国被我认为是一个相对"冷"的社会，其内部的异质性、紧张感和冲突在一定程度上被淡化；其次，我过分地致力于寻求一个不同于中国的"他者"，从而忽略了中泰之间长期以来，尤其是近代以来的经济、政治、社会与文化联系，这不是简单的外在于自我与他者的联系，而是浸透在个体生命经验和社会变迁中的内在关联，是一种"热"关联。

（二）"热社会"：差异、冲突与历史的交集

费边认为西方人类学通过制造与他者的时间距离，将他者置于某个遥远的时间，否认他者与自我同处一个时代，这是西方知识霸权的一种体现。人类学通过两个主要策略来实现"对同生性的抵赖"："一个是以文化相对性来'绕开'同生性问题，

另一个是以一种极端的分类学方法来'取代'这个问题"（费边 2018[1983]：47）。现在看起来，我无意中犯了第一种错误。一方面，我肯定了泰国与中国都处于现代民族国家建设的进程中，但是另一方面，我又试图凸显泰国的现代化过程当中独具一格的传统主义外衣。我在强调泰国现代性道路的差异性的同时，忽略了自我与他者的同生性问题，或者说未能在自我与他者之间充分创造共享的时间。对此，我内心深处有所不安。

在完成博士论文之后，我决定暂时离开曲乡，去泰国的其他区域做研究。此后我分别在泰国的经济和政治中心曼谷以及稍显偏远的泰国北部开展田野调查。在曼谷和泰北，我都体会到了不一样的历史感。可以说，历史感不仅是一个时间性的概念，也与研究者所处的空间位置相关，并体现为历史感的差异性。在此需要提及的是，2006年泰国发生军事政变，民选政府倒台，从那时至今的十余年间激烈的政治冲突不断出现。这刺激我从不同方面去研究泰国的"热"的一面，并看到了不同区域之间、城乡之间以及阶层之间存在的中心与边缘的关系。

1. 城乡之别：谁才是真正的佛教徒？

2013—2015年我利用暑假在曼谷等地做调查，聚焦于城市中产阶层的佛教修行实践，希望从信徒的视角出发，重新理解新宗教改革及其与现代政治变革之间的复杂关系。20世纪90年代前后关于泰国佛教改革派的研究充满了乐观主义，正统佛教

九 冷与热：海外民族志研究中的历史感问题　　261

中所强调的功德观为社会现实中的等级秩序提供了合理性支撑，而强调现世价值、个体主义和平等主义的佛教改革派被天然地等同于与民主政治热情相拥的新的意识形态。然而，在2006年的军事政变当中，信奉新佛教理念的许多城市中产阶层表现出相当保守的政治姿态，为什么会是这样？在我的这项研究中，假设的问题不再是如何去追寻或复原所谓的宗教传统，而是探讨宗教变革与社会变革之间的关联，这种关联并不能仅仅通过解读各佛教宗派大师的作品就可以知晓，而是需要走进普通信徒的宗教生活中去理解。

在曲乡，村民们怀有朴素的功德观念，"善有善报"的道德观与他们对于来世的期盼是结合在一起的，做功德仪式是宗教生活中最重要的部分。当我来到曼谷开展田野调查时，我看到了很不一样的当代泰国佛教。在大大小小的佛教修行中心，我遇到了城市白领、大学老师、公务员和企业高管，他们所看重的不是通过做功德仪式来积累功德，而是通过学习深奥的佛教义理来把握佛教的精髓，通过身体技术和内观来完善自我，通过修行来应对现实生活中的纷扰与冲突，凭借强大的内心做到以不变应万变。有意思的是，做到"无我"和"在当下涅槃"是修行者的目标，但是，在激烈的政治冲突中，修行者们不可能真正做到置之度外。在这种情形下，泰国社会中"热"的一面就体现了出来，这表现为阶层之间宗教话语的极大差异，以及宗教作为私人领域与作为公共领域之间的强大张力。

2013年和2015年我在曼谷调查期间也曾短暂回访曲乡。我在曲乡的房东平姐得知我在曼谷研究佛教修行者时，很不以为然。据我所知，曲乡也有少数村民去实践中心修行，但是她们往往显得与其他人格格不入。平姐的妹夫说"曼谷人只想着挣钱，没有时间做功德"，这让我想起了我在曼谷的研究对象常说的"乡下人只知道做功德，做仪式，并不懂得佛教的真谛"。双方之间对彼此的刻板印象让我感到惊讶。与这些刻板印象相交织的是人们对于政治的不同态度。在2013年的调查中，我在曼谷认识的一位热衷于修行的朋友乐于和我分享她的修行心得，但是，当我们在路上聊到政局时，她对于他信派系的强烈反对情绪显露出来，与修行时的平和心态形成了很大的反差。当时泰国英拉政府提高了稻米收购价格，农民很受鼓舞，但是很多曼谷人认为这是英拉在用大米价格"贿赂"农民。2014年，再次发生军人政变，英拉政府倒台，我原定的调查计划也搁浅了。2015年，当我再次回到泰国时，一些曼谷朋友感觉到扬眉吐气，而曲乡的村民却和我抱怨大米价格的暴跌。

这段研究经历让我认识到泰国佛教从来不是一个整体，人们会从自身的处境和经历出发对宗教进行差异化的阐释。宗教与政治之间有密切联系，但不是简单的对应关系——注重个体修行，认为"人人皆可涅槃"的信徒不一定就是民主的信奉者，而注重功德积累的村民也并非就是等级主义的跟随者。两种宗教话语背后体现的是不同群体之间相互的价值评判、利益隔阂和社会冲突。正如美国历史学家小威廉·休厄尔所说:"文化结构要对应的,应该是不同范围的社会实践所在的场域和地域,这些域界在时空中相互交缠、重叠和渗透。这意味着,对任一个给定的地理或社会单元,与之相关的结构应该总是复数而非单数的。"(休厄尔 2012[2005]:201)人类学学者在发掘所谓结构性关系的同时,不应当忽视每个社会内部存在的多义性以及不同话语之间发生的冲突、对话和变迁。

我在专著《佛与他者:当代泰国宗教与社会研究》中展开论述了泰国佛教在现代化进程中的演变及其内在的矛盾和冲突。我在书中写道:"自20世纪后期以来,尤其随着后现代主义思潮的兴起,人类学内部对于学科自身建构他者的策略及其背后所体现的权力关系进行了深刻的反思,人类学对他者所采取的本质化、差异化和总体化的研究路径受到了知识论和认识论上的批判。可以说,整体主义方法论所塑造的单数的他者已经失去了知识上的可靠性,我们需要呈现的是复数他者,即研究对象内部的异质性以及不同社会行动者的主体性。"(龚浩群 2019:172)这些感悟正是我在曼谷开展研究时萌发出来的,而曲乡作为我研究泰国的第一站,为我后来的研究提供了重要参照。

2. 中泰之间：共生性与历史的交集

从 2003 年第一次到泰国开展调查至今，我与被研究者之间的关系发生了很大的变化：在曲乡的时候我总被村民当作需要被照顾或被同情的弱势对象，而今当我在泰北乡村开展调查时，我和我的学生似乎成为了中国资本与权力的代表。我还记得刚到曲乡的时候，房东威诺兄对我充满了意识形态上的怀疑，问我"中国有没有民主，中国是不是还在搞共产主义"；还有村民问我中国人是不是还穿长袍，留长辫。那个时候我感觉曲乡村民对于中国的印象十分模糊而混乱，距离真实的中国还有很大距离。2009 年，时隔五年我再次回到曲乡时，威诺兄直言"中国稳定而繁荣，将取代美国，成为世界第一"，欣赏之情溢于言表，而他的亲戚领兄却问我为什么中国商品虽便宜但是质量却很差。今天，随着华为等品牌在泰国的手机市场打响，领兄或许也不会再有类似的质疑了。前几年，曲乡一位杂货店老板的女儿桔子来到中国大连留学，让我感到十分惊喜——我在曲乡做调查的时候桔子还在上小学呢。总之，这些年我强烈感受到中国与泰国密切的经济、教育和文化交往，中国和中国人已经成为泰国人日常生活中常常碰触到的词汇。如果说我在曲乡的研究似乎是为了找到一个与中国不同的泰国文化，那么，今天我更愿意在中国和泰国之间理解自我与他者的深层关联，这种关联性既表现为经济层面的关联，也表现为政

九 冷与热：海外民族志研究中的历史感问题

治与社会层面的关联。

从2018年至今，我带着研究生在泰国北部研究中泰水果贸易与反季节龙眼种植对于地方社会的影响，这让我领略到中国与泰国之间复杂的历史与现实联系。历史上泰北的兰纳王国与中国有着朝贡关系，近代以来通过陆路来到泰北的华人（大多为云南籍）也留下了各种历史与文化符号。20世纪早期，随着曼谷到清迈的铁路开通，更多来自中国的潮州人、客家人、广府人和海南人等也陆续辗转来到泰国北部谋生，广泛建立起泰北与其他区域之间的贸易网络。直到当代，泰北华人商业网络的核心群体经历了更替与交错——从云南马帮、华南移民、港台商人到大陆商人，泰北与中国之间的经济和社会网络全面铺展开来。我的研究试图在中泰龙眼贸易的背景下，对近二十年来泰北龙眼种植社区的社会变迁轨迹进行描述和分析，展示中泰龙眼贸易为泰北社会注入的经济发展活力，泰北在区域经济一体化进程中所形成的新的社会与文化景观，以及泰北龙眼种植社区在可持续发展方面面临的挑战及其做出的努力。

有些令我意外的是，在泰北我们确定田野调查地点的过程费了些周折。清迈大学的Chayan Vaddhanaphuti教授最开始帮我们联系了一位老果农，但是他不愿意接纳我的学生住在他家，对我们的登门拜访也态度冷淡。后来Chayan教授通过泰北南奔府一家活跃的NGO组织——哈利奔猜研究所，把我们引荐给了一个乡村社区，我们得以顺利入驻。不过这家研究所的核心成员最初对我们的研究目的表示怀疑，以为我们是来替中国商人做研究的，而当地人普遍认为中国商人操纵龙眼价格，令果农的利润空间日益压缩。后来，通过与我的研究生罗茜文的长期接触，研究所的大部分成员打消了对我们的疑虑，因为他们看到我们所关心的问题和他们所关心的问题具有一致性，例如我们都关注农民的收入水平、跨国贸易的风险，以及大规模商业化种植所带来的环境问题等。随着交流的深入，我们发现研究所的几位资深成员在20世纪70年代曾经是学生运动分子或者前泰共游击队员，受到毛主义影响的这一代人虽然在今天泰国国内的政治冲突中秉持不同的立场，但他们仍在继续共同推动地方社会的变革，理想主义的光辉在他们身上并未褪去。

在今天的泰国，我总能感受到中泰之间各种社会力量的相互激荡。在我们的调查中，我惊讶地发现20世纪70年代末，泰国政府为了防范共产主义运动，在泰北等土地问题突出的边远地区集中进行了土地改革，以缓解农民的土地和贫困压力。不过，泰国进行的土地改革模式很温和，主要是对已经得到开发的无证土地进行了使用权确认和均衡分配，目前这些土地已经成为泰北地区开展龙眼种植的重要资源，而这片土地上产出的绝大部分龙眼供应给了中国市场。在泰北，我发现的许多社会事实的背后都有中国的身影，从古至今的各种历史感叠加在一起，让我意识到自我与他者之间的共生性，意识到我们都是"同一个历史轨道中的当事人"（沃尔夫2006：32）。

（三）讨论：海外民族志研究中的历史感问题

通过回顾我的泰国研究历程，我认为在海外民族志研究中历史感是一个重要问题。如何面对和理解他者的历史，构成了海外民族志研究策略的重要组成部分。从某种意义上说，民族志研究既是历史感的产物，也参与了对历史的制作，而历史感是研究者与被研究者在特定的时间和空间相遇时共同将过去植入当下的方式。

在我看来，海外民族志研究可以有三种方式来处理他者的历史，以及自我与他者的联系。

第一种方式将研究对象视为具有内在一致性的社会文化整体，并对历史进行冷处理，亦即尽管承认他者也和我们一样都经历了现代化过程，但是认为他者的独特历史和文化选择决定了他者与我们之间的现实差异，并体现为历史感的差异。例如在我看来，泰国在现代化过程中对佛教文化的有效利用使得它看上去更像是一个"冷"社会，或者说泰国社会在追寻现代文明的过程中总是会披上传统主义的外衣。在这种研究策略中，他者被客体化为一个具有显著文化差异的整体，与研究者自身所在的社会形成了鲜明的对比，而他者自身内部的矛盾因素可能在某种程度上被忽略。

第二种方式比第一种方式更为深入，研究者会更加关注他者内在的差异性、矛盾和冲突，以及结构性变迁的可能性，因此，这是一个关于"热"社会的研究路径。以我的研究为例，我关注到自20世纪以来，不同时期的佛教改革运动对于泰国社会的意识形态重塑所造成的重要影响，以及宗教与激进社会运动之间的密切联系。在关于热社会的研究中，引发社会与文化变迁的时代因素将受到重视，比如殖民主义、共产主义、民主化运动和全球化；泰国的社会变迁尽管具有地方性的特殊维度，但是也同时需要被放置在世界-体系、跨国政治网络和地缘政治等维度中来思考。这时，自我与他者之间的联系往往会被发掘出来，并在时间上体现为自我与他者之间的同时性（费边 2018：183）。

第三种方式则会直接触及自我与他者的历史与现实联系，从而在一定程度上消弭自我与他者的边界——自我与他者具有共生性，双方都以某些方式对彼此产生影响。尤其是随着中国国力的提升，中国在区域性和全球性范围内的政治、经济、社会与文化影响与日俱增，中国也将更为开放地受到区域社会和全球社会的影响。在此种情形下，我们与研究对象之间存在诸多交集和共同利益。正如高丙中运用"世界社会"的概念来明确海外民族志研究的新的对象层次："'世界社会'是说，我们的生活在国家的范畴是分开的，但是在社会范畴实际上是一起的。这是一个对自我跟他者的关系格局的新认识。改革开放之后，中国的政治经济变化、人口流动的力量，重新塑造了中国人对自己跟外部世界关系的想象和认识。这个时候，作为普通人就能够看到，我们作为真实的人，跟境外的真实的人本身能够建立关系。"（高丙中、熊志颖 2020：6）因此，以学术行动来表达对于海外社会的关切，正视区域性和全球性的公共问题，回应新的挑战，就成为了有担当的人类学的应有之义。

总之，在过去十几年的泰国研究当中，我对于泰国社会的历史感在不断变化，我的研究策略也随着研究的深入而不断调整。在中国政府提出一带一路倡议的背景下，中泰之间将会产生越来越多的有机联系，我感到既要从中国的视角和利益出发去理解一带一路，也要从泰国地方社会的视角出发去理解它，或者说两种视角之间的转化和对话才能构成对现实的全面理解。中国的强大影响力并不是今天特有的现象，要理解它的世界性影响，我们需要去体察当代周边国家民众的日常生活如何在发生改变，以及当地人如何去积极地重构他们与世界的关系。如果说我最初是想寻找一个与中国完全不同的"冷社会"的代表，那么，今天我会更为关注泰国社会的变迁，并在自我与他者之间发现共享的历史、现实与未来。

参考文献

Bowie, K. A. *Rituals of National Loyalty: An Anthropology of the State and the Village Scout Movement in Thailand*. New York: Columbia University Press, 1997.

Chaney, D. "Cosmopolitan Art and Cultural Citizenship." *Theory, Culture & Society* 2002 (19): 157-74.

Marshall, T. H. "Citizenship and Social Class", in *Class, Citizenship, and Social Development*, Chicago: The University of Chicago Press, pp.71-134.

Tambiah, S. J. *World Conqueror and World Renouncer: A Study of Buddhism and Polity in Thailand against a Historical Background*. Cambridge: Cambridge University Press, 1976.

〔法〕埃里蓬：《今昔纵横谈——克劳德·列维-斯特劳斯传》，袁文强译，北京大学出版社1997年版。

〔德〕费边：《时间与他者：人类学如何制作其对象》，马健雄、林珠云译，北京师范大学出版社2018年版。

〔美〕格尔茨：《文化的解释》，韩莉译，译林出版社1999年版。

〔英〕霍布斯鲍姆、兰杰：《传统的发明》，顾杭、庞冠群译，译林出版社2004年版。

〔法〕列维-斯特劳斯：《野性的思维》，李幼蒸译，商务印书馆1997年版。

〔美〕威尼差恭：《图绘暹罗：一部国家地缘机体的历史》，袁剑译，译林出版社2016年版。

〔美〕沃尔夫：《欧洲与没有历史的人民》，赵丙祥、刘传珠、杨玉静译，上海人民出版社2006年版。

〔美〕休厄尔，W. Jr.：《历史的逻辑：社会理论与社会转型》，朱联璧、费滢译，上海人民出版社2012年版。

高丙中、熊志颖：《海外民族志的发展历程及其三个层次》，《广西民族大学学报》（哲学社会科学版）2020年第2期。

龚浩群:《信徒与公民：泰国曲乡的政治民族志》，北京大学出版社2009年版。
——《佛与他者：当代泰国宗教与社会研究》，社会科学文献出版社2019年版。

十　以虚虚实实的资料写不大不小的人物

郑少雄

（一）引言及简介

金光亿先生关于再议民族志的号召使得我们有机会来系统检讨自己在第一部民族志中的得失。写作（其实还包括相应的研究、思考过程）永远是一门遗憾的艺术，当然也是一门可以不断反思、改进的技艺。我目前唯一的一部历史民族志《汉藏之间的康定土司：清末民初末代明正土司人生史》于2016年出版，这本专著主要脱胎于2010年在王铭铭教授指导下完成的博士论文《康定土司的政治过程：以清末民初的末代明正土司为中心》。虽然入选了"三联－哈佛燕京学术丛书"，后来也陆续获得了一些奖项和同行肯定，于我是个巨大的荣耀和鼓励，但因为种种缘故，我始终对这个作品心存芥蒂和浓重的挫败感，最明显的表现就是，不管是提交答辩还是正式出版，我始终不

十　以虚虚实实的资料写不大不小的人物

曾写过半字前言、后记，没有题献给谁、感谢过谁，也未曾邀请师长们赐序批评，[1]它就这么近乎"裸奔"在读者面前。出版数年以后，当出版社提议修订再版时，我的内心却只有一个念头：如果可能，它应该被改造重写，而非修订之功可以解决。这种挫败感，并非认为已经完成的研究错得多么严重，而是实在不够好，离应有的期待太过遥远。

《汉藏之间的康定土司》以清末民初末代明正土司的人生史为主线（第4、5章），结合对他所驻牧的打箭炉（康定）地方的空间、生态及历史的整体性描述（第2章），和对关于明正土司家族的神话及历史叙事的搜罗分析（第3章），考察了康区土司在汉藏关系中的结构性位置和能动性作用，从而对中国西南族群间的相处之道提出自己的见解，并回应了政治人类学的一般理论问题（第1、6章）。总体来说，《汉藏之间的康定土司》或许有它自己的贡献，主要体现在：一方面，它在汉藏关系及区域世界体系的整体框架下来理解康区的独特角色。王铭铭（2003）教授教导我"无处非中"[2]的认识论，并且具体论述过"藏彝走廊"区域虽作为周边诸大型文明之边缘交接地带，却具

---

[1]　只是按照丛书的统一要求，请王铭铭和石硕两位教授写了简短的推荐语。
[2]　原文为明代来华的意大利传教士艾儒略（Giulio Aleni）在《职方外纪》中所写的"地既圆形，则无处非中"，意思是每一个地方都可以自命为世界的中心。

有自我中心主义和世界主义想象（王铭铭 2008），本书在这样的认识论基础上又进一步论证了土司地区的另一个面向，在现实社会文化和政治经济格局中，康区土司主要将康区处理为汉藏文明连续系统的缓冲、过渡地带。这一定位对于我们理解中国统一多民族国家内部的文化政治中介机制具有启发意义。另一方面，它使用了一批至今未曾整理面世的珍贵汉文原始档案，从土司生命史出发来呈现这一文化政治中介机制，突破了中国人类学主要以抽象的政治、经济、宗教和亲属制度等为描述对象的民族志模式，将理论、方法和实践的议题较为生动地结合在一个具体的"不大不小的人物"身上，对于中国边疆族群社会研究做了较具前沿性的探索。[①] 除了上述自我肯定之外，对《汉藏之间的康定土司》的不满则更多。

（二）第一本民族民族志的不足在哪里？

细究起来，《汉藏之间的康定土司》的主要不足包括但不

[①] 博士论文完成后不久，我应邀到民族学与人类学研究所做了一场讲座，有位较资深的同行在讨论时说："对于汉藏政治来说，明正土司根本是一个很不起眼的小角色，但是在你这里被说得像是一个大人物，好像他起了很大的历史作用似的"。那一刻我一方面深感梁启超所推崇的关于哪些人值得做专史的观念并没有在专业研究者中普遍生根发芽，另一方面也意识到某种意义上我的探索是成功的，至少明正土司被我写出了"但所谓伟大者……连关系的伟大也包在里头"（梁启超 1998：186）的意味。

局限于如下方面：首先，没有提出并解决真正有穿透力的问题（意识）。坦白地说，对于我这个半路出家、初出茅庐的博士生而言，做一篇什么样的博士论文是一个不断形成中的问题。从最初打算做新西兰毛利人研究到进入"藏彝走廊"，从打算研究习俗更为独特的"扎巴人"到聚焦康定历史上的土司政治，其间经历了个人喜好、可实现性，以及学术前景等不同层面上的拉锯战。一旦进入康区土司政治的历史人类学研究，要面对的重要问题是：我究竟想借此来解决什么样的理论或现实议题？简而言之，我最后的落脚点在理论方面，变成政治人类学的过程理论，尤其是利奇的"钟摆模式"（oscillation model）与"动态均衡"（dynamic equilibrium）理论，拉铁摩尔关于农耕与游牧集团的力量在历史上此消彼长的理论框架，以及萨林斯的"陌生人－王"（stranger-king）理论。我论证了康区土司二元的政治他性（alterity），土司政治结构的理想型并非以中原或西藏的任一方为直接模板，而是两者的组合"政教联盟"，随着历史进程的发展，这个组合内部会发生政权/教权的上下错动，土司政治变迁来自于内部、外部动力的结合。在实践方面，我努力推动一种涂尔干式的"社会整合源于行之有效的区分"和亚里士多德式的"国家并非简单地由众人组成，而是由不同类型的人组成，因为相同之人无法形成国家"的认识，[1]试图指出

---

[1] 参见艾约博（2016：9）。

在中国历史上统一多民族国家内部的民族关系中,需要维持一种辩证均衡的区分与整合共存的形式,这种区分与整合的共存端赖两种力量——笼罩式的(帝国)国家和富有能动性的边疆族群精英——的共同在场。某种意义上,在最后的民族志文本中,理论对话呈现得很直接、明显,因而也给部分读者留下套用理论、生硬机械、立场先行的印象;而在现实方面,囿于种种原因,一方面,其时我的见解可能本就颇为隐晦不清,另一方面,证据材料本身的单薄以及叙事、论证技巧不足,也让人觉得并不足以支持我所欲形成的主张。两者结合起来,给读者留下的印象是,本书并没有达到从现实中提出并解决实践及理论重要问题(意识)的层次。

其次,田野工作和资料收集始终在困顿和自我怀疑中进行。我 2007(两次)、2008、2009 年共四次赴康区,田野工作时间共约七个月。由于研究课题的改变,加上所涉足的扎巴、木雅、炉城、宝兴(穆坪和硗碛)、牧区等地"地脚话"的巨大差异性,我未能有效掌握其中任何一种语言,大部分时间只能凭借田野报道人的翻译,以及尽快掌握藏族口音的"川普"来完成近乎漫无目的的访谈工作。不过关于末代明正土司的资料收集,清代较为完整的奏折谕批,[①] 清季民国年间内地人士的考察

[①] 涉藏涉康地区的材料大都另行整理出版了,见书内参考文献。

记录和调查报告，西方传教士、外交官、商人的回忆录，20世纪80年代初起整理发行的汉文地方文史资料，以及部分记忆尚存的老人给我提供了巨大的帮助。对于一个偏历史人类学性质的研究而言，似乎已经可以有效着手了。尽管如此，如今回顾起来，当时的田野工作过程其实不大成功：其一，对口传神话和野叟曝言的漠视。尽管接受的是人类学训练，但或许是由于天生膜拜"文字的魔力"，我对民间口传材料的重视程度始终低于文书档案，对许多访谈得来的材料往往鄙之为无用废料而无心记录或随意丢弃。比如我采访末代土司的孙子甲拉降泽先生，但发现他超过半个世纪跨度的讲述内容发生了不少变化，而且这个变化与新材料的不断发现有关；又比如地方老人也时常兴致勃勃地和我讲起他们听闻过的末代明正土司（甲拉甲波），但我尴尬地发现，他们时常把两代人乃至于三代人混为一谈；还比如我在色乌绒、色多衙门、老榆林三地都听到当地老人关于明正土司旧衙署和夏季居所的种种讲述，但心里却始终将之理解为或胡编乱造，或不过是在一鳞半爪地转述20世纪50年代起持续来此调研的学者的见解。相比之下，王明珂（2009）就做了很好的示范。他既已积累了关于"羌族"的厚重历史知识，又带着历史人类学的批判视野和问题意识，于是在田野中听到的各种"龙门阵"和"摆谈"，都可以成为有价值的分析对象，"毒药猫"和"一截骂一截"等有理论突破意义的材料也就从村夫野老的谈话中脱颖而出。其二，对地方文史资料本能的存疑和拒斥。从我与部分地方文史资料的核心口述者、整理者、编辑者的交流过程及获得的信息来看，地方学者实际上也相当重视整理记录过程中的考证、辨伪工作，因此我在民族志写作中采用了大量州县文史资料和州县志编撰过程中形成的多种初级材料。①尽管如此，在最初接触到这些材料时，我本能地将之视为地方学者的自我夸饰和"谀墓传统"。比如有材料显示川陕商人为了与康藏商帮直接做生意，都主动习藏语、着藏装、熟悉藏族的生活习惯等，而在康定本地的文史材料中，却大都极力夸大锅庄女主人（称为"阿佳"）在汉藏贸易中的支配性地位，这类叙事容易给读者留下的印象是，如果没有康定锅庄的居间代理，则汉藏贸易之达成几无可能；而且由于阿佳们的存在，在汉藏交易过程中，汉藏商人甚至无需面对彼此。相比之下，民国年间的外来调查者固然不否认锅庄的贸易中介功能，但绝少强调锅庄主所达成的从物理上分隔汉藏商人的面向，而更多关注的是锅庄与康区农业社会组织以及家庭（家屋）特征的关联性。甘孜州（以及下属各县）政协文史资料收集、整理、发行工作开始于20世纪80年代初期，和内地相比算是起

---

① 这些为编纂州县志而形成的初级材料内容相当广泛，而且未经后期多重商议、把关、审稿、定稿程序，因此与最终呈现的面貌有很大不同。比较初级材料和正式出版物的异同，本身便能发现"历史"的叙事性和修辞性。

步较晚,当时在我的意识里认为越到晚近则材料信息受到"污染"的可能性越大,可靠性越差,所以在民族志写作中我主要引用有关亲历者记忆的部分,而对可能存在"夸张"及"失真"的隔代传闻、推测部分则比较警惕。比如最初我只愿意将锅庄的特性与康熙皇帝的谕旨相结合,认为锅庄体现了帝国茶马互市中的道德性和等级性(郑少雄 2011),后期才更侧重于从揣摩本地族群精英的讲述入手,将锅庄理解为是由康区贵族掌控、以实现汉藏之间既联结又区隔之辩证关系的物理空间和文化象征(郑少雄 2014)。在这个意义上我认为,如果我们学会像王明珂(2016)所言的"在文献中展开田野工作"(to do the fieldwork in archives)的话,就能在对地方文史资料的解读中"翻译"出地方学者如此制作历史叙事背后所隐藏的社会情境(context)和历史心性(historicity),也能提炼出隐藏在地方族群精英潜意识中的历史应然模式。简单说就是,即使他们说的不够"真",也能反映出他们潜意识中认为的"历史本应如此"或者"未来应当如此",而这种地方精英和地方学者基于本土实践和历史感知所形成的历史应然模式,其实恰恰是当代民族理论形成和民族政策制定、实践过程中应该充分吸收其智慧养分的。其三,受官方档案文书的支配。从已整理出版的川边文书已经能勾勒出末代土司登位之后的大致生命历程,不管是驻藏大臣有泰、川边改土归流重臣赵尔丰,还是打箭炉同知(其后康定县知事），抑或西方传教士、外交官和商人，都与末代土司有过较为密切的接触，形成了不少栩栩如生的记录，但这些记录基本上都是他人视角的。在田野调查期间，我几乎毫无来由地觉得某些地方必定还沉睡着一些与末代土司有关的一手材料，甚至可能还有他本人的文字、物件存世。苦心人天不负，临近田野工作结束时我果真在某档案馆的库房里亲自翻拣出了一批川边镇守府和康定县衙门的法律诉讼文书，其中包括多份末代土司手书（或他人代写）的诉状和答辩状，甚至从状纸里面掉出来一张近一百年前的名片，背面还有毛笔手书的几个人名。那一刻的战栗感我至今记忆犹新，仿佛与末代土司超越时空撞了个满怀，事实上也正是在那一刻我才真正下定决心以末代土司的人生史为主要写作对象。这一场景再次表明，在我心目中仿佛只有足够分量及数量的正式文献档案才足以支撑起具有合法性的研究。

再次，写作框架上没有形成有力量的包围式论证。土司政治不是在真空中运行，它与宗教（主要以藏传佛教各教派、苯教、本地民间巫师为主，也兼及与基督教各教派的关系）、亲属制度（尤其是家屋制度、兄弟间出家在家的分工等）、经济体系（以汉藏茶马互市、锅庄贸易机制为主）、生态和交通（以关外和关内之生态区分、关外"乌拉"运输为主）等面向都有着密不可分的关联，而且这些面向本身也是内在交织缠绕在一起的。比如土司与寺庙的所谓"政教联盟"关系，本身既是一种政治组织制度，同时何尝不是亲属制度的变体？又如锅庄贸易，既具有纯经济的功能，按照民国调查者的认识，本身又具有"家屋"制度的特征。以今日的后见之明来看，似乎整部民族志的框架已经自然成型了：关于寺庙、家屋、锅庄、乌拉等议题，首先各自都是一篇独立论文的容量，同时又可以最终构成民族志的具体章节。遗憾的是，尽管这些内容在民族志中都有所体现，但是都没有被赋予足够的分量。由于这个原因，一些师辈同行如翁乃群、渠敬东教授曾经批评道，从我的民族志呈现效果来看，土司家族似乎完全是为了应对川藏大道上的政治经济交往和流动而存在的，康定只具备作为线上的节点的特征，而没有自主的、作为地方（place）而形成的坚实的社会政治文化生活。[1]尽管我后来陆续完成了一些以乌拉运输（Zheng 2010）、锅庄贸易（郑少雄2014）、康定地方的生成和表征（郑少雄2011；2017）为主题的单篇文章，但为了保持民族志整体风格的一致性，主要内容乃至核心观点并没有增补进后来出版的专著中，仍然留下了许多遗憾。比如在论文中，我认为地方文史资料中对锅庄在汉藏贸易中的中介功能的过度强调和刻画，其实意味着边疆族群精英中间普遍存在的一种历史无意识心态，

---

[1] 感谢两位教授在不同讲座、会议场合的批评。

或者说追求一种既区隔又勾连的理想族群关系模式，但在专著中这一观点并没有表现得足够清晰。

最后，也是本文将着力反思的是，在虚虚实实的材料包围之下，《汉藏之间的康定土司》没有找到更好的叙事方案。虽然列维-斯特劳斯、埃文思-普里查德都曾指出过人类学就是历史学，但人类学者毕竟不是历史学者，在历史学者眼里，我们可能并没有极力穷尽"硬核"的材料，对材料的考证和辨析也未必周整（或者反过来说，人类学者对材料的真实、准确与否未必像历史学者那么较真）。即使材料/言说不符合历史学家一般所认知的事实（fact），人类学者可以基于材料/言说所产生的历史现实/情境（reality/context）（参见王明珂 2016），展开更富有"同情之理解"的阐释。这么说不是为了驳回我所遭遇过的"作者对历史学一无所知"的读者批评，这些批评当然有效，本文要着重表明的是，我本来可以如何收缩问题意识，调整田野工作方式，尤其重要的是选择一种替代性的叙事模式，从而编织出一个差强人意的文本。这个文本的目标本应设定为：让读者乐于在描述性叙事中感受到一个夹缝中的人物（末代土司）的日常生活和重要转折，进而去理解那个地方群体所遭遇的时代环境及重大变迁，从而对民族/族群间的"相处之道"有深切之体认。简言之，作者应该通过准确地把握传主的人物身份特征和时代心态，把生硬无趣的理论说教和政策图解不露痕迹地揉进富有魅力的人物叙事中去，比如像史景迁（Jonathan Spence）在《王氏之死》《中国皇帝》以及《胡若望的困惑之旅》和勒华拉杜里（Emmanuel Le Roy Ladurie）在《蒙塔尤》等著作中所呈现出来的那样。

（三）在虚虚实实的材料中写一个不大不小的人物

在《汉藏之间的康定土司》中我写道：

> 控告甲宜斋的第一类人是从前的属下百姓与头人。
>
> 早在民国元年，躲在关外尚未回到康定为民国出力的甲宜斋，就已经被他的百姓和头人告到了康定府衙门。这年四月份，康定府知府在短短两天内收到了至少18份藏文写成的状纸，来自关外的22个村庄。这22个村庄分布在今天康定、道孚、雅江、丹巴各县，距离康定城路途长短不一，近者两天脚程，远者在一周以上，但却在同一天送达康定府衙门。更为令人诧异的是，18份状纸的诉求甚至书写风格几乎如出一辙，现以其中两份为例：
>
> 炉城康定府大人台前：小的色五绒前土百户及老民等具夷禀事，情因明正弟兄屡次叛乱骚扰，小的百姓等前已禀明在案。前因有人在督办处具控三次，言张保正等屡次

要百姓银钱。不惟张保正杨保正包保正三人不说要钱,就是伊等领发乌拉脚价银两,未曾克扣分厘,查有伊等要钱情事,小的等愿具砍头甘结。前于招待所粉墙私张贴纸,言要银钱,乃系明正同不好之人从中拨弄,使保正背冤,求大人派人到各村调查,恳将诬告之人传案来辕,小的等愿与对质,不然伊等不当保正,恐有支应乌拉无有头绪,就是差徭难得行动。恳大人赏留保正之任,小的等实在沾恩。

中华民国元年4月25日译(标点符号为引者所加)

炉城康定府父母大人台前:小的拉拢马及扎龙村长老民百姓等具夷禀事,情因明正弟兄屡次叛乱骚扰,小的百姓等前已禀明在案。前因有人在督办处具控三次,言张保正等屡次要百姓银钱。不惟张保正杨保正包保正三人不说要钱,就是伊等领发乌拉脚价银两,未曾克扣分厘,查有伊等要钱情事,小的等愿具砍头甘结。前于招待所粉墙私张贴纸,言要银钱,乃系明正同不好之人从中拨弄,使保正背冤,求大人派人到各村调查,恳将诬告之人传案来辕,小的等愿与对质,不然伊等不当保正,恐有支应乌拉无有头绪,就是差徭难得行动。恳大人赏留保正之任,小的等实在沾恩。

中华民国元年4月24日译（标点符号为引者所加）

如此相似的状纸几乎同时送达康定府衙门，我们有理由相信这是崛起的新势力——也就是改土归流之后设立的保正们——假借关外百姓名义玩弄的把戏。状纸中提到的张保正，[①]名为张志荣，改革之前是甲宜斋的得力助手，改土归流的过程中，打箭炉厅的地方官员就曾经以他为内线，获取明正家族的内部信息。作为一名在政治变革中脱颖而出的新领袖，与地方原有领袖之间权威的嬗递与冲突几乎不可避免，康定本地人士称，正是由于张志荣的告发，甲宜斋的弟弟民国元年被征西大将军尹昌衡以叛乱罪名正法。

如果上一个案例只是反映了民国初年新兴势力冒用百姓名义的情景，几年之后，属民已经开始熟练使用法律武器对付原来的庇护人。1916年，康定南门外的寡妇杜韩氏控告甲宜斋盗卖了自己的园地。双方对土地权属的争议之处在于：杜韩氏认为自己的先人从清代起就租佃土司土地，民国反正后，应当转归自己永久管业；而甲宜斋决定将该地收回并转卖给天主教堂。此事虽然以官司开场，最后却以民间自愿调解结束。已经卖给天主堂的继续生效，余

[①] 同时也是康定的锅庄主，其锅庄称为张家锅庄或张保正锅庄。

下的墓地和宅基地则永久赠与杜韩氏一家。有趣的是,在这一起地权争端案件中,金刚寺喇嘛被指参与了甲宜斋的"盗卖"阴谋,而调解人则由康定商人和天主教堂组成。

百姓与旧头人对甲宜斋的讼争,反映了原有庇护关系的崩溃、新权威的崛起和百姓自主意识的觉醒。但在第一个案例中,尽管康定府官员充分肯定了保正们的工作,但实际上仅限于泛泛的言语抚慰而已;在第二个案例中,官府虽然试图协助伸张百姓利益,但却无法理清案件中复杂的历史关系,最后只能从官司中脱身,把它交给了民间调解。[1]

我在这里短短的几段话中,就交代完了两个案例,总数不及千字(未计算直接引用的诉状原文)。通过这一千字,读者得知下台土司因乌拉和土地事宜被属下土百户、村长和百姓控告到康定府,告状的目的是为新上任的三位保正伸张"正义",或为自己主张财产权利,但后来前者不了了之,后者只能通过民间调解了事。但除此之外,读者必定也产生了许多困惑:为何原有的贵族(锅庄主)、头人(土百户)及百姓与自己的王(藏语称为"甲波",也就是土司)之间突然反目成仇?为什么康定府

---

[1] 见郑少雄 2016:226-229。

(原帝国、新民国在边疆地区的权力象征)在诉讼中无所作为？金刚寺和土司是如何相互勾结的？调解关于土司的官司为什么需要商人和教会？这些问题的答案都是未知的。而最重要的是，这两个随机选取的涉及末代土司的案例，一下子就把康区东部所有社会政治力量全部呈现在读者面前，可见土司事实上是理解康区东部社会的总枢纽，牵一发而动全身。

土司如此重要，但是关于末代土司的材料，尽管称不上稀缺，但却处于碎片化状态，绝大部分事件，我们都能获得一鳞半爪的信息，但却无法掌握后续的确切过程和结局。如何找到一条内在的线索，辅之以适当的"人类学的想象力"，将这些材料串联起来，使之成为一个可理解的完整故事，尤其是使得末代土司的人物形象丰满起来，让读者对他产生同情之理解，是我必须解决的问题，而非像我此前在书中处理的那样，仅仅把片段化的材料呈现在读者面前了事。

《中国皇帝：康熙自画像》给了我别样的启发。一方面，揣度传主的心态。史景迁试图探索康熙皇帝的"思想的维度"和"内心世界"，但同样面临着"关于中国皇帝个性特征的资料是很少的"，"以陈词套语表达出来的个人情感，是分散的，并常常是零碎的"的局面，史景迁的解决方法是仔细研究康熙用语的"内在倾向及意蕴追求"，比如第六章"谕"完全就是对康熙本人1717年草就的临终遗诏的翻译，"这份诏书刻画了康熙想要表达的主要内在思想",当然,更重要的是结合作者对其他相关史料和时代背景的完善把握,借此来完成对一个帝王的思想世界的揣度,形成了一本"自我叙述的自传体体裁"的康熙传记(史景迁 2005:5-7,23,28-29)。当然还有如勒华拉杜里为了"了解很久以前旧制度下的农民……继续深入这种调查,寻找关于有血有肉的农民更加详细和具有内省性的资料"(勒华拉杜里 2003:1),这两个例子都是从关于思想的角度来着手的。另一方面,准确把握传主的身份特征。在史景迁笔下康熙的帝王特征得到浓墨重彩的塑造,其中尤其令人印象深刻的是,康熙表示大臣们的仕途都是可进可退,唯有帝王终生操劳,没有退藏之地,"鞠躬尽瘁、死而后已"只能描述帝王而不应该用在臣子身上。上述二者结合起来给我的启发是,一方面,须关注土司的身份特征。虽然明正土司在社会政治地位上不能与康熙皇帝相提并论,但作为边疆"封建"之地上的"甲波"(王),他对属下百姓拥有权力和义务,其不能"退藏"的意涵同样十分明显。最明显的证据就是,尽管土司封号早已被革除,但他一直身陷政治旋涡并最终死于非命的结局完全体现了"鞠躬尽瘁、死而后已"的特征。可以说,唯有土司(而非任何贵族、头人、僧侣、官员、商人、百姓)这个结构性的身份,使之在面临重大历史变革的关头负有极力维持康区社会性状和价值观的义务,这也是末代土司不管是担任土司期间还是下台之后,都自始至终不断揽事乃至生事的原因。另一方面，要始终扣紧末代土司的心态——史景迁所说的"倾向和追求"——来串起土司的一生。简而言之这种心态就是维持"边缘性、中间型、钟摆式"的状态：边缘性就是维持边疆社会的自足特性，康区的事务越复杂越不可捉摸，留给族群精英的自主空间也就越大。中间型指的是让康区社会成为帝国中心与西藏地方之间的过渡、缓冲和关联的空间。钟摆式意指随着外部更大的局势的变化，康区政治也相应地高低起伏、起承转合，从而维持边疆社会的运转。纵观末代土司的所有行动，这一心态支配了他的一生。可以说，只要把握了土司的这一身份特征和心态，大致就能有效理解并串联起关于他的材料，或者说在阐释上不会发生方向性的偏差。基于此，关于土司生命史的叙事就可以进行如下两个方面的增补和调整：

（一）补上原书中重要的时间缺环。受到"硬核"材料的约束，我只集中叙述了末代土司的最后二十年，也即1902年土司登位到1922年土司去世。这样的叙事方式容易让读者觉得一位土司是横空出世、天生成为后来的模样。为什么在民国反正以后，当末代土司身陷地权纠纷时，是教会和商会出面调解的呢？这就涉及康定这个地方作为汉藏茶马互市及边茶贸易中心，以及外国各教会无法进驻西藏，只得退而驻牧康定的独特历史，尤其天主教会到达康定的时期（1865年）和末代土司的出生年

（1868或1869年）几乎同步。尽管康区行政官员和汉族茶商始终怀疑土司家族是关外"夹坝"（抢劫）的主要幕后黑手，但官道和商道之通畅仍然仰赖土司家族提供武装保护和协调乌拉运输，教会在康区的事业如果得不到土司家族的支持（比如设立教会及附属设施所需的大量土地），往往就举步维艰，因此每当土司身陷法律诉讼时，商会、教会不得不出面斡旋，而地方官员往往也不得不睁一只眼闭一只眼。这又涉及末代土司自幼年起和地方官、商会、教会之间的交往模式和细节的梳理。仅举一例，土司家族每年都在康定组织"跑马会"兼"转山会"，既是军事性也是宗教性的，这是展示土司动员武装力量（48个土百户和48家锅庄都要出人出马）、禳灾祈福维持社会丰产（所有教派的寺庙集体念经）、整合整个甲拉"王国"能力的重要场合，地方官员、教会、大商家都应邀观礼，那么，土司从青少年时期起在各种各样的仪式场合中如何被教育、被引导与各种力量进行交往，发生了什么样的常规或例外事件，就应该被书写出来。即使材料可能未必直接显示土司在某些场合出现，或者即使出现了也未必产生我们期待的某些具体后果，但对这些场景的叙事仍能对全书起到阐释性的作用。简言之，应当写出土司的前半生。

（二）以人为中心，关注本地日常生活。这个研究从一开始就是在政治人类学的框架下展开的，毫无疑问我试图思考一种杜赞奇（2004）式的"权力的文化网络"，也即将权力与象征、规范、价值、等级、意识形态等结合起来进行思考，但如今反思发现，事实上我没有摆脱对权力的传统认知，也即无意中依旧将土司视为一个纯粹工具理性的政治人来处理，他的行动，都被处理成是在有意识地乃至处心积虑地争夺川藏大道上的政治和经济控制权，而没有意识到土司的行动可能涉及对权力（权威）的诸多来源的实际认知：声望、亲属、宗教、市场、情感等的综合。这一方面是因为研究者是外来的现代人，带着整体性的外部政治视野，所以将地方族群精英天然地视为试图在本地建立"边缘性、中间型、钟摆式"的政治形态，而这个政治形态，无疑都是在回应大的外部政治。这个面向固然存在，但研究者恰恰忽略了土司所具备的本地色彩。比如民国调查报告和本地大量口传材料常常津津乐道地提及，许多锅庄主人是土司的兄弟尤其是土司家的女儿；还比如，末代土司是个虔诚的藏传佛教徒，当年的报道清楚显示他舍不得丢弃自己身上背着的沉重的佛教圣物（嘎乌、佛像等），导致自己过度肥胖的身躯无法移动，最终溺死在雅拉河里；还比如，土司被关押在牢里以及逃狱过程中，是他的侄儿始终陪伴左右，而这个侄儿其实本应接替自己的父亲担任土司的。这些材料都在暗示，许多事件无疑包含情感、责任、伦理和地方性关系网络的因素或面向，甚至可能是在它们的驱动下发生的，所以在书中我应该唤醒的是一些日常生活场景，如土司家去哪里宴饮度假（康人有许多非社区性的、以朋友或亲属为单位的"耍坝子"活动，今日仍然如此）、狩猎游历、朝佛拜上师等，并且把它们放在本地社会语境中来理解和分析，如此才能真正呈现一个活生生、有血有肉的人物，也才能呈现康区作为"地方"（place）的面向。

关于这两个面向的补足，实际上源自对土司生命史中一个根本性问题的疑惑：名不正言不顺的末代土司如何成为了土司？许多材料共同表明，末代土司与前任土司（他的哥哥）关系并不融洽，但与前任土司的儿子（按照帝国的规定应当继承土司职位）、自己的弟弟（理论上的土司职位竞争者）又情同手足、共赴死难，而且川边官员和土司下属都把末代土司描述为遇事犹疑、胸无成竹的庸人，他的弟弟则是整个家族真正的主心骨。那么末代土司继任土司职位的过程就充满了种种疑问：土司家族为何共同决定由末代土司来继承土司职位，而不是他的侄儿（符合法理型权威性质），或他的弟弟（符合"卡里斯玛"权威的性质）？土司职位在打箭炉的地方视野中究竟是何形象？土司家族如何长时间地欺瞒打箭炉地方官员？由于材料的限制，在民族志中我曾经触及这个问题但无法展开有效的解释，而对这个问题的持续探索，将很有可能帮助我们深入理解前现代康区社会的权力观念、亲属关系、宗教生活，以及社会网络之组织和运行的核心秘密。

（四）小结与讨论

从具体的个案而言，这一系统性的反思让我梳理了第一部民族志写作中的主要长处和不足，并获得了当初不曾具备的部分新思路，无论新的思路是否正确、未来是否能够真正实现。综而言之，一方面《汉藏之间的康定土司》存在问题意识不够清晰有力、田野工作不够扎实接地气、论证逻辑不够完善周整等不足，但另一方面对于理解当代中国民族间关系、形成新颖的民族理论，进而促进铸牢中华民族共同体意识提出了一些独特的理解视角。社会整合源于行之有效的区分，我在本书中所做的是寻找区分之后的灵活关联机制，从而实现社会整合；这些灵活关联机制在具体的人物身上体现得如此清晰，这是我以人生史为切入点的根本原因。但是，我们所能获得的关于边疆社会不大不小的人物的"可靠"信息是碎片化的，很大程度上我们必须借助虚虚实实的民间口传材料来完整其人生、建构其特征、揣度其心态、阐释其结局，《汉藏之间的康定土司》本应勇于探索末代土司生命史的前半部，更多涉及真正具有地方性意义的日常生活世界，如此对土司政治生涯的人类学理解才具备坚实的基础。

从方法论的意义来看，这一反思一定程度上也回应了从格尔茨到《写文化》以来的"民族志作为文本"思潮中的某些问题。史景迁的作品虽然广受赞誉，但也因其文学式的书写，尤其是虚构和想象的特征而受到严肃的批评。在人类学内部，格尔茨同样发现，民族志与其说是因为材料的丰富性、概念的准确性或通过其理论论点的力量而使人信服，毋宁说是因为"作者是谁"，以及其呈现材料的方式，其中包括用文学性的修辞强调"作者式的在那里"（格尔茨 2013：1-34）而使人信服。在对包括列维-斯特劳斯、马林诺夫斯基、埃文思-普里查德、本尼迪克特在内的这些"话语实践的创造者"的经典文本进行详尽分析后，格尔茨指出，民族志文本不仅被看而且被看穿，被视为是为说服而创造的，它们将面临权威性消解的危机。尽管如此，民族志依然是对实际的描述，是表达的生动性（格尔茨 2013：181-207）。格尔茨上述反转又反转的论述使我回想起两个案例：一个是我最近阅读了一篇在我的家乡莆田做研究的人类学者的田野手记，我猜测他的语言能力还不能与莆田人进行较为深入的交流，莆田人的促狭、多疑和对他者的防备也约束了他们的表述，他观察到了众多文化事项但无法展开范畴化的分类，他的手记比游记深入许多可还不足以提出有理论洞察力的问题，但他仍努力从主、客位的视角出发来阐释莆田人的生活世界，与我在康区所从事、所遭遇的毫无二致。另一个是数年前我再次拜访了一位关键报道人，他委婉地表示自己并没有表达过我在民族志中引用过的一些话语表述，希望我在未来修订时能够改正。作为经历过"文革"的老人，他的讲述比较谨慎模糊，而我在和他交流时也没有使用录音设备，但我相信并尊重他现时的感受，并且意识到为了形成自己的阐释体系，我可能不自觉地"曲解"并放大了他的意思。这些事例，结合格尔茨的论述，使我意识到民族志研究和写作，始终摆脱不了关于权力、伦理、真实性、可信性的纠缠和质疑，我们所能追求的，可能大概是对他者境遇的深切理解与同情。

参考文献

Zheng, Shaoxiong. "'Wula' in Sichuan Tibetan Area: A Means of Transport as the Representation of Morality, Aesthetics and Ethnic Identity", in the proceedings of The 3rd Annual Meeting of EAAA: Alternative Modernity: Reflections from East Asia (unpublished).

〔美〕杜赞奇:《文化、权力与国家》，王福明译，江苏人民出版社2004年版。

〔美〕格尔茨:《论著与生活：作为作者的人类学家》，方静文、黄剑波译，中国人民大学出版社2013年版。

〔法〕勒华拉杜里:《蒙塔尤：1294—1324年奥克西坦尼的一个山村》，许明龙、马胜利译，商务印书馆1997年版。

〔美〕史景迁:《胡若望的困惑之旅：18世纪中国天主教徒法国蒙难记》，吕玉新译，上海远东出版社2005年版。

——《王氏之死：大历史背后的小人物命运》，李璧玉译，上海远东出版社2005年版。

——《中国皇帝：康熙自画像》，吴根友译，上海远东出版社2005年版。

梁启超:《中国历史研究法》,汤志钧导读,上海古籍出版社1998年版。
王明珂:《寻羌:羌乡田野杂记》,中华书局2009年版。
——《反思史学与史学反思》,上海人民出版社2016年版。
王铭铭:《无处非中》,山东画报出版社2003年版。
——《中间圈:"藏彝走廊"与人类学的再构思》,社会科学文献出版社2008年版。
郑少雄:《把寺庙搬下山:在直接互动中获得社会空间——对斯科特的一个补足性反思》,《云南社会科学》2019年第3期。
——《康定如何表征汉藏关系:文化认同在城市景观中的实践》,《中央民族大学学报》2017年第6期。
——《清代康定锅庄:一种讨论汉藏关系的历史路径》,《开放时代》2014年第4期。
——《康定土司与"藏彝走廊"》,《读书》2011年第4期。

十一 "无量山河":传说、现实与超越

陈 晋

虽然枝条很多

根却只有一个

穿过我青春的所有说谎的日子

我在阳光下抖落我的枝叶和花朵

现在我可以枯萎而进入真理

——叶芝,《随时间而来的智慧》(王家新编 1996:73)

(一)楔子

位于东经 97°至 103°之间的横断山区有无数高脊和深谷。在中国四川省西部、云南省北部,发源于青藏高原的金沙江、澜沧江和怒江三江自北向南并行奔流,形成独特地貌。无量河

即今四川稻城、木里县境内之水落河，为金沙江支流。清乾隆《卫藏通志》卷三金沙江："入金沙江之水，有无量河……又东南入云南界。"《古今地名大辞典》载："无量河、上源曰札穆楚河，出西康理化县西北。二水合南流受里楚河，又南受玛尔楚河，又南经贡嘎县会多克楚河，称无量河，亦曰五浪河，南流至永宁县北，入金沙江。"（减吏和等编 1931：921）

无量河因何而得名现已不可考（崔蜀远 1989）。对于今天生活在川滇交界处（包括四川省凉山州木里、盐源县，云南省丽江宁蒗县等地）的纳人（摩梭）来说，"shulo"指木里水洛乡，"shulo dZi"指水落河。① 然而，在纳人达巴的开路仪式中，有一个地名反复地出现，即"水洛拉曼筑（shulolamandhu）"。纳人认为，祖先永恒地居住在"司布阿纳瓦（sibuanawa）"，后者位于今四川省甘孜州境内的贡嘎（gongga）雪山。在传统葬礼的结尾，达巴指引死者的灵魂离开所在的支系和村庄，踏上去司布阿纳瓦的路，这一行为称"惹弥（jémi）"，即"开路"。其中"惹"指"道路"，"弥"指"开辟"或"主要"。对于不同的氏族（sizi）和支系（lhe）来说，开路的方式是独一无二的，因为它反映了祖先们的迁移足迹，以及纳人氏族分裂为支系、

---

① 2020 年 6 月，水洛撤乡设镇。参见"四川省人民政府关于同意凉山州调整盐源县等 5 县部分乡镇行政区划的批复（川府民政〔2020〕7 号）（https://mzt.sc.gov.cn/scmzt/gsgg/2020/6/12/536a71020c864a65801869847d7bd33b.shtml），2020 年 12 月 8 日访问。

支系又分裂为更小支系的过程。换言之，仪式中的开路重现了纳人社会随时间推移的人口和领地变化。死者只有通过此种方式回到司布阿纳瓦，才能正式进入其所属支系的谱系（cha），从而获得"永生"。同样地，在达巴的召唤下，祖先也会沿该路回到支系，接受后人的供奉，并最终（还是在达巴的监督下）带上礼物离去。在此意义上，"路"——或者开路的方式——构成了纳人身份的重要标志（陈晋 2016）。

"水洛拉曼筑"的特殊之处在于，它是纳人不同支系开路路线的汇合点：从此处开始到司布阿纳瓦，所有支系的路都合为一支。另外值得注意的是，开路涉及的大部分地名处于今天纳人的认知范围内，但从水洛开始就无法准确定位。达巴对此的解释是：水洛拉曼筑到司布阿纳瓦的道路位于终年积雪的高山中，不同氏族的祖先又居住在贡嘎山的若干山洞里，后人难以达到和认识。这意味着水洛拉曼筑也是纳人先民迁徙路线的分裂点：数百年以前，纳人的祖先正是从此处开始，沿水落河/无量河南行，分散去往各自的居住地。

在我看来，无量河仿佛是纳人所在的山河世界的一个缩影。汉语中的"无量"既有"难以计数""无限"等义，也蕴含着"不可衡量、超越知识"的哲学意味（朱良志 2020）。《庄子外篇·秋水》云：

夫物，量无穷，时无止，分无常，终始无故。是故大知观于远近，故小而不寡，大而不多：知量无穷。证向今故，故遥而不闷，掇而不跂：知时无止。察乎盈虚，故得而不喜，失而不忧：知分之无常也。明乎坦涂，故生而不说，死而不祸：知终始之不可故也。计人之所知，不若其所不知；其生之时，不若未生之时；以其至小，求穷其至大之域，是故迷乱而不能自得也。由此观之，又何以知毫末之足以定至细之倪，又何以知天地之足以穷至大之域！
（孙通海译注 2007：246-247）

如是观之，"惹弥"既是达巴利用专门知识、逐步建立纳人在世界中的时空坐标的过程，同时也是无法彻底完成的过程，因为相对于无穷尽的宇宙，人的知识、技艺和能力始终是有限的，而开路行动本身蕴含着深刻的超越性（transcendence）。水洛拉曼筑恰巧处于两种"无限性"（infinity）的交界处：在神话中，纳人由此走向广袤而陌生的生活世界，并逐渐散布于川滇边境的无数村庄；在现实生活中，灵魂经此离开其熟悉的生前所在地，走向神秘的、不再为今人所知的司布阿纳瓦。如果说前者的无限来自于空间维度，后者则来自于时间维度——"无量河"名副其实。

横断山脉的崇山峻岭中长期生活着汉、藏、彝、纳西、普

十一 "无量山河"：传说、现实与超越

米、独龙等众多族群，借用 Pina-Cabral 的话来说，他们开拓、征服并居住于这一世界（worlding），同时也为该世界所形塑（worlded）（J. de Pina-Cabral 2017）。更重要的是，山河不仅仅构成人们思考和行动的对象，还是其难以割舍的伙伴和对手（E. Kohn 2013），为其提供无与伦比的实践动力。正如纳人神话所显示的那样，高山、深谷、茂林与湍流从未构成人们彼此沟通的实质性障碍，反而是通往、联结甚至超越不同世界的道路。无量山河持续激发着来自旅行者、探险家、传教士、研究者等各种真实与虚构混杂的想象。出于各种理由，这些想象的动因、过程和机制常常被排除出人类学的认识论（epistemology）研究范畴（P. Déléage 2020）。该种现象引人深思。

从古至今，纳人的社会和文化被不断调查、研究和书写（以及自我书写）。借助无量河传说所带来的启示，我将回顾自身对纳人达巴的调查研究过程。经由某种"参与式客观化"（participant objectivation）的努力，[1] 我试图跳出学科传统的认知路径，省思人类学田野工作、学术实践与知识生产/再生产之间的关系。我希望表明，研究者与研究对象的相互遭遇、误读与身份杂糅，以及双方对于现有认知局限的不断超越和突破，

---

[1] 布尔迪厄提出，不同于后现代人类学沉溺于刻画研究者和研究过程本身，"参与式客观化"更注重反思研究者所处的学术环境及其相应的学科传统（P. Bourdieu 2003: 281-294）。

构成了这一历程的主调。

（二）"陈真与成吉思汗"

21世纪的民族志者是什么样子？一个可能的回答是："陈真与成吉思汗。"这对看似荒诞的身份来自我最初田野工作时的真实遭遇。人类学家不可避免地为自己在当地的角色定位感到苦恼，而我的难题首先反映在称呼上。对于许多纳人来说，我的汉语姓名难以发音，他们有时叫我"汉族小伙子"（hanzo），更多的时候缄口不谈，仿佛面前这个外来者并不存在（C. Geertz 1972：1-37）。但这并不妨碍年轻人和儿童对我的好奇，前者给我取的外号之一是"陈真"，因为他们当时热衷于在当地的录像厅看《霍元甲》等经典香港电视剧；后者的灵感则来自于家家悬挂的成吉思汗画像。对于他们来说，这些古怪的名字听上去足够新鲜，同时也构成戏谑的效果。

我经过相当长一段时间才意识到，这一个体经验固然反映了特定的社会历史背景——纳人地区从20世纪末开始经历剧烈的现代化过程，其族群身份的认定也几经波折（在云南被归入纳西族，在四川被归入蒙古族，见杨福泉2013），但是在另一层面，它也体现了当地人对某种"非常规现象"的超越性思考和行动。陈真和成吉思汗显然不是纳人，其符号却以各种方式渗入了当地生活；作为异类的民族志者有着类似的遭遇，除了一点：我以"具身化"（embodied）的方式实际参与到了纳人的世界中。因此，特定群体（积极迈向外界的年轻人和未经社会化的儿童）对我冠之以上述称号，既是对现有信息的积极整合，又是突破原有认知、指向某种"现实之反面"（the Improbable）的绝妙讽刺。

通过以上分析我想表明，人类学家必须直面并且认真考虑他或她的调查工作所引起的各种曲解、误读和反讽，而不是一笑置之，或者以讲述奇闻轶事的方式来博取读者的注意和同情。众所周知，田野调查本身充斥着复杂性、自相矛盾和重重困难，这些构成民族志研究的重要组成部分，甚至在正式开展调查之前就存在。

2003年7月11日，永宁大雨。刚刚于前一天抵达永宁镇的我，想尽各种办法，终于找到了一辆愿意送我去邻近的W村的北京牌吉普车。代价是高得离谱的租车费。然而，刚坐上车，我就发现这笔钱花得其实一点不冤：永宁到前所的路况极差，再加上下大雨，原本就坑洼不平的小道变成了车辆颠簸和滑行的溜冰场。我在车厢后座体验着各种惊险场面，很快就放弃了在车子快速摇晃中控制自己身体的想法，转而在初入田野的兴奋和前途未卜的紧张这两种情绪的切换中惴惴不安。

在摇晃了两个半小时、下来推了两次车,以及车熄火了无数次之后,正当我快要以为自己永远也到不了终点时,司机友好地通知我:W 村到了。到了?我飞速地跳下车,第一次踩在了前所地区的土地上。雨中的 W 村雾蒙蒙的,见不到几个人,只有几个纳人儿童在好奇地打量我。他们的衣服很脏,脸蛋红扑扑的。这里就是'我的村庄'吗?这就将是我工作和生活六个月以上的地方吗?我无暇细想,转身从车上取下行李,跟着司机和向导走进村庄深处。那里是当地著名的老达巴——L——的家。(陈晋 2005:9)

以上是我第一次进入纳人地区的情景。作为踩点,我当时在 W 村只呆了短短几天。但是在接下来的时间里,我和前所地区的纳人有了越来越多的联系。2004 年 1—7 月,我在 W 村做了为期半年的田野调查,期间就住在达巴 L 的家中。这次调查的主题是纳人传统的宗教生活,核心人物就是达巴。在此之前,我已经接受了一段时间的纳语培训,并阅读了一些有关纳人及其达巴的文献资料。2003 年 7 月,我结识了一位生活在四川省盐源县前所地区的老达巴(即 L)。在参加了一次由他主持的纳人葬礼后,我与之约定了未来的田野工作计划:我将跟随他学习有关达巴的知识。2003 年 9 月,我回到北京继续阅读相关文献，开始为第二次田野工作做准备。2004年1月，我进入前所地区，住进了达巴L的家里。我和L常常一起吃饭、一起劳动、一起度过闲暇的时光。当他受邀去主持仪式时，我竭尽所能地劝说他带我一起去；更多的时候，当他没有受到邀请时，我们就相对坐在他那间小小的昏暗卧室里，谈论着各式各样奇怪的问题：达巴、仪式、神话、历史、家谱、走访、婚姻、变化，等等。除了跟L，我也常常和其他的纳人进行访谈，访谈对象通常是较为了解本民族习俗的男性或女性长者。有时我也观察由当地喇嘛主持的藏传佛教仪式，其目的是和我所看过的达巴仪式做比较。这一次的田野调查一直持续到2004年7月。之后，我回到北京，开始着手整理材料和写作论文。

2013年7月，我第三次回到田野，距离我上一次来已经隔了六年。如同之前的每一次，我选择独自前行。从北京或上海出发，我通常坐飞机到达昆明或者成都，继而转乘省内航线到丽江或西昌，接下来就是大巴。六年前，到泸沽湖地区的高速路还没修好，几乎要花一整天时间才能抵达纳人地区，后来只需两个多小时。在大巴上，我与自由行的游客、打工返乡的年轻人同行：他们心情愉悦、交谈甚欢，举手投足间透露着抑制不住的兴奋；与之相比，我沉默寡言，仿佛是个老人。到了落水、左所，我们便分道扬镳，因为距离泸沽湖二十公里的永宁镇才是我的主要目的地。过了开基河，看到横穿小镇的公路，就仿佛回到了家（或更准确地说，家门口）。我通常会歇口气、洗个澡，去市场买点补给用品，然后找一辆正在镇上转悠拉活的三轮车，带我到永宁西北部的山脚下——至此，进村的行程才刚刚开始。

翻山通常是令人愉快的。夏季高原的气温不算太高，阳光透过浓密的树叶打下来，变得不那么热辣。山道虽然曲折蜿蜒，但也算不得崎岖。纳人把这段山道称为"tsénibo"，字面意思是"十二个坡"；达巴在唱诵时，还要加上一个文绉绉的定语"dhuakrO"，指"兽吻"。然而，经年累月的行走已使得狭窄的道路变得平坦，我也丝毫未觉得危险和困难。经过位于两村交界处的树林时，我按照纳人的规矩，将一件随身的旧衣服绑在树上。——这意味着把污秽留在此处，我可以继续轻松前行了。

三个小时以后，视野终于陡然开阔起来。远处的雪山看得愈发清楚。尽管风吹得很大，但山上仍然一片寂静，只有偶然的鸟鸣与远远传来的牛叫声告诉我：到了！我望向山脚下熟悉的村庄和村边蔓延的田地，显然，又有几家盖了新房。[1]

---

[1] 摘自本人田野笔记，2013 年 7 月。

十一 "无量山河"：传说、现实与超越

人类学家进入田野的过程在民族志作品中常常被作者省略或一笔带过。法国结构主义大师列维-斯特劳斯在其著名的《忧郁的热带》开头，曾经直言不讳地表达自己对于旅行的厌恶："我讨厌旅行，我恨探险家。"（列维-斯特劳斯 2000：3）然而在实际调查工作中，这一举动的意义举足轻重。"抵达"对于人类学家而言，有着深远的内涵，正如"离开"对于其工作的意义一样。其代价往往是漫长的旅途、疲惫不堪的身体和大量耗费的精力。在2013年回到田野的当天晚上，我只睡了四个小时，因为第二天一早村子里将举行葬礼，作为调查者，我不得不在天亮前就到仪式现场观察。与此同时，我丧失了一部分的语言能力。这不仅仅涉及和人们日常沟通和交流的技巧，更深入地指向个体思考和行动的方式，包括：如何在全新的语境下学习、交流？如何在熟悉的书写和学术规范之外，与当地人进行日常互动？等等。这些看似细枝末节的问题，终将以各种微妙的方式影响未来的学术研究成果。

人类学家的旅途不单意味着时空变换，而且指向某种批判或自我批判式的社会运动。自20世纪80年代以来，已有大量学者批评所谓"民族志现在时"（ethnographic present）式的书写方式（J. Clifford and G. Marcus eds. 1986）：在许多人类学家的笔下，所谓的"原始"或"传统"社会如同一座永恒漂浮的孤岛，研究者则化身为"亚瑟王"：一个勇敢的年轻人，佩戴着学术的护身符，抛弃他的世界，一头扎进先民的社会，努力带回他们的教导，传授给本国人民（J. Favret-Saada 2009：17）。我想进一步指出的是，这种书写方式与其说是"民族志现在时"，倒不如说是某种特定的"科学现在时"（scientific present）甚至"本体论现在时"（ontological present）：研究者在真理女神的召唤下，或采取普罗米修斯式的盗火精神，或采取俄耳普斯式的沉思态度，孜孜不倦地除下"自然的面纱"，好追寻存在于特定时空框架之外的定理或普遍规律（阿多2015）。

然而，一旦实际发生的调查过程被掩饰，研究者本人可能面临重大的认知障碍，或给读者造成错误的印象，因为田野经验的概念化并非基于书本和已有文献的思辨（speculation），而是与调查的细节息息相关。正如德斯科拉所指出的，诸如演绎、归纳等思考模式，首先针对的是调查者与被调查者之间如何建立关系（包括相互认识、理解和互动），其指向完全是实用性（practical）的（P. Descola 2017：27-39）。不唯如此，人类学家进入田野时，首先面临的是陌生的生态环境与景观：和传说中的纳人一样，他或她需要在字面意义上跨越重重山河屏障，才能抵达未知的调查地点。这一思考和行动过程绝不是如"伞投"（parachute）般瞬间发生。与之相比，面向学术界或公众的写作和发表处于另一维度，其过程充满了说服、妥协、修辞和雄辩术。在此意义上，人类学学科知识的生产与再生产，实际上标志着研究者与当地人的关系从一种"不对称"（asymmetry）（人类学家求教于当地知识权威）走向另一种不对称（人类学家自己成为知识权威）。这一吊诡现状自有其深邃的意识形态根源，在此不再赘述（陈晋 2018）。

（三）达巴之死

对大众而言，狮子山和泸沽湖是纳人居住地的显著标志。正如人类学家在世界各地所见证的那样，所谓的"传统"正在现代化浪潮中飞速地消逝，或是以各种方式"复兴"。在今天的纳人地区，围绕着美丽的高原湖泊，一座座村庄变成旅游中心，"民俗"已成为消费品。外界对所谓"女儿国"的憧憬与想象，既是猎奇，也是现代社会家庭、婚姻与性别等一系列问题的倒影。和许多地方一样，纳人的山河世界正在逐步转变为某种自然或文化遗产。许多研究已经表明，类似过程充满了悖论与重重博弈（樱井龙彦 2010；M. Herzfeld 2017：291-307；S. Zukin 1987：129-147）。

达巴是纳人的仪式与占卜专家，也是当地文化的重要符号。2003—2017 年期间，我多次前往四川和云南交界的偏远山区，调查研究达巴的仪式知识和实践，累计田野工作二十个月。我的学习方式十分直接：跟其他学徒一样，我跟随某位德高望重的达巴师父，每天向他请教仪式中唱诵的内容；一有机会，我就陪着师父前往仪式举行的地点，在一旁观察并协助他完成仪式。不同的是，我通常用纸、笔和相机等设备帮助自己记忆和回顾所学的内容，也不厌其烦地在每次仪式过后，一遍遍地打听有关的细节。

我有许多师兄弟。其中最小的只有五岁，是我当时借住的纳人家中最小的男孩，聪明伶俐，但极其好动。老达巴每天早晚两次把他叫到跟前，一字一句地教其唱诵。这显然并非易事：男孩经常一边漫不经心地模仿着唱诵的发音，一边细心观察我的一举一动，或者把注意力放在为其准备食物的妈妈身上。与之相比，已经"毕业"的达巴往往举止稳重，但共同特点之一是酒量惊人，据说这可以帮助其在仪式中出色发挥，负面作用则是长期酗酒所造成的健康问题。

"阿姆"（amu，大哥）是我对其中一位达巴的称呼。他年长我十岁，性格有些内向，早早就学完了基础的达巴知识，能够独立主持一些大型仪式。印象中的他善良敦厚，又有些拘谨，我曾就仪式中的一些问题向其请教，他总是耐心回答，但更多地是建议我去询问师父。据村里人说，因为和家人的关系处得不好，阿姆长期情绪低落；几年前，他又不幸遭遇车祸，在病床上躺了一段时间。某天晚上，阿姆与家人发生了激烈的争吵，继而出门。第二天早晨，上山砍柴的人发现了悬挂在树上的尸体——他竟然在夜里偷偷上吊自尽了！目击者自然吓得不轻。家人旋即陷入巨大的悲痛。在全村人看来，这人肯定是疯了。

阿姆的英年早逝带给我巨大的震撼。这不仅是我在田野调查过程中第一次遇到自杀的案例，更未曾料到是熟悉的师兄。我至今难以想象，他生命中的最后时光是如何度过的。尤其令人难过的是，根据纳人的习俗，阿姆死后无法举行正常的葬礼，更不能为其举行达巴专属的送魂仪式，这意味着他的灵魂无法回到传说中祖先所在的"司布阿纳瓦"，而不得不游荡在群山峻岭之间，成为令人恐惧的"恶灵"（纳语称"tsi"）（J. Chen 2012：142-155）。他生前所用的法器、服饰等也只能一并丢弃。

达巴被公认为智者，因为他们掌握着普通人难以触及的专门知识和技术，熟悉传统文化的方方面面。在现实生活中，达巴通过主持仪式沟通神、祖先和各种精灵，努力与之维持良好的互动关系，其工作被认为是"做好事"（kruaZihliZi），有利于积累自身的福报。达巴之死或许是场意外，却揭示了一个残酷的事实：在现实生活中，人类的知识未必总能带来幸福。根据纳人的神话传说，达巴凭借着自身非凡的能力和技术，曾经在历史上扮演过重要的角色，帮助族人解决了疾病、干旱等重要的生存问题，甚至一度建立了专门的教学机构。然而，阿姆达巴的性格特点、家庭关系和酗酒习惯，逐渐使其不堪重负；他曾经无数次在仪式中向祖先和神灵祈求过的美好生活，最终没有降临在自己身上。

达巴的个人悲剧也是时代的缩影。改革开放后，我国宗教政策慢慢放开。在新的环境下，达巴活动不再遭受外界的干涉和指责，中断几十年的传统宗教生活渐渐重新焕发出活力。在前所、永宁等纳人地区，人们又开始邀请达巴举行仪式。年近古稀的达巴L繁忙不已，几乎每个月都受邀去主持仪式；邀请他人不仅来自前所，亦来自附近的永宁、左所等地。不过，即便是达巴L自己也感受得到，在传统活动貌似重新走向繁荣的表象背后，一些变化正在悄然进行。（"一样是'做迷信'，现在的人想的是不一样啰。"说这话时，他一边用手指着脑袋，一边做出一副夸张的表情。）（陈晋 2005：67）

达巴的感慨并非无由。他所指的"不一样"来自于近年来纳人生活方式上的改变。这些改变发生得如此之快，几乎令人无暇细想。

首先，随着外界宣传增多，以泸沽湖为中心的旅游业迅速发展。游客们不仅带来了可观的经济效益，也给当地带来了新的生活模式。在赚取利益的思维引导下，达巴文化成为商品：仪式活动变成表演，法器和仪式道具可卖给游客。更有一些年轻纳人冒充达巴身份以获取收益。这些做法导致人们——也包括纳人自己——对达巴的理解表面化：复杂的仪式往往被简单的、更具表演色彩的仪式片断所代替，漫长的学习过程也被省略，以致很多所谓的"达巴"根本不理解唱诵内容的意义。

从 90 年代开始，外出务工的浪潮逐渐席卷纳人地区。年轻人外出打工的比例极高，留守在家务农者常遭到嘲笑，被认为没出息、胆小。男性通常从事建筑、伐木等重体力劳动，女性多从事服务业。纳人打工的足迹遍布全国各地，近至盐源、丽江、中甸、西昌，远至成都、西藏、昆明、广东，甚至走出国门，远赴缅甸、印度和中东地区。这些外出务工者长期背井离乡、接触都市生活，很少回到家中，给达巴的传承带来不小的冲击。年轻人普遍认为学习达巴太辛苦、太浪费时间，且要一直待在村内，不如出去打工，既能挣钱又能看到外面的世界。达巴很难再像从前那样从小开始培养学生，学徒学到一半就去打工的情况比比皆是，达巴不得不重新再找一个徒弟从头教起。

现代教育的普及也给达巴的传承提出实质性问题。前所乡自 1996 年开展"普及六年义务教育"活动，至 2004 年已建立起四所学校：位于 W 村的前所乡完全小学共有学生约四百人、教师二十人；位于其他村的不完全小学也各有近百名学生和数名教师。当地学校教授的课程通常包括语文、数学、音乐、体育、美术等，使用普通话授课。因为适龄儿童入学是强制性规定，达巴难以再找到年龄小的学徒，即便有的孩子在上学之余学习达巴，效果也大打折扣。

随着现代化的推进，纳人的社会结构和文化习俗均迅速发生变化。其中最为显著的就是达巴数量的锐减。许多纳人村庄已经找不出一位达巴，村民们不得不前往邻近地区，邀请带有陌生口音的达巴主持仪式。更多人放弃了原有的习惯，仅仅在过年、成年礼等重要场合请所谓"半达巴"（纳语称"daba kédha"，即学过一部分仪式知识但尚未出师的人）来主持。因为年轻人倾向于外出打工，儿童需要接受学校教育，导致出现无人愿学达巴、达巴也无人可教的尴尬局面。年轻一代的纳人对传统习俗感到陌生，许多年轻的访谈对象表示，他们从未听说过达巴知识中的某些专有名词。

人类学家几乎无一例外地为研究对象的逝去感到惋惜和悲痛。这种深刻的"同情"（empathy）常常化为紧迫感和研究动力，突出表现为19世纪末至20世纪初针对北美印第安人语言文化的一系列"抢救"（salvage）式调查研究（G. Calhoun 2002：424）。这场由博厄斯所发起的知识运动无疑影响了若干代学人，以致时至今日，研究者依然为现代化与全球化所席卷的地方社会倍感焦虑，试图捕捉、记录（文明或野蛮的）"最后的曙光"。格鲁伯（Gruber）曾经正确地指出，这一现象与人类学学者的崇高使命感有关，因为脱胎于启蒙语境的该学科始终关注人的状况（human condition），致力于捍卫文化多样性、重视弱势群体、抵抗资本和权力等，而民族志的实践为其提供了难得的机会，促使"野蛮遭遇文明、假定的过去遭遇现在、稳定遭遇变化"（J. Gruber 1970：1289-1299）。我想就此补充的是，除了充分认识人类学研究的预设道德立场外，也许更应注意其可能隐含的"人道主义"（humanitarianism）意识形态，并且对之保持警惕。正如法桑（Fassin）所敏锐观察到的，集体逆境下的利他主义倾向植根于西方的现代性之中，其源头可以追溯到1755年的里斯本大地震（D. Fassin 2013：33-48）。就学科发展而言，类似的观念深刻影响了人类学知识生产方式与传播过程，包括特定的读者群体、写作文风和阅读习惯等。

民族志工作面临的惯常批评之一是缺乏"历史纵深感"。但是问题在于，任何研究方法均有其局限。研究者通过长时段的田野调查，来呈现人们在特定时空背景下形成的观念、行为、制度，这种做法在我看来不仅无可厚非，更是独一无二的。实际上，看似方法论层面的批评指向的是西方认识论的经典难题，即如何以渐变、连续、等级等方式，将万物——包括人类学意义上的"他者"——安置于亘古不变的"存在巨链"（the Great Chain of Being）之中（诺夫乔伊2015）。时间经验的历史化以及与之相应的各种"历史性的体制"（régimes d'historicité）（阿赫托戈2020），构成其中一个关键的维度。[1]

因此，与其求全责备，倒不如追问：民族志写作究竟

---

[1] 例如，在人类学学科的发展过程中，进化论与传播论曾经盛极一时，反映出相应的历史性体制如何借助知识生产和流动而逐渐固化。

能否体现社会、文化与个体的"复合时间性"(multiple temporalities)(M. Lallement 2017)？通过"达巴之死"，我想说明：面对衰败、困苦和死亡，人类不仅抱有悲天悯人的激情（pathos），或者油然而生的道德感（ethos），更有机会突破和超越已有知识和经验的局限（logos）。当自杀成为刻意或唯一的选择，达巴也主动放弃了之前所学所想所做的一切以及纳人的伦理道德，甚至包括不再魂归故里以享受后代的永恒供奉。这是令人动容、引人深思的"超级时刻"（kairos），体现着研究者和当地人共通的独特生命体验与行动策略，而非简单的"纪事片段"（chronos）（彼得斯 2021：181-283），更不是诉诸个人传记或口述史等手段而重建的记忆。在我从事纳人调查研究的十几年间，许多熟悉的老人因为各种原因离世，年轻人和儿童逐渐长大成人，也有更多的新生命诞生。我自己的生活历程在某种程度上和他们是一致的。生与死的交替、对不可抗拒因素的无力与挣扎、在信仰与质疑之间摇摆不定，正是这些类似的经历构成了伯格森笔下的"绵延"（durée）（柏格森 2015）。在此意义上，田野工作的书写不以面向公众或学界的发表为唯一和终极目的，其过程是不断延续和迭代的——民族志自有其"来世"（afterlife）（D. Fassin 2015）。

（四）结语：哑巴的诅咒

任何有过民族志研究经验的人恐怕都会同意，所谓"训练有素的人类学家"常常是一厢情愿的幻想。事实上，大量田野工作者的举止类似孩童：他们行事相当鲁莽，对受访者提出各种稀奇古怪、令人直冒冷汗的问题；他们对当地复杂的社会规则一无所知，甚至缺乏基本的常识和礼貌；最重要的是，他们说话幼稚，只能蹦出简单的词汇，只要遇到稍复杂的表达方式就会卡壳。

不过，变成"哑巴"似乎是人类学家的宿命。为了深入了解当地的社会文化，研究者只能放弃他熟悉的语言，学习另外的表达方式，努力贴近他或她所调查对象。这一过程通常漫长而痛苦。我至今记得一位纳人对我的评价。当时我正在兴致勃勃地观察一场达巴主持的仪式。得益于之前的调查经验，我的穿着打扮和当地青年并无二致，在行为方式上也努力模仿他们；我和主持仪式的达巴相当熟悉，甚至可以在某些仪式环节提供协助。只是我的纳语尚不流利，不能很好地跟人交流，只能保持沉默，专心记录，准备等一切完毕再请教细节。在休息间隙，我和人攀谈起来，没聊上几句，一个小伙子就瞪大眼睛看着我，似乎难以置信："你究竟是不是纳人？我看你样子、做事明明跟我们一样，怎么说起话来，像昨天刚出生的娃娃？"

有趣的是，纳人惯用的一句骂人话就是"哑巴"（纳语称"zobai"）。这通常带有戏谑的意味，如母亲无奈咒骂淘气捣乱的孩子，或朋友、亲戚之间相互开玩笑。在这里，"哑巴"形容人不善言辞、说话吞吞吐吐的样子，以及暗示某种智力上的缺陷。尽管我从未被纳人这样骂过（至少当面没有），但一直暗自觉得用在自己身上相当贴切。在田野调查过程中，为避免胡说八道，我常常沉默寡言；面对访谈对象时，我嗫嗫嚅嚅，一次次重复无聊的问题；有时，我连如何回答最简单的问题都要想上半天。因此，"哑巴"成了我常用的自嘲方式，往往能起到迅速活跃气氛的效果。

纳人没有自己的文字，这意味着知识技能的传承主要依赖口头方式。达巴在学习和主持仪式的过程中都一再强调"唱诵"（纳语称"cho"）的重要性。（举例来说，在仪式结束时，达巴会在咽喉部涂抹酥油，祈求神灵保佑自己的唱诵能力。）于是，唱诵自然而然地成了我研究的重点。只是这样一来，我又成了"哑巴"：达巴唱诵时使用的词汇和句法与日常纳语大不相同，一般人很难理解；作为学徒，我日夜追随师父，一字一句地学习唱诵。因为在法国撰写博士论文，我在访谈中交替使用纳语、当地汉语方言，用国际音标和中文记录，随后翻译成法语，其复杂程度可想而知。面对我这种奇异、笨拙的学习方式和执着的态度，达巴们普遍觉得不可理喻，但也渐渐习惯。

经年累月的调查让我在村子里有了一定的名气。村民们背地里称我为"小达巴"（纳语称"dabazo"）、"汉族达巴"（handaba），而我一开始浑然不觉。直到我在某些仪式场合陪达巴出现时，意外地收到谢礼：一小块肉、一段麻布和一些炒熟的粮食。有一次我甚至收到了钱：那是在邻近的汉族村庄，一位年迈的母亲请我当时的达巴师父为她儿子治病；因为不了解纳人习俗，她惴惴不安地向我私下请教报酬问题。当我告诉她达巴不图物质回报，特别是金钱时，她表现得有些犹豫。第二天返程时，我发现谢礼中夹了一张五元的钞票。

不论我如何解释，当地人都难以理解为何我明明在学习达巴，却不能像其他学徒一样为他们举行仪式。有时，他们会起哄要求我唱诵相关的内容。而我最终选择像哑巴一样，沉默地在仪式中充当达巴的助手：点燃香料、准备和传递仪式道具、帮忙完成手势动作，等等。

在纳人的某些神话传说中，哑巴成了走运的代名词。达巴在仪式中讲述的部分故事就是以哑巴为主角，后者往往有令人意想不到的运气，例如见证精灵或神的奇迹，并因此获益。在这里，语言能力的丧失意外地变转化为某种神秘的祝福，径直通往真理和幸福。这不得不令人感慨人类命运的复杂与多变。

讽刺的是，"哑巴的诅咒"实际上构成了我后续研究的最大阻碍：如果调查过程中的话语实践被反复剥离、否定和高度混杂，研究者该如何选择和运用另一套看似"客观"和"科学"的语言体系，来呈现对这一过程的理解？在更普遍的意义上，人类学家的民族志写作，以及学术共同体内部共享的复杂概念和理论，如何才能在鲜活的事实基础上建立起来？在《浮士德》中，歌德借魔鬼之口说出："所有理论都是灰色的，生活的金树常青。"（歌德1999：57）我面对的或许是困扰过许多前辈学人的问题，即人类学家如何"失语"（以及重新找回语言）。纳人的"哑巴学"只是其中一个具体的例证。

英国著名诗人叶芝曾经咏叹"随时间而来的智慧"，感慨语言的"枝叶和花朵"所带来的迷惑性。在人类学的民族志研究过程中，调查者只有暂时悬置和跨越原有的知识体系，才能意识到自身的局限以及进入更加广阔无垠的天地。这或许体现了"经由枯萎而进入真理"的本意。让我们谨记阿多诺的教诲：

> 如果本雅明说，历史迄今为止都是站在胜利者的立场上书写的，更需要站在被征服者的立场上书写，我们可以补充说，知识确实必须呈现出关键性的胜利与失败之间的连续性，同时也应该处理那些没有被这一动态所包含的东西，这些东西被搁置一边，我们可以称之为辩证法以外的废料和盲点。（阿多诺2020：180）

参考文献

Bourdieu, P. "Participant objectivation." *Journal of Royal Anthropological Institute* 2003 (9): 281-94.

Calhoun, C. J. "Salvage ethnography", *Dictionary of the Social Sciences*. New York: Oxford University Press, 2002.

Chen, Jin. *Le Dualisme na. Étude des chants et rituels des Daba (Sichuan et Yunnan, Chine)*. Thèse de doctorat, Paris: l'École des hautes études en sciences sociales.

Clifford, J. and Marcus G. E. eds. *Writing Culture: The Poetics and Politics of Ethnography*. Berkeley: University of California Press, 1986.

Déléage, P. *L'autre-mental. Figures de l'anthropologue en écrivain de science-fiction*. Paris: La Découverte, 2020.

Descola, P. "Varieties of Ontological Pluralism", in P. Charbonnier, G. Salmon, and P. Skafish eds. *Comparative Metaphysics: Ontology after Anthropology*. London and New York: Rowman & Littlefield International, 2017.

Fassin, D. "The Predicament of Humanitarianism." *Qui Parle* 2013 (22): 33-48.

—— "The Public Afterlife of Ethnography." *American Ethnologist* 2015 (42): 592-609.

Favret-Saada, J. *Désorceler*. Paris: Éditions de l'Olivier, 2009.

Geertz, C. "Deep Play: Notes on the Balinese Cockfight." *Daedalus* 1972(10): 1-37.

Gruber, J. W. "Ethnographic Salvage and the Shaping of Anthropology." *American Anthropologist* 1970 (72): 1289-99.

Herzfeld, M. "The blight of beautification: Bangkok and the pursuit of class-based urban purity." *Journal of Urban Design* 2017 (22): 291-307.

Kohn, E. *How Forests Think: Toward an Anthropology Beyond the Human*. Berkeley: University of California Press, 2013.

Lallement, M. "Du temps aux régimes de temporalités sociales." *Temporalités* 2017(25): 175-83.

Pina-Cabral, J. *World: An Anthropological Examination*. Chicago: HAU Books, 2017.

Zukin, S. "Gentrification: Culture and Capital in the Urban Core." *Annual Review of Sociology* 1987 (13):129-47.

〔法〕阿多:《伊西斯的面纱:自然的观念史随笔》,张卜天译,华东师范大学出版社2015年版。

〔德〕阿多诺:《最低限度的道德:对受损生活的反思》,丛子钰译,上海人民出版社2020年版。

〔法〕阿赫托戈:《历史性的体制:当下主义与时间经验》,黄艳红译,中信出版社2020年版。

〔美〕彼得斯,J. D.:《奇云:媒介即存有》,邓建国译,复旦大学出版社2021年版。

〔法〕柏格森:《思想与运动》,邓刚、李成季译,上海人民出版社2015年版。

〔德〕歌德:《歌德文集第1卷:浮士德》,绿原译,人民文学出版社1999年版。

〔法〕列维-斯特劳斯:《忧郁的热带》,王志明译,北京:生活·读书·新知三联书店2000年版。

〔美〕洛夫乔伊:《存在巨链:对一个观念的历史的研究》,张传有、高秉江译,商务印书馆2015年版。

〔日〕樱井龙彦、陈爱国:《应如何思考民间信仰与文化遗产的关系》,《文化遗产》2010年第2期。

陈晋:《达巴和他的世界——中国纳人的萨满教》,北京大学硕士学位论文,2005年。

陈晋:《"惹弥"与"惹撒":纳人达巴仪式中的时空认知逻辑》,《民族研究》2016年第4期。

十一 "无量山河":传说、现实与超越

陈晋:《走出人类学的自恋》,《读书》2018年第7期。
崔蜀远:《无量河考》,《地理研究》1989年第1期。
减吏和等编:《古今地名大辞典》,商务印书馆1931年版。
孙通海译注:《庄子》,中华书局2007年版。
王家新编选:《叶芝文集卷一:朝圣者的灵魂》,东方出版社1996年版。
杨福泉:《多元因素影响下的纳族群称谓与认同》,《民族研究》2013年第5期。
朱良志:《论中国传统艺术中的"无量"观念》,《北京大学学报》(哲学社会科学版)2020年第5期。

理论与实际

十二　从耆老转向茶农：
穿行在国家和地方之间

舒　萍

（一）从宗族到经济：关注研究对象之所关注

　　我的博士论文 *Making Taste: Tea Plantation and Manufacture in Tiancun, Southern Fujian, China* 是基于在福建南部种茶村落的田野调查撰写而成的一本民族志，主要探讨村民如何在生产、销售和消费的不同环节应对以"口味层级体系"为特征的外部市场。按照人类学学术惯例，我为这个种茶村落取了一个学术假名——田村。我从 2002 年已开始对当地进行调查。当时我在厦门大学人类学研究所师从邓晓华老师，邓老师的主要研究领域是语言人类学，所以我最初打算做闽客双语村落的研究，在同宿舍好友的引荐下，我们找到漳州当地的文化名人林嘉书先生，由林先生带着我去了田村，结识了当地大族——肖氏的耆老肖仰书，肖老先生后来成为我的房东。田村并不是一个双语村落，而是有着浓厚的宗族文化的杂姓村。村中多座香火延绵的祠堂、编制精良的族谱、春节期间的大型祭祖活动和族中长老们的例行会议等充满了我的田野生活。此外，田村三个宗族都与台湾有着密切的联系。早在清代，他们的祖先中就陆续有人移居台湾。20世纪80年代末以来，这些移民后代纷纷回田村寻根谒祖，地方政府对此给予了高度重视。相关部门为他们举办了盛大的欢迎晚会，田村村民们也对这些活动抱以极大的热情，台湾宗亲回乡寻根祭祖一度成为当地最具影响力的事件。出于资料搜集的便利，我最后围绕着宗族变迁完成了硕士论文，这也成为我后来撰写香港科技大学博士研究计划的主要素材。

厦大毕业后，2003年我去了香港科技大学人文学部攻读博士学位。我的研究这时还是围绕着宗族展开，比如2004年暑假申请到学部的资助去了台湾，对田村的台湾宗亲进行走访。博士第三年我开始准备博士资格考试，包括社会经济史和文化人类学两个方向，每个方向有若干子项目，每个项目下包含若干本经典著作，共大约200本。其中有关家庭和宗族的研究占了三分之一。科大的学制安排是资格考试之后需要写开题报告，而非常糟糕的是，当我读完这么多本有关宗族和家庭的研究之后，我对宗族研究变得迷茫起来，感觉好像能够研究的东西都已经被前辈学者做完了。我的导师廖迪生老师耐心地听我吐槽，

十二　从耆老转向茶农：穿行在国家和地方之间

最后建议我：回到田野点，看看当地人现在最关心的是什么。于是，2006年9月我再次回到了田村。没过多久，一件小事引起了我的注意。一个清晨，我的房东肖老先生原打算与另一位族中活跃人士阿标去镇政府讨论祖坟迁移问题，但是最终没有成行。当我问他原因时，他答道："现在正是制茶季！所有人都忙着加工茶叶。现在是赚钱的关键时期！我不能在这么忙的时候让他陪我。"阿标经营着一间制作茶叶的作坊。我不清楚究竟是阿标拒绝了邀请还是族长主动放弃了邀约，这并非重点。在我看来，这件小事的重点在于它折射出茶叶加工对于村民生活的重要性超过了宗族事务。换言之，在一年中的特定时段，村民们的关注重点已从宗族转移到茶叶经济，于是我的研究重点也随之发生改变。

研究的重点从宗族转向经济，是一个需要勇气的挑战，它意味着我需要花大量的时间补充有关经济人类学的知识，毕业时间从可期变得未知。幸运的是，当时科大的学术氛围比较宽松，历史学方向有张灏、洪长泰先生坐镇，人类学方向有蔡志祥、廖迪生和张兆和老师形成的稳定三角，他们都坚持博士生需要充足的学术训练时间，不给我们施加毕业年限的压力。人类学的各位老师虽然主要的研究方向集中在经济史、宗族、宗教、遗产和族群几个方面，但是作为我的博士答辩委员会委员，他们也欣然接受了我的选题转向。此外，三位老师都强调的对边缘人群的关注也对我之后的调查和民族志撰写产生了较大的影响。比如，我在博士期间受到的田野训练，除了张兆和老师的田野调查课之外，还有一门廖迪生老师的独立研究课（Independent Study），训练我们对香港的底层、边缘人群进行调查。以人为本的田野理念在平时的专业课程训练中早已潜移默化。

（二）形成问题：国家–地方框架与现实关照

由于研究主题的转向，我的博士论文的理论梳理是一年田野工作结束后，回到科大才开始的。本世纪初，在香港中文大学、香港科技大学、中山大学和厦门大学，历史人类学成为历史学和人类学的学者共同打造的重要领域，几位代表人物如科大卫、蔡志祥、廖迪生、张兆和、刘志伟、陈春声、郑振满等引领讨论的中心议题之一是大一统的国家是如何形成的。[1] 国家–地方之间的关系是当时讨论的热点之一，我们被老师带领阅读了戴慕珍（Jean Oi）、萧凤霞（Helen Siu）、魏昂德（Andrew Walder）、科大卫、黄树民、王铭铭等人相关的著作，这些著作都成为我的博士论文的重要参考文献。

---

[1] 除了老师们之间的学术交流，每年还专门组织为毕业班研究生设置的工作坊。"挑刺"是这个工作坊的主旋律，所有的参会学生对它都是既爱又怕。

十二 从耆老转向茶农：穿行在国家和地方之间

对于国家与地方社会的关系，学者们以 20 世纪 70 年代末期的经济改革为转折，提出了两种截然相反的意见：一种观点认为国家对农村的控制经历了一个由强到弱的转化。在毛泽东时代，国家通过土地改革以及建成公社－大队－小队的层级结构，将一些新的计划和思想深入到农村一级，控制着地方社会。但是到了后毛泽东时代，随着中央权力的下放，包产到户和大包干等经济政策的推行，农民对国家的顺从减弱，国家之前所倡导的自上而下的政治运动基本没有了，党对农村的行政管理职能也在逐步减弱（Stockman 2000，Unger 2002，Walder 1986）。另一种观点则认为国家对农村的控制经历了一个由弱到强的转化。在毛泽东时代，国家对农村的控制是相当薄弱的，这源于当时的社会经济结构。每个小村庄都是一个自给自足的地方化的小社会，它与周围其他的村庄相互隔绝。这样的经济结构发展出高度细胞化的权威政治结构。但是到了后毛泽东时代，国家（主要指地方政府）在地方经济建设中或者充当了协调人或者竞争者，从而加强了对地方的控制（Shue 1988）。地方干部在国家和地方社会关系中扮演的角色，具体而言有两种类型：一是中间人角色。集体化时代地方干部协调着国家和地方社会之间的关系（Oi 1989）。他们承担了许多重要职责，从意识形态的引导到政治、社会和经济事务的实际管理。同时利用手中的资源为地方社会和自己所在的集团争取利益，形成了庇护主义的政治（clientelist politics）。二是国家代理人的角色。在这种情况下，国家成为农村社会政治经济体制中的重要元素，地方干部完全听命于国家的指令行事。虽然村民试图用亲情或者对社区的忠诚来影响当地干部，而干部们有时也想为地方谋取一些利益，但这样做的空间却非常之小（Siu 1989）。黄树民对林村的经典研究则显示了地方干部在不同情境下充当中间人或者代理人的可能性（Huang 1989）。地方宗族或宗教仪式中的领导人物，即"非正式权威"也在国家和地方社会关系中扮演了重要角色。这些领导人物的权威不来自官方的任命，而是来自传统文化的规范及对"能人"形象的塑造。王铭铭（1997）认为"非正式权威"的出现填补了某种政治空白。潘宏立（2002）对福建晋江老人会组织的研究显示：老人是民间权威与传统的传播者。老人会为政府提供了有效控制地方的一种方式，这表现在：老人会是政府对地方控制的缓冲器，同时，老人会为普通人提供与政府联系的桥梁。

上述国家-地方关系的研究重在探讨国家对地方的政治控制，在国家与地方的关系研究方面，自上而下的政治运动，地方干部和民间权威对地方的控制都曾是学界讨论的热点。而根据我在田村观察到的情况，国家对当地农村的控制似乎已经变得非常薄弱，并且镇或村级干部在村里进行的协调工作也疲弱无力，甚至毫无效果。在实地考察期间，除非有人来视察或要召开会议,镇上的官员很少在办公室坐班。村委会没有办公地点,因为村委会办公楼已经被租出去用来赚钱。田村也有老人会,但是由于村长和老人会会长曾在2003年爆发过冲突,因此老人会对所有的村民事务都不闻不问。就农业而言,新中国建立后中央政府在不同时期采取了不同的农业政策。改革开放以前,土地、生产工具和生产活动由集体统一安排,国家对农产品实行统购统销,户籍制度将农民固定在乡村。改革开放以后,农村实行分田到户,村民可以自行安排农事活动,农业开始走向多样化,农民离乡进城打工增多,似乎家户成为了经济活动的能动主体。田村及其所属的乡镇没有蓬勃发展的乡镇企业,田村农户所面对的是入户收购的茶商。那么,这些现象是否意味着国家在乡村经济中已经失去了控制力呢?是否意味着农户在农户转向以市场为导向的经济作物生产过程中,我们在讨论农户和市场之间关系的时候不需要考虑国家的作用呢?如果不是,那么又应当如何理解国家所扮演的角色呢?

从田村种植和加工乌龙茶的发展历史来看,20世纪80年代以前,国家一直在茶叶生产的各个方面(从种植到消费)拥有绝对支配权。尽管80年代中期以来国家放松了对茶叶种植与流通的控制,但是国家在该行业的发展中仍然有重要影响,这表现在:地方政府、茶叶公司和茶商们只有遵循国家制定的规则才能够进入到乌龙茶口味价值体系建构的游戏中,才有机会在这个体系中争取到更好的位置。上世纪末到本世纪初是国内乌龙茶市场的快速膨胀时期。田村大规模扩大乌龙茶种植也正处于这一时期内。从这个角度而言,对田村茶叶经济的解读需要置于我国乌龙茶发展历史的分析中,乌龙茶从统购统销到进入市场再到茶叶税的取消,都对田村人种植茶树、对种茶做茶的苦涩回忆型塑、在市场中的跌跌撞撞都有重要的影响。

简言之,我的民族志问题的形成与理论梳理密不可分,对国家-地方关系和政治经济学视角的关注既源于我所在的学术共同体的研究旨趣的引导,也来自于对福建内陆山村和中国之外的相关民族志的对比,一个始终萦绕我心的问题是:在一个后发展茶叶经济且缺乏地方精英主导的村落,它的村民如何应对其所不能控制的市场?

(三)寻找文化概念:民族志书写

在博士论文的撰写中,如何找到一个文化概念作为切入点是我的首要难题和必须解决的问题。我对田野笔记进行编码、提炼,与导师廖迪生老师讨论我的田野细节,最后还是从田村村民最经常提及的茶叶味道找到突破口,结合学术概念taste,确定了论文以"口味"为切入点。受社会学理论和人类学民族志的影响,我采用了社会建构理论去分析它,即口味具有社会性，是一种建构出来的文化。我自己将学者们的观点分为五类：一是社会分层论。这种观点将口味与阶层联系起来，认为口味是划分社会阶层的重要指标（Bourdieu 1984，Goody 1982）。二是口味均质论。这种观点将口味与全球化联系起来，认为在全球化的背景下，大型跨国餐饮企业，如麦当劳等，通过机器生产、员工培训等手段，将食物选料、运输、加工和售卖全程标准化，使全球各地在麦当劳的消费趋于均质化（Ritzer 1996）。三是口味地方化论。这种观点挑战"口味均质论"，认为即使在全球化的影响下，跨国企业如麦当劳，在世界各国的发展仍然会主动适应当地的文化，从而做出有地方特色的改变（Watson 1997）。四是个人选择论。这种观点认为口味是个人自由选择的结果，与社会阶层、性别和种族无关，人们在大量商品中能够挑选建构自我身份的物品（Bauman 1988）。五是政治经济论。这种观点认为口味是由掌握权力的统治阶级为了谋求最大的经济利益建构出来的，民众只能被迫服从（Mintz 1986）。很显然，上述的观点主要集中在消费领域，仅西敏司的研究涉及生产环节，而我想要研究的"口味"则是贯穿生产、流通和消费整个链条，所以我怀揣着"口味"的政治经济论，继续寻找相应理论，尤其是生产这个领域里的"口味"研究。

乌林（Ulin 1996）和特里奥（Terrio 2000）的研究进入了我的视野。前者研究了法国西南的小葡萄酒作坊如何提升其市场竞争力的问题。法国葡萄酒种植区被人为地划分成不同等级。高级葡萄酒种植区及高级酿酒师是建立这一层级体系的主导力量。小作坊需要加入葡萄酒合作社来提高其在层级体系中的竞争力。村民中的精英阶层通常是合作社的创始人。后者指出,法国的国家官员、巧克力艺术家以及手工匠人成功创造出了新口味(黑巧克力和苦甜参半的巧克力口味)的法国巧克力并受到大众欢迎。地方巧克力手工匠人成为这一过程中的活跃角色,他们将自己生产的巧克力与法国早期巧克力的工艺历史关联在一起。除此之外,工艺大赛、橱窗展示和遗产旅游都为地方巧克力手工匠人拓展市场提供了足够的资源。乌林和特里奥的研究显示:小规模生产者有能力在层级化的市场中争取话语权。精英分子在生产者中起到了领头羊的作用。相比之下,田村村民们是否会采用与法国生产者类似的策略来解决其碰到的问题?他们是否有能力在市场中争取到话语权呢?如果没有,那是为什么?

  在博士论文中,我提出了"口味层级体系"的概念。"口味层级体系"包括外在于田村的茶叶口味标准的确立及田村在各级茶业发展规划中层层边缘化两个方面。一方面,中央政府、地方政府、大型茶叶企业、台湾茶界和消费者共同构建了茶叶口味和茶叶种植区的层级体系,其重要表现是茶叶价格与地域的物理性差异息息相关。国家相关部门发布了一系列名茶的检

十二 从耆老转向茶农：穿行在国家和地方之间

验标准。他们通过下辖机构和评茶员体系自上而下地推行这些标准的实施。安溪县政府和大型茶业公司在国家茶叶体系中获得了权威地位，并且履行着各自的"好茶"标准，扩大着他们与其他茶叶之间的差距。台湾的茶叶改革和新的乌龙茶消费者则为口味标准注入了新的文化意义与口味趋势。村民受这一表面"自然化"而实际"政治经济化"的茶叶层级体系影响，形成了对"好茶"的地方性知识：就闽南地区而言，安溪处于顶端，华安其次，其他的茶产区再次之。村民能感觉到层级体系的存在，并且将其简化为环境差异、品牌效应、价格差别或消费者偏好。

另一方面，田村是福建南部一个在2000年后大力发展乌龙茶种植和生产的传统宗族村落。虽然田村所属的南靖县本身在福建省茶叶发展规划中仍有一席之地，但田村因种植茶树品种老旧而被排除在地方政府的茶叶发展蓝图之外。村民无法违逆地方政府的经济布局偏向，在从省到镇一级的政府茶业发展规划中，被不断边缘化，最后只能处于福建省内乌龙茶茶业版图的底层；但同时，由于田村的台湾宗亲中出现了影响较大的政治人物，所以在政府的统战工作中一度占有重要地位。对于村民来说，他们不关心其台湾宗亲中的政治人物，从台湾来到田村寻根谒祖的宗亲与他们相隔甚远，为台湾宗亲特意举办的祭祖仪式甚至加深了两地宗亲的隔阂。村民更关注的是经济的发展，想要在茶叶市场中挣扎出一片天地，但无论从政府规划还是其本身技术、市场网络的开拓来看，短期内都不可能实现。村民越想弄清楚村外的市场，越要去迎合市场游戏规则，就越深陷于"口味层级体系"之中。

　　田村的种茶者、制茶者与拣茶枝者参与了茶叶种植和生产的不同环节并从中获取一定利润。茶商处于此利润链条顶端，他们游走于不同茶产区，向制茶者提供当季市场信息，是茶农技术和茶叶好坏的重要裁判。制茶者依据市场所需物理口味标准琢磨和改变制作技术，处于口味层级体系上层的安溪所用的机器、技术是他们效仿的对象。尽管如此，村民仍然能从中获得比之前所种农作物（水稻和烤烟）更高的收益。村民面对的乌龙茶市场有国内和海外两种。茶商上门收购是主要的茶叶买卖方式。村民主要通过电视和茶商了解市场信息，不全面也不及时，因此更倾向与熟识的本地茶商进行"嵌入式"茶叶买卖。与此同时，村民不可避免地在茶叶种植、生产和销售中面临许多风险，这不仅来源于波动的市场、消息的滞后，更来自于其所处的口味层级体系中的底层地位。一方面村民无奈和彷徨，另一方面他们采取了务实（如引进新技术、求神保佑、维系关系网络等）的策略极力应对茶叶生产和销售中碰到的不确定性（uncertainties）问题。此外，村民的日常生活秩序也以茶叶及其"口味"为中心进行了重组，喝茶不仅成为人们生活的一部分，而且充当了村民内部分层和性别差异的新指标。个人交际圈体现在日常饮茶之中。健康与绿色等新的食品理念走入了村民的视线并影响着他们的消费。茶叶经济使女性的经济地位有了提高，随之而来的是其在家庭中地位的变化。有趣的是，田村人从闽南人身份认同的角度对乌龙茶产区和文化圈产生了高度的认同感，将田村与其他产茶地勾连成一个想象的共同体。也许正是这样，才让他们坚信自己能从口味层级体系中开辟一席之地。这样的逻辑由生产而来，在消费中得到加强，给茶农带来了希望。

（四）反思：国家－地方框架的再思考

国家－地方关系既是一个海内外中国研究中的传统和古典的问题，也是人类学、社会学学者研究中国乡村社会的重要理论和分析框架。在我的博士论文中，国家－地方关系具体落到国家与农民的关系问题上。就茶叶行业而言，我认为国家对茶农的影响在后毛泽东时代仍然强大，主要表现在三个方面：一是国家不仅直接制定了一系列的标准，还允许其他参与茶叶口味建构的行动者制定各种极具影响力的地方标准。二是国家通过评茶员考试制度实施官方指定的茶叶品评标准。有资历的评茶员通常被邀请参加地方政府或茶企业举办的茶王大赛，他们评出的优胜茶样被一般茶商看作是茶叶市场价格的风向标。三是20世纪90年代，经济改革和较宽松的政治环境使台湾茶商有可能在福建投资，并将流行的乌龙茶加工技术带到大陆。台湾茶艺及加工技术的引进，是国家鼓励两岸文化和经济交流政策的组成部分和结果。如果没有国家的影响或认可，他们就不容易影响或参与到大陆乌龙茶口味的建构过程中。

我的博士论文运用了国家-地方框架，看到了国家权力如何作用于处于经济边缘地区的村落，但是并未对此作进一步的分析。同时，国家-地方框架在田村的民族志书写中也存在明显的问题。例如，田村的茶叶经济缺乏领导或促进当地发展的地方精英和村干部。而在国家-农民关系问题上，学界考察国家权力对地方社会的控制程度、方式和二者之间的互动时，主要是对国家与社会之间的"中间人"——地方精英、村干部和民间权威进行研究，这显然不适用于田村，也就需要引入"第三方"来理解田村的个案。黄宗智（2019）认为国家与社会之间存在着一个二者都参与其中但又不属于二者之一的地带，他称之为"第三领域"。田村的种植历史，尤其是经济作物市场化的历程显示：在农产品进入市场的乡村，如果它缺乏基层组织和地方精英的有力领导，市场则成为了打通国家与地方社会关系的工具。这个市场不仅仅是实体化的地理空间，而且还是一个抽象的市场文化运行规则，是夹杂着象征意义的权力博弈场。

比如茶叶的"口味层级体系",它所确立的规则是行动者越能参与到这一层级体系的建构,就越能在这个体系中处于有利的地位,获益就越多。相较于安溪这类精英茶产区,由于缺乏厚重的历史、地方政府的支持和精英人物的领导,田村成为默默无闻的发展茶叶的村落。但是,因为茶叶经济已经成为当地主要的农业活动,外界有关茶的口味评判标准、喝茶方法、区域差异便不可避免地以潜移默化的方式渗透到了村民的生活中。因此,市场可能成为国家-地方框架中的"第三领域"。

最后,我在运用国家-地方框架对缺乏精英的边缘村落进行研究时,自觉不自觉地会用一种"冲突"或"对抗"的视角审视政府和农民之间的关系,侧重挖掘二者的张力。现在重新审视这种视角时,我发现可能存在两个方面的问题:一是缺乏对国家-地方之间合作、共赢的关注。美国人类学家波文(Bowen 2010)在对墨西哥的龙舌兰酒和法国奶酪的对比研究中就指出,二者成败的关键因素之一就在于是否得到了国家的保护,国家对促进农产品生产可持续发展起到了重要作用。在现代经济体系中,有时权威体系起到的作用是其他组织或个人无法取代的,比如我现在在山东调查寿光(被誉为"中国的菜篮子")的批发市场,政府从市场的兴建、管理到改进都起到了关键性作用,这与在田村看到的茶商入户收茶非常不同,如果我们一味坚持"冲突论",就很有可能就会忽视了政府的作用。二是在学理上从什么方面将村落和村民定位在边缘的地位？我在民族志的撰写中，主要从田村在各级政府的茶叶规划中无法占有一席之地，在获取经济、社会资源时处于不利的地位这些方面进行表述，换言之，过度关注权威体系的影响而忽视了文化的视角，比如学者们已经提出的传统、遗产、历史、地域（Besky 2013, Herzfeld 2004, Meneley 2014, Terrio 2000, Weiss 2011, Ulin 1996）等文化概念，都是值得我下一步推进边缘群体研究所需要关注的。

参考文献

Besky, S. "The Labor of terroir and the terroir of Labor: Geographical Indication and Darjeeling Tea Plantations." *Agriculture and Human Values* 2013 (1): 83-96.

Bauman, Z. *Freedom.* Minneapolis: University of Minnesota Press, 1988.

Bourdieu, P. *Distinction: A Social Critique of the Judgement of Taste*. Cambridge, Mass.: Harvard University Press, 1984.

Goody, J. *Cooking, Cuisine and Class: A Study in Comparative Sociology*. Cambridge: Cambridge University Press, 1982.

Herzfeld, M. *The Body Impolitic: Artisans and Artifice in the Global Hierarchy of Value*. Chicago: University of Chicago Press, 2004.

Huang, Shu-min. *The Spiral Road: Change in a Chinese Village Through the Eyes of a Communist Party Leader*. Boulder, Colo.: Westview Press, 1989.

Meneley, A. "Discourses of Distinction in Contemporary Palestinian Extra-Virgin Olive Oil Production." *Food and Foodways* 2014 (1-2): 48-64.

Mintz, S. W. *Sweetness and Power: The Place of Sugar in Modern History*. New

York: Penguin books, 1986.

Oi, J. C. *State and Peasant in Contemporary China: The Political Economy of Village Government*. Berkeley: University of California Press, 1989.

Ritzer, G. *The McDonaldization of Society*. Thousand Oaks, CA: Pine Forge Press, 1996.

Shue, V. *The Reach of the State: Sketches of the Chinese Body Politic*. Stanford, Calif.: Stanford University Press, 1988.

Siu, H. F. *Agents and Victims in South China: Accomplices in Rural Revolution*. New Haven: Yale University Press, 1989.

Stockman, N. *Understanding Chinese Society*. Cambridge: Polity Press, 2000.

Terrio, S. J. *Crafting the Culture and History of French Chocolate*. Berkeley: University of California Press, 2000.

Ulin, R. C. *Vintages and Traditions: An Ethnohistory of Southwest French Wine Cooperatives*. Washington and London: Smithsonian Institution Press, 1996.

Unger, J. *The Transformation of Rural China*. Armonk, New York, London, England: M. E. Sharpe, 2002.

Walder, A. G. *Communist Neo-traditionalism: Work and Authority in Chinese Society*. Berkeley, Calif.: University of California Press, 1986.

Watson, J. L. *Golden Arches East: McDonald's in East Asia*. Stanford, Calif.: Stanford University Press, 1997.

黄宗智:《重新思考"第三领域":中国古今国家与社会的二元合一》,《开放时代》2019年第3期。

潘宏立:《当代闽南农村宗族的复兴与老人会》,载于邓晓华、林美治主编《中国人类学的理论与实践》,华星出版社2002年版。

王铭铭:《村落视野中的文化与权力:闽台三村五论》,生活·读书·新知三联书店1997年版。

十三　什么是民族志的对象：
亲属制度研究反思

刘宏涛

当我们在做民族志的时候，我们究竟在做什么？除了阅读文献、学习语言、与当地人建立联系、观察与访谈之外，我们所面对的知识的对象是什么？在本文中，我将以我的首本民族志为例，来逐步检视知识对象的层级，并以此来反思自己最初的民族志研究。本文主体分为三个部分。首先，我将介绍自己亲属制度研究的背景、过程与知识探索的目标，并审查它们的不足之处；随后，我们将由此扩展开来，根据自己现今的认识来界定民族志研究对象的层级，进而为我最初的民族志研究定位；最后，我将就民族志书写与民族志对象之间的关系做进一步的讨论和反思。

十三 什么是民族志的对象：亲属制度研究反思

（一）我的亲属制度研究

《不熄的火塘：彝族腊罗巴支系的亲属制度》是我于2007年完成的硕士学位论文，并收录于2009年由云南人民出版社出版的《田野与发现：人类学系列丛书》中。该系列丛书包括了针对中国汉族、纳人、拉祜族、哈尼族、基诺族和彝族的七部亲属制度研究民族志。在针对彝族腊罗巴支系的亲属制度研究中，我主要面对的理论问题是当地人的文化信仰是否及如何影响了其亲属制度的运作。在这个问题下，当地的文化信仰、亲属制度的运作机制及其关系便构成了本书的主题。

选择彝族做研究，完全是偶然。在进入田野之前，我几乎看完了《民族问题五种丛书》中的所有社会历史调查和部分民族的语言简志。但是，我实在无力分辨哪个民族的亲属制度更为有趣、更有价值。光阴不容蹉跎，我便根据自己的情感偏好前往云南大理的彝族腊罗巴村落进行田野调查。

在2006年初进入田野之时，我已经有了明确的研究问题，但是，我却在最初的三个月里难以开展有效的田野工作。在这段时间里，我花费了大量时间来学习当地语言、做家谱、绘制关系图、拍摄各类活动的照片、用粗陋的素描能力绘画当地的建筑、活动与地景。我并不知道从何处入手，又如何分析田野材料之间的联系。三个月后，神奇的时刻发生了。

当我突然发现 fu pha fu ma（亲家）、ze ha（要儿子，招赘）、ze man ha wu la（要女儿，娶妻）等听起来非常日常的词汇本身就构成了一种分类和结构之时，我开始明白当地人的生活。从那时起，我认为我真正进入了田野。在此后的三个多月里，我所做的工作仅仅是彻底地理解这些词汇的真正含义。在离开田野之前，我已尽可能地查漏补缺，形成了对彝族腊罗巴支系亲属制度的整体认识。

在我的民族志中，我主要呈现了当地人关于亲属关系的文化观念、社会血亲、婚姻与家庭、财产、居制与亲属称谓，以及它们之间的关系。对这些因素以及它们之间关系的分析性呈现就是我第一本民族志的内容。

对于位于云南大理的彝族腊罗巴人来说，一个人的肉身来源于其父亲，他／她与其父亲保持血脉一致性，并由此获得了亲属关系中的血亲身份，因之也先天地归属于一个父系血亲集团。在他们的这种身体与身份认知的背景下，当地社会的人们便各自分属于不同的父系血亲集团。同时，在特殊的情况下（无法生育、离婚、丧偶等），他们又通过各种社会仪式在原本没有血亲关系的人们之间建立起社会认可的血亲联系。这两方面的内容共同塑造了当地人的社会血亲关系。受制于社会血亲性禁忌，当地人在没有社会血亲关系的人们之间建立婚姻关系与姻亲联系。特别说明的是，尽管同为父系社会，彝族腊罗巴人在性与婚姻方面所受的约束较绝对父系的汉族更少。当地有一种"一合两扇瓢"的婚姻形式,即两个单亲家庭的两代人可以分别匹配婚姻。单亲家庭中的父亲与另一个单亲家庭中的母亲结婚,同时,他们各自的子女也可以同时成为夫妻。这意味着他们的婚姻关系基本由社会血亲所反向规定,而不受诸如汉族文化中的"人伦"之类的观念影响。简言之,该社会中,婚姻关系所体现的规则与社会血亲规则保持了一致性。同样地,居制与家庭财产的分割也与父系社会血亲规则保持一致。

特别需要说明的是,彝族腊罗巴支系的亲属称谓规则并不与上述规则保持一致。他们对父辈及祖辈的称谓符合苏丹制,而对子辈孙辈等晚辈的称谓又符合爱斯基摩制(即只按照代际和性别区分称谓)。这种称谓规则与亲属关系的其他规则的不一致性使我们认识到,并不能以亲属称谓为切口来研究亲属制度。

整体而言,这本民族志呈现了亲属关系各要素之间的系统一致性,这种一致性又完全受制于社会血亲。相比之下,亲属称谓则有其自身的逻辑。

现在看来,这本民族志的价值与缺憾都非常明显。

其价值在于,该民族志系统呈现了彝族腊罗巴支系亲属制度各要素之间的规则一致性,为我们理解某一地方社会的亲属制度运作提供了事实支撑。

其缺憾在于,由于我在研究与书写过程中缺乏理论自觉与读者意识，导致该民族志的理论含义不甚明了，也难以引起读者的共鸣。

在理论自觉方面，我既没有明晰地呈现该研究的理论视野，也没有充分地挖掘彝族腊罗巴亲属制度所具有的理论含义。该民族志书写于 2007 年，当时，我的导师蔡华教授正在完成他关于亲属制度与社会科学知识论的著作《人思之人》(*L'Homme pensé par l'homme*, Cai Hua 2008)。该著作的理论发现便是我所秉持的理论立场。作者认为，人类社会中逻辑上可能、现实中被发现的四种血亲关系系制皆可由具有本体论含义的文化观念来解释。这可以被称为"观念本体论"，或信仰理论。当我从彝族腊罗巴人关于身体构成与来源的观念入手开始分析他们的亲属制度时，已经在运用信仰理论了。可是，我当时并未有明确的自觉。这导致我未能更深入地在概念世界里讨论彝族腊罗巴支系的亲属制度。

此外，由于缺乏明确的读者意识，我并未在民族志书写中考虑读者的知识经验与兴趣取向，我仅仅是在纯知识的层面呈现当地人的亲属关系运作。当时，我从未被"读者为什么要读这本书"之类的问题所困扰。我的回答是，读者读与不读，与我何干呢？现在看来，这其实是一种智识上的懒惰。民族志的公共性问题不能被忽略。如果我能够以当地人的亲属制度来呼应读者所关心的主题的话，民族志会写得更好。其实，同为父系制的社会，彝族腊罗巴人的亲属制度为当地人提供了远比汉族更为广阔的文化选择空间。我若能够以这个比较的视野为背景，重新叙述当地人的亲属制度，便能够在文化批评的意义上使阅读汉字的读者更深刻地理解汉族亲属制度严苛死板残酷无情的一面。这不仅会带来共鸣，还能够为读者对自身社会文化的反省提供经验事实的支撑。

以上便是我在内容上对我的首本民族志的反思。

接下来，我试图在知识探索上做出更进一步的批评。如格尔茨所说，人类学家在做民族志。做民族志并不仅仅是一种技术过程，不是一种阅读文献、到达田野地、建立关系、观察与访谈、记录谱系、列表、绘制地图等操作过程。做民族志更是一种知识性努力（格尔茨 1999：5-6），做民族志的核心是确立民族志的对象，并努力借助经验材料获得对它们的洞察与系统性表述。

（二）民族志对象的层级

2002 年，当我在大学里最初接触社会文化人类学的时候，中国的社会文化人类学正值学科恢复以来的繁盛时期。众多学者风华正茂各领风骚，莘莘学子孜孜不倦求知若渴，经典著作也恰逢其时地在中文世界出版，人类学的跨学科影响力正在日渐抬升。受限于当时读者的英文能力与求知的需要,许多民族志译著应运而生。迄今为止,当时的众多民族志译著依然构成了现今人类学教育教学和研究的基础。

只不过,由于中国人类学学科恢复发展的时间很短、需要补足的内容很多,众多前辈学者的研究取向与策略有异,21世纪最初十年里的人类学译著几乎涵盖了西方人类学的百年发展。古典时期、现代时期乃至所谓后现代时期的人类学著作一下子涌到了初窥人类学门庭的学徒面前。可以说,西方人类学的百年变迁压缩在了那十年左右的时间里。如果说学术争鸣与探索、流派汇聚与分野是渐进的、有脉络可循的话,那么,作为学徒,我们可以说不仅未曾身处于某个学术脉络或知识传承,而且要面对突如其来的各样理论传统与研究取向的争竞与拉扯。作为学徒,又当如何分辨、如何取舍?

这并非我一个人的问题,而是那些年里所有学徒皆需面对的。时光如流水日夜不歇,学业与学位论文却有截止的一天。这种紧迫性要求我们必须做出选择和决定。现在看来,尽管当时我和我的同学们乃至前后几级的同学所阅读的书目大体相同,但是,我们给予它们的评价与采取的立场却非常不同,我们的选择很大程度上受到导师和个人认知与兴趣的影响。

《西太平洋的航海者》无疑是我们2004年前后进入研究生阶段时认识民族志方法的起点。短短的19页导言更是浓缩了方

十三　什么是民族志的对象：亲属制度研究反思

法的精华。

扼要言之，在马林诺夫斯基（2002：16-18）看来，民族志的对象有三：骨架、血肉和精神。骨架是社会的组织与文化架构，血肉是日常生活中的行为特征，精神则是当地人的观点。在把握这三层对象之后，研究者最终要把握当地人的观点、当地人与其生活的关系，当地人对其世界的看法，理解生活给予当地人的立场。

迄止今日，我依然认为这是民族志研究的圭臬。只不过，时过境迁，认识迥异。

最初，对我来说，民族志的对象是混沌的。

读书时，只看懂了文字，却看不懂文字背后的生活，这是我在2004年秋到2005年底进行硕士课程学习时的境况。认识到特罗布里安德人项圈和臂环的交换，这并不难；但是，我却难以体会当地人不厌其烦地从事此类活动的意义究竟何在。认识到努尔人生活中生态环境、时空安排与政治制度的关系也不难（参见埃文思-普里查德2002），但是，我却不能体会到这些知识的价值。从字面上理解眨眼示意、假装眨眼示意看起来比较容易，但它们在生活中又意指为何？在我自己的田野调查中，家族的谱系、空间的使用、财产的传承、婚丧的礼仪皆可被观察或访谈到，但这些零碎的内容如何能够成为一个有意义的整体？

现在看来，这无疑是学养不足与人生阅历匮乏所带来的必然结果。首先，即便是今日，未严肃进行过一项研究的研究生依然难以理解何为研究。作为一种知识性努力，民族志是在做什么？阅读、理解研究和从事研究，这其实是一个循环的过程，就像一个人需要在打铁的过程中成为铁匠一样。其次，在从事民族志研究的时候，我们往往对人心与生活之复杂缺乏足够的认识，这使得年轻学生缺乏足够的阅历与同情心来面对和理解历经淘洗的文化与社会。所以，当年轻研究者的智识和阅历之复杂程度无法与其所面对的社会文化相匹配时，力有不逮也是在所难免。

这种境况一直持续到我的田野调查进行到第三个月的时候。此后，我穿过了晦暗不明的琐碎材料，而看到了当地人的亲属关系。

此后，我似乎看到了当地的社会秩序与文化规则。这时，制度安排与文化设置似乎就成了民族志研究的对象。

在三个多月的调查中，我已经搜集了诸如家族的谱系、空间的使用、财产的传承、婚丧的礼仪等非常多的材料。田野中似乎再没有新鲜的事情发生。那我该如何进行下一步的调查呢？这些材料之间究竟又有什么内在的联系呢？在苦苦挣扎之时，我突然明白了埃文思-普里查德的教诲。他说，有经验的研究者都知道,整个田野调查的成败建立在对以当地语言呈现的一些关键词的理解之上(埃文思-普里查德2010:56-57;涂尔干、莫斯2000:97)。之后,结合既有的亲属制度的分析框架,我将调查重点聚焦于与血亲、姻亲、财产、居住等主题相关的当地文化词汇上。在理解这些词汇在不同场景下的含义的过程中,我逐渐认识到了当地亲属制度的运作过程。

这时,模式化的行为和系统的观念构成了民族志方法的核心对象。通过它们,我们可以认识当地社会的骨架。我将以我在硕士和博士期间所获得的民族志事实来说明这一点(详细内容可参见刘宏涛2009,2013)。

在彝族腊罗巴支系和黎族美孚支系,观察者都能看到这样一种反复出现的行为。一个成年的男性和成年的女性会在双方父母兄弟姐妹、其他亲人及同村人的见证下举办一个仪式。经过仪式之后,女性进入男方家居住,并在男方家生儿育女。这对父母共同抚养他们的孩子。如果他们未能生育,他们会通过仪式从自己的兄弟姐妹家或非亲属的人家迎进来一个男孩或女孩作为自己的子女进行养育。如果家中仅有一位女儿,那么,他们往往会在女儿成年后迎进一位成年男性与自己的女儿居住生活。

在上述的简单描述中,我们看到了一系列的模式化行为。这涉及婚姻、婚后生育、过继或收养,以及招赘。这些内容并非零碎的民族志事实,而是有紧密的内在联系。

首先,作为一种模式化的行为,婚姻成为一种制度,它为当地社会大多数成员在长时段里遵守。也就是说,在当地社会,所有成年人都被期待结婚。成年人的父母也曾被期待结婚,并且已经付诸实践。不仅成年人如此,而且他们的父辈如此,下一代也被期待如此。同时,婚姻是由一套相互联系的模式化行为组成的,这一套相互联系的模式化行为为人们所遵循,并构成了一种制度形式,婚姻制度。

其次,生育也是模式化的行为,但这些行为只有在婚姻制度内才被承认。我们可以说,这是生育的社会性。但是,从行为模式的相互关系来看,婚姻构成了生育的基础。在非婚条件下,成年女性可以生育,但却难免社会的污名。从正反两方面来看,婚姻制度是生育的基础。

最后,并非所有夫妻都能幸运地生儿育女。此时,过继或收养便出现了。在学术文献中,我经常会看到"收养制度"或"过继制度"之类的文词。但是,从性质上看,"收养制度"中的制度与婚姻制度中的制度不具有相同的性质。换句话说,如果婚姻可以被称为制度的话,那么收养便不能被称为制度。因为它们的性质不同。收养可能会时常出现,甚至在一个村落中代代出现。但是,与婚姻相比,收养却是次生的。收养几乎仅仅发生于婚姻无法带来生育之后。也就是说,婚姻-生育的联系被中断时,婚姻-收养才会出现。此时,收养仅仅是一个补丁,是婚姻-生育模式无法自行运转时的过渡状态。同样,过继和招赘也不是制度,而仅仅是统一制度在个体生活中运行出现漏洞之后的补充条款。

由此,我们看到了一些模式化行为以及它们之间的关系。这些模式化的行为之间存在着事实上的逻辑联系。它们之间的联系构成了一个整体,这个整体又构成了当地人生活的架构。当地人的日常实践与悲欢离合也与其息息相关。在当地人生活架构之下,每个人都有自己的折中与妥协,其中便包含了所谓的当地人的实践、情感、价值、意义乃至反抗。所以,从整体上看,如果将对象指向模式化行为及其结构,那么,研究者不仅能够认识当地生活的一般结构图谱,也能够感受到当地人在结构下的各种微妙动作。

接下来,我将转入对系统性观念的讨论。

在我所调查的黎族美孚支系的村落,几乎每天都有宗教仪式在举行。几乎都与生老病死相关。在反复参加过各类仪式之后,美孚黎观念中的身体、灵魂和"花"① 及其相互关系便凸显

---

① tshe:ŋ,音似"灿",本意是植物的花朵。居于天上的花婆(pai tshe:ŋ。pai,音似"佰",母亲的意思)养着很多花,只有她赠予人间的女性一朵花之后,新生儿才能借此而出。不唯如此,花朵的好坏也决定了新生儿一生际遇的好坏。

出来。因为所有的宗教仪式皆与此相关,它们之间具有系统性的关系就成为了所有宗教仪式的基石。

身体、灵魂和"花"共同构成了一个完整的人。身体、灵魂和"花"之间无法相互沟通,只能借助灵媒来知晓此三者的关系。如果一切顺遂,当地人并不在意这三者到底是什么关系。但是,当身体时常患病或久治不愈后,它们的关系便重要起来。身体的经历和感受是一个人所能知晓的。他将自己身体的经历和感受告诉灵媒,由灵媒来判断身体的病患是否与灵魂或"花"有关。如果被灵媒找到了原因,那么便由相应的禳解仪式主持人来完成仪式。

在这个案例中,我们看到美孚黎关于人的系统性观念。当事人知晓身体的状态,灵魂和"花"的状态体现在身体上,身体不能与灵魂或"花"进行沟通,但可以由灵媒来判断它们之间的关系。仪式主持人可以通过特定仪式来修正导致患病的特定关系。在此,我们了解的是他们的系统性观念,同时,我们也了解了当地人相关行为模式的原因。毫无疑问,经济状况也影响仪式行为的发生。比如,家中没有足够的祭祀品时,仪式可能延期举行。这仅仅意味着经济状况构成了仪式得以发生的条件,但却不是举行与否的原因。简言之,系统性的观念是模式化行为的原因。此二者之间复杂的联系便是民族志考察的研究对象。

不得不承认，这种做法遇到了两个费解的困境。

其一，很难将超越于村落的政治、经济、宗教等力量纳入到对当地文化的分析之中。如果仅仅在特定社会文化单元内讨论系统性观念与模式化行为，那么，其中所涉及的因素虽然众多，但这些因素之间的关系却非常明晰。一旦将纵深扩大，其难度便陡增。将国家力量或资本市场当作分析的背景，这很容易。但将它们纳入到亲属关系或神灵体系的运作之中，却非常非常难。我曾尝试过将国家力量或资本市场纳入到对亲属关系或民间信仰的分析之中，但失败了。

另外一个困境是，当面对变动中的社会时，我的上述民族志经验就失效了。在变动的社会中，模式化的行为和系统的观念开始四分五裂。研究者可以在观察和访谈中探索到那些相互冲突的模式化行为与零碎的观念，但是，这些冲突的模式化行为和观念却会出现在同一个人身上。简言之，研究者可以研究它们，但它们却没有实在的载体，它们是一种蒙太奇。这个时候，一个突出的问题便显现出来：民族志所研究的究竟是活生生的人的模式化行为与系统的观念，还是抽象的没有载体的模式化行为与系统的观念。因为，如果说在稳定的社会中，我们可以找到模式化行为与系统性观念的当仁不让的继承者的话，那么，在变动的社会，这些似乎都烟消云散了。

我赞成格雷伯（D. Graeber 2020）关于文化的一个判断。

他说，文化是成功了的社会运动。[①]说得残酷一些，文化是斗争的产物，是由鲜血浇灌而生的花朵。在这个意义上，稳定的社会是一个斗争结束、各方面秩序井然的社会，变动的社会却正是经历文化斗争的社会。如果说在面对稳定社会之时，模式化的行为和系统性的观念是了解该社会的钥匙的话，那么，在面对变动的社会，或许权力、资本、欲望、荣誉与尊严，简言之，利益，才是了解的核心。

至此，我们似乎走到了第三个台阶。社会制度与文化规则本身并不是独立的对象，它们的背后还有更深刻的内容。

在第二个台阶上，我们借助各种素材来识别社会结构或文化结构的特征，到了第三个台阶时，我们要确认，这些结构特征是否依然还是表象。回顾社会文化人类学的学科史，这并不新奇。这至少开始于马林诺夫斯基，并经由利奇加以发扬，格尔茨加以系统化，而格雷伯则将其推送到为公众所知的顶峰。

马林诺夫斯基（2002：18）说，民族志研究者的最终目的是要把握当地人的观点、当地人与其生活的关系、当地人对其世界的看法、理解生活给予当地人的立场。在这里，当地人的观点或当地人的世界观已经被强调得很多了，那么，当地人与

[①] 参见 http://www.wyzxwk.com/Article/guoji/2020/09/423567.html，以及 https://davidgraeber.org/videos/david-graeber-artist-taxi-driver-curates-culture-is-not-your-friend-reloaded/。

其生活的关系又是什么呢？这种曾经几乎被我（们）忽视的关系会是一种什么关系呢？

我想，利奇的研究可以更深刻呈现这种关系。在一部亲属关系研究的著作中，利奇（E. Leach 1961：11）说，我们不需要理解一个社会究竟是父系的，还是母系的，或都是，或都不是，我们要理解的是父系究竟代表着什么以及它为什么存在。很显然，利奇爵士十分不满于当时的研究仅仅将研究重心锁定在亲属关系之系属的判定上。他认为仍需继续探讨亲属关系之系属所代表的含义或存在的原因。

在这一点上，十二年之后，格尔茨对文化的讨论与其有异曲同工之意。格尔茨说，"规范并不决定行为"（code does not determine conduct）（格尔茨 1999：21；C. Geertz 1973：18），民族志深描的对象是一个有层次有等级的意义结构，通过这个意义结构，抽动眼皮、眨眼示意、假装眨眼示意、滑稽模仿以及滑稽模仿的排练得以产生、感知和阐释（格尔茨 1999：7；C. Geertz 1973：7）。他还借用保罗·利科的话说，我们所写的是言说的思想、内容和要义，是言说事件的含义，而不是事件本身（参见 C. Geertz 1973：19）。格尔茨的论述向来令人费解。把格尔茨的想法套用利奇的语言来说的话，可能会更容易懂些。"规范并不决定行为"的意思是，尽管研究者知道了一个社会的亲属制度是父系的或者母系的，但父系规则或母系规则并不决定当事人的行为。要理解一个人的行为，用利奇的话来说，就是要明白表层规则的内在含义。举个例子来说，在汉族社会中，男女婚配之前有看生辰八字的文化设置。可以说，看生辰八字就是一种眨眼示意，也即，看生辰八字这一动作本身包含着一种文化含义。然而，在看生辰八字之时，有些人家可能不是要眨眼示意，而是假装眨眼示意。乡里乡亲的男方来提亲，女方总不能当面拒绝吧？假装去看生辰八字就是一种假装眨眼示意。通过假装看生辰八字，女方在得到八字不合的结论后便有了充分的理由来拒绝男方的请求，又不会明明地伤害男方的尊严。所以，如果文化中的某些规则是另有隐情的话，那么像父系制或母系制这样的制度难道就不是一种表面的规则而另有隐情吗？当然，利奇最终说明，当地的亲属制度是一种土地所有权的分配方式。或者说，不是对亲属制度的遵循支配了当地人的行为，而是对土地的占有影响了当地人的行为，当地亲属制度不过是土地所有权的一种表达形式。

　　在海南黎族美孚支系的研究中，我也发现了类似之处。一旦将美孚黎的亲属制度与灵魂信仰并置，就会发现，美孚黎的亲属制度是一种灵魂的占有与分配形式。在当地，庄稼的灵魂能够带来五谷丰登，牲畜的灵魂带来家畜满圈，人的灵魂护佑着人的健康与子孙的繁衍。这意味着，对于依靠自然力来生活的当地人而言，灵魂意味着财富累积、健康长寿与人丁兴旺。

如此一来，当地的亲属制度对灵魂的占有与分配就意味着对农业社会美好生活的维护。[①]可以说，美孚黎的亲属制度本身的存在有其社会文化乃至人心的根基，其亲属制度本身也在眨眼示意。

此时，符号、结构或观念体系可以被人类学家视为文化规则，而在当地人眼中，文化或许就是玩弄规则的方式。民族志研究工作就是要洞穿它们的层次，不仅要搜集当地社会的素材，也要看到素材中的规则，还要看到当地人对规则的玩弄，以及规则维持与变化的动力之源。

至于第四个阶段，我希望我能够到达。在认识到美孚黎社会规则、对规则的操演之后，我猜想，虽然文化表现各异，但人类所追求的价值应有其相似或相同之处。比如，可能是寻求承认、保持尊严、实现欲望、表达爱意等倾向构成了多样社会文化的核心。它们当是民族志研究最基本的对象。

整体来看，这四个阶段不仅仅是民族志研究的历程，作为一种知识性努力，做民族志这一活动体现了民族志研究者的理论取向和世界观。当不同的研究者将研究焦点锁定在民族志不同层次的对象上时，他们是在不同的知识世界里工作。也因此，

---

① 参见刘宏涛（2019：4）。感谢张文义的批评和建议。在几年前的一次私人谈话中，张文义提醒我利奇将亲属制度与土地所有权合并起来加以分析。在比对利奇的研究后，我便产生了本文中对民族志对象之认识的梳理。

不同的民族志不仅仅是书写内容上的差异，还有知识对象的不同、世界观的差异。这种不同也隐含着不同的政治态度、道德负担与伦理责任。在最初写作民族志的时候，我缺乏这种自觉。

（三）民族志文本的结构与书写

民族志的对象本身有其自身的结构。在构造文本时，对象的结构便是民族志文本的参照。具体地，模式化的行为有其自身的结构，系统性的观念有其自身的结构，它们两者之间的关系也有结构。它们既是民族志最基础的对象，也约束着民族志文本的书写。

在彝族腊罗巴支系的亲属制度中，我能看到这样的行为结构。彝族腊罗巴支系亲属制度是父系制的。成年之后结婚组成自己的家庭、婚后生育、在家庭内部照顾孩子赡养老人、长辈年老之后由男性子嗣承继财产和承担祭祀祖先的义务，如此循环。这是一个粗糙但顺利的人生轨迹模式。这也是该社会给予个体的理想预期。

当然，并不是所有人都会这么幸运。如果不能结婚，那么，当事人便不得不探索新的路途。比如，在年老之时，从兄弟的子嗣中过继一个孩子，为自己养老，并最终承继自己从父辈那里获得的财产。这意味着，他们在父系血统内部解决了人生偶

十三　什么是民族志的对象：亲属制度研究反思

然的不幸。祖辈的财产传递给了孙辈，孙辈通过将伯父或叔父认定为父亲，最终仍然与自己的祖辈保持了父系血统的联系。

如果婚后无法生育，他们也是首先选择从自己的兄弟姐妹处过继孩子，继承家业，并使自己获得祭祀，归于祖先的行列。如果婚后丧偶或者中途离异，可以与单身者再婚，也可以与同样离异或丧偶者的异性及其孩子共同组成家庭。他们称之为"一扇两葫瓢"，意思是，单亲妈妈和她的孩子与单亲爸爸和他的孩子同时结婚。单身的父母们结成一对，他们各自的异性的孩子也结成一对。当然，根据每个家庭的不同际遇，他们也有兄终弟及、姊亡妹续的情况。这些所有的非理想轨迹的行为模式皆是对理想行为模式与人生不测际遇之罅隙的填补。它们既遵循了理想行为模式所规定的标杆，又依据个人的人生处境进行了新的创造发明。总体来说，虽同为父系制，彝族腊罗巴支系的亲属制度要远比汉族的亲属制度更为温和和弹性、更具宽容和人性。甚至当我提到汉族社会对寡妇的制度性限制时，他们都感到匪夷所思，直呼"你们比我们还迷信"。

从上面对彝族腊罗巴支系亲属制度的描述中，我们似乎可以看到，与亲属制度相关的行为模式是有事实上的逻辑关联与内在结构的。此关联与结构便是作为作品的民族志所需依托的结构。作为主要由文字编排而成的文本，民族志自然需要遵循文字表达的规律。更为重要的是，当书写特定的社会与文化时，当地社会文化的结构就成了民族志文本谋篇布局的根基，是民族志事实的结构支撑。在此补充说明的是，当地社会文化的结构并不必然限制民族志文本的结构。比如，我们看到，艾瑞克·穆格勒（Eric Mueggler 2001）既展示了彝族倮倮颇支系的亲属关系结构、空间结构等，又基于并超越这些结构来进行对记忆、暴力与地方性的展示。读完之后，读者既能感受到当地社会行为模式的结构，也能看到作者所关注的特定主题的地方特点。另外，蔡华（Cai Hua 2001）的关于纳人的民族志文本的篇章结构突出呈现了当地社会亲属关系运作的过程和结构。按顺序读完该书的章节，读者不仅了解该社会亲属关系运作的模式，同时也能够从事实逻辑上理解该社会的运作机理以及学术价值。

相比于行为模式的结构，系统性观念的结构也非常重要。以我所调查的黎族美孚支系而言，当地与神灵相关的观念体系的核心要素是人的身体、灵魂和"花"，以及非人的鬼和神。该社会并没有基督教中掌管一切的神。他们有一个理论上总管一切的神，"天"。美孚黎人仅仅会在遇到危及生命和共同体安危之时才会与其打交道。除此之外，在生育之时，他们会请"花婆"。在遇到各种具体的危机之时，他们的灵媒会认定特定的肇事的鬼。同时，在涉及个人健康与命运之时，人的身体、灵魂与"花"之间的观念联系也构成了一个体系。由"花婆"赠予给人的"花"决定了一个人一生的生老病死、祸福安康。同时,"花"也决定了人的灵魂的状态。灵魂的状态决定了身体的状态。由此,在美孚黎的神灵体系中,我们看到了观念的结构。这里的观念是指就某个因素的判断以及对因素之间联系的判断。可以说,他们的神灵观念体系就像是一篇构思良好的文章的结构图。

综合对模式化行为与系统性观念之结构的分析,我的民族志研究经验告诉我,这些结构是存在的,行为与观念之间存在着必然的联系,它们构成了我们认识一个社会文化的基础。我们认识了这些结构之后,在具体的历史语境中对该社会的特定问题进行有针对性的探讨才不致偏颇。

至此,我们看到,作为知识形态的民族志文本所依托的结构正是作为研究方法的民族志所试图理解的第二层对象,即当地的社会结构与文化结构。我个人也仅仅是在这个层次上完成了民族志的书写。我曾数次试图攀爬至第三层,即呈现当地的社会结构与文化结构所表达的含义,但基本上是失败的。这不是说在我完成的民族志中不能看到这些含义,而是,我未能有效且连贯地以这些含义为主线来组织民族志文本。

这就涉及民族志的书写。可以说,民族志书写是各种认知的集成。书写者对民族志对象、对民族志文本结构的认识共同决定了民族志著作的最终形态。

从个人经验来说，我在民族志书写方面有两方面的教训。

其一，当遵循一个成熟的范式进行研究之时，民族志的书写会变得容易很多。

民族志书写需要参照物。民族志书写不是信马由缰，也不是依据琐碎的民族志材料，而是基于研究对象的结构。民族志研究对象的结构是民族志书写的参照。

在对彝族腊罗巴支系亲属制度进行文字呈现之时，我确信了先前对亲属制度的基本认识。那就是，作为观念的身体表征系统是解释个体血亲身份归属的逻辑起点，在确定了个体身份归属之后，再对个体的禁婚范围与性禁忌范围进行刻画，并最终确定社会血亲的范围与社会血亲性禁忌的范围。由此，可以看到在不违背社会血亲性禁忌的要求之下，当地人所采取的各种各样的婚姻形式，在各种婚姻形式中确定主要和补充的婚姻形式。在家庭之中，了解家庭内部的关系，特别是关于财产的支配与分配、居住形式、祭祀的条件与资格，进而分析它们的特征。同时，分析亲属称谓的规则和特点。如此，在对身体再现系统、社会血亲及性禁忌、婚姻、居住、财产与亲属称谓等关键因素及其规则进行刻画之后，分析这些规则的一致性与差异性，进而从整体上界定该社会的亲属制度特征。

上文对彝族腊罗巴支系亲属制度的陈述并非仅仅是内容的分散陈列，而是基于亲属制度运作的内在机理进行的层层剖析。

于我而言，民族志书写就是在寻找到民族志事实之间的逻辑推论链条之后，层次分明地呈现此一链条。这些逻辑链条中每一个环节的特点以及环节之间的关系的性质构成了推进人类学理论知识发展的基石。也正是在这一点上，我认为，呈现民族志事实的逻辑链条是民族志书写的核心要务。此后，在理论上对人类学知识的推进才有据可依。理想中，完美的民族志研究应该是逻辑链条与理论推进皆备的。根据我的经验，能做到对民族志事实之逻辑链条的清晰陈述已经殊为不易，在理论上有所贡献更是难得一见。

现在看来，在彝族腊罗巴支系亲属制度的民族志中，我未能认识到该亲属制度在当地社会中的含义。也即，我未能有效且完整地回答为什么当地人要遵循他们的亲属制度规范。当然，不同的知识框架会给出不同的答案。当我在导师所确立的框架下工作时，这个问题的答案是一目了然的。那就是，当地文化所确认的身体再现系统决定了当地人对社会血亲的认知，而社会血亲则影响乃至决定了当地亲属制度的形态。然而，没有其他的解释路径吗？难道身体再现系统不是维系社会血亲的一种虚假意识吗？难道不是身处农业社会的当地人面对土地收益低、病死率高、谋生困难、男女的体力差异、性与繁衍的需求、自身价值的确认等问题时综合考量后所采取的一种认知与组织社会的策略吗？

其二，在于研究者而言的陌生领域，民族志书写很可能变成了在无边大海上的探险。如果说在硕士期间我还能借着导师在亲属关系领域清理出来的线索进行阅读、理解和继续研究的话，那么，在博士期间，当我将研究范围扩大到民间信仰领域时，我几乎是茫然无措的。

我在博士期间将研究锁定在了亲属制度、民间信仰以及二者的关系上。关于民间信仰或民间宗教的研究可谓汗牛充栋。同时，可能是民间宗教本身过于复杂，至今我未能看到顶级学者在这一领域给出明晰的总结，不同学者所使用的概念也相互交错。这一局面给民族志书写带来的困境是，我几乎不能信心十足地使用民间宗教领域的任何学术概念，更无可能借助这些概念之间的联系清理出民间宗教领域的核心骨架。

即便如此，必须得写啊！书写的框架又回到了当地的文化结构，即当地神灵观念系统，也就是上文中曾提到的身体、灵魂、"花"、神与鬼之间的联系。具体来说，在完成对民族志事实的分析之后，我将构成人的身体、灵魂与"花"这三者作为美孚黎神灵信仰的核心，进而分别处理这些因素在亲属关系运作过程中的表现，以及它们与神鬼之间的关联。在这一线索中，串联起来的是人观、血亲、姻亲、居住、财富、空间、时间、生育、病患、死亡与仪式等一系列的主题。在我的头脑中，这就是当地人呈现给我的世界图景。

十三 什么是民族志的对象：亲属制度研究反思

现在想来，尽管我能够在具体的环节上向读者清晰说明美孚黎人的民族志事实，但是，我却无法从整体上理解他们的宗教世界，以及背后的隐含。至于说，再进一步探讨当地宗教世界与外部因素之间的联系，那就更是力有不逮了。

这个问题始终困扰着我，直到2017年我写出《美好生活的文化实践：海南美孚黎的灵魂及其与亲属关系的关系》一文。该文于2019年发表于《西南民族大学学报》（人文社会科学版）上。我逐渐认识到，人类社会中的各种制度不过是一种表象。这里丝毫没有贬低各种社会制度的意思。在现实生活中，各种制度构成了社会生活的基本框架，制度的重要性毋庸置疑。然而，若仅仅针对制度进行个案或比较研究，或许就缺乏了对人心以及人心与制度之关系的洞察与呈现。在海南美孚黎社会，我认为，他们的亲属关系与灵魂信仰不过是家畜满圈、人丁兴旺、健康快乐、生有所养、死有所归以及情感疏解的表达方式。

开创民族志方法的马林诺夫斯基并没有很好地组织他的民族志文本。相比之下，拉德克利夫-布朗（2005）、埃文思-普里查德（2002）、利奇（2010）、格尔茨（1976）等在书写安达曼岛人、努尔人、克钦人、爪哇人的时候，无一例外都是将社会结构或文化结构作为书写的主体，而穆格勒则用人物或事件来激活这个作为场景的结构，进而呈现了个体命运与社会文化。看穆格勒的民族志就像读小说或看电影，读者是随着人物或事件的展开才逐渐了解到人物或事件及其完整的社会文化场景的。这种书写方式不仅给作者,也给读者提出了更高的要求。它要求作者能够筛选出最具吸引力的人物或事件,要求读者必须记住大量的细节并整合出社会文化结构。这是一条更难走的路。

(四)小结

民族志的对象、结构和书写都对应着一个世界,一个当地人眼中的世界。这个世界没有主客之分、内外之别。这既是一个存在的世界,又是一个形成中的世界。当地人在既有的社会文化资源下构建着自己的生活,又面向新的情景来创造性地重新组织自己的生活。

在相对稳定的时候,世界中的规则是大体自洽的,研究者可以在模式化的行为和系统的观念中找到这些规则。不自洽的地方便呈现为当地人的文化痛苦,此时,痛苦便成了不自洽的结果。由此,整体上,当地的世界还是能够为研究者所理解的。

在变动的社会中,世界的规则是分崩离析甚至相互冲突的,相比于稳定的社会,我们甚至可以说,变动的社会是一个正在形成中的社会。这样的社会也就不是一个社会,而是多个社会。而且,可能在同一个当地人身上就有多个社会的影子。这意味着,原有的基于制度的对当地社会的民族志研究可能已经失效了。这可能也是20世纪70—80年代以来人类学者逐渐放弃在特定的人类学领域里耕耘，而是转向权力、性别、行动者、暴力、空间、实践、伦理、情感等主题的原因。因为诸如政治、宗教、经济、亲属等领域已经在当地社会生活中失去了内在的统一性，这些领域已经无法构成内在一致的整体，无法成为一个独立的研究客体。相比之下，那些特定的主题却可以综合统领人类生活的各个方面，它们具有内在的一致性，可以成为独立的研究客体。或许，如果在稳定的社会里，制度是核心的话，那么，在变动的社会里，当事人为建立新的规则和制度所进行的斗争才是核心。

基于上述理解，民族志作为人类学方法的核心，其要义是呈现一个存在的与形成中的当地世界图景。这个图景是由当地人与研究者共同塑造的。无论当地人是否意识到，这个图景首先是他们的，他们的生活是这个图景中最重要的内容。相比之下，只有研究者在对自己所秉持的世界观、社会观与文化观有清醒的自觉之时，他才真正地参与到对当地世界图景及其智识、政治与伦理含义的文本创造之中。

在首部民族志中，我缺乏这种自觉。现在，我正试图以第二本民族志亡羊补牢。

参考文献

Geertz, C. *The Interpretation of Cultures*. New York: Basic Books, 1973.

—— *The Religion of Java*. Chicago: University of Chicago Press, 1976.

Cai Hua. *A Society without Fathers or Husbands: the Na of China*. Trans, by A, Hustvedt, New York: Zone Books, 2001.

—— *L'Homme pensé par l'homme*. Paris: PUF, 2008.

Leach, E. R. *Pul Eliya: A Village in Ceylon. A Study of Land Tenure and Kinship*, London and New York: Cambridge University Press, 1961.

Mueggler, E. *The Age of Wild Ghosts: memory, violence, and place in Southwest China*. Berkeley, Los Angeles and London: University of California Press, 2001.

〔英〕利奇:《缅甸高地诸政治体系》,杨春宇、周歆红译,商务印书馆2010年版。

〔英〕埃文思-普里查德:《努尔人:对一个尼罗特人群生活方式和政治制度的描述》,褚建芳译,商务印书馆2014年版。

——《论社会人类学》,冷凤彩译,世界图书出版公司2010年版。

〔法〕涂尔干、莫斯:《原始分类》,汲喆译,商务印书馆2012年版。

蔡华:《人思之人:文化科学和自然科学的统一性》,云南人民出版社2009年版。

〔美〕格尔茨:《文化的解释》,纳日碧力戈等译,上海人民出版社1999年版。

〔英〕拉德克利夫-布朗:《安达曼岛人》,梁粤译,广西师范大学出版社2005年版。

〔英〕马林诺夫斯基:《西太平洋的航海者》,梁永佳、李绍明译,华夏出版社2002年版。

刘宏涛:《不熄的火塘:彝族腊罗巴支系的亲属制度》,云南人民出版社2009年版。

——《美孚黎人的宗教生活》,北京大学博士论文,2013年。
——《美好生活的文化实践:海南美孚黎的灵魂及其与亲属关系的关系》,《西南民族大学学报》(人文社会科学版),2019年第4期。

十四　无相之相的自我钩沉

黄志辉

承蒙山东大学金光亿先生垂照，我有机会参与工作坊，反思第一部民族志作品的磨砺过程。我的博士论文《卷入与多重支配——珠三角离乡不离土的"代耕农"》，研究了一个从外地来到珠三角以种地为生的底层劳动群体。毕业两年后，论文被我改成《无相支配——代耕农及其底层世界》一书，于2013年在社会科学文献出版社出版。作品本身平淡无奇，时隔十余年，如今返景再入深林，未必能获"复照青苔"的灵光，但将拙文心路写下来，呈现出一些教训，或许能为同仁提供一点借鉴。

（一）选题目：开展一项珠三角的底层研究

我将选题归类为底层劳动研究。底层劳动一词，指向三重交叠的研究旨趣。第一重涉及社会分化或阶层分工，关注宏大的社会转型或社会结构,寻求在宏观结构中打捞底层劳动者的微观形象。第二重涉及劳动过程和生产形态,旨在进入具体的劳动过程或劳动场域,展现底层劳动情境与生产关系的本质。第三重涉及劳动价值分配和社会再生产,旨在关注价值分配,通过进入有关"价值"的社会文化语境,分析底层的实践命运。我采用的田野调查方法,更易于展现前两重旨趣;但在第三重旨趣上,我不仅对相关议题后知后觉,而且莫名自大,忽略了对劳动价值和日常劳动意义的深描。后来在撰写著作时,又建立了一套自以为是的分析概念,这使得我对文化意义的观察和对平等价值的追求,显得极为浮皮潦草。

从研究方法上来看,我国的人类学者和社会学者在研究底层时,显示出各自迥异的学科气质。不过与问卷调查相比,长期的田野调查确实更易展现劳动细节和劳动周期,刻画出底层生产与生活的画卷。在接触了诸多宏观研究或形形色色的回归模型之后,我对类似人类学家乔健先生的《底边阶级与边缘社会》(2007),或者黄淑娉、龚佩华先生的《广东世仆制研究》(2001)的著作,更觉耳目一新。民族志作品能够让读者在具体的时空情境中感受人和人性,而不是急于展开抽象判断或横空结论。当时尚处发凡时期的中山大学历史人类学中心研究团队即"华南学派",关注过广州的佣人、水上的疍家、新会的家仆以及沙田开垦过程中被役使的劳动者等底层群体,他们的研究令我受益匪浅（陈春声 1992，刘志伟 2003，萧凤霞等 2004，Siu 1989，Faure 1986）。此外，我还读了陈春声教授翻译的苏耀昌博士所撰《华南丝区：地方社会的变迁与世界体系理论》一书，该书完全影响了我的博士论文第二章的书写。

二十年前的农民工研究是国内乃至国际底层劳动研究领域的显学。在山东大学社会学系读本科那几年，正是全国农民工群体规模爆发式增加的时代，当时还参与了程胜利教授组织的城市低收入社会保障群体的入户调查；攻读硕士研究生初始，我很关注工厂中的农民工群体，参与过中山大学社会学系蔡禾、丘海雄、刘林平、万向东等教授组织的各类工厂中的农民工调查研究（绝大多数都是问卷调查）。后来逐渐将视线从工厂转移到厂外，从都市转移到城郊，开始直接观察形形色色的底层劳动者。改革开放催生了各式各样的劳动形态，我需要在这个总体性事实中，去寻找具体的研究对象。珠三角是研究中国底层社会的经验宝库，是呈现上述总体性事实的最好棱镜。至今我仍然认为，要了解转变中的中国，最好的区域就是珠三角地区。我资质平庸，绝无学问凿空之能，但多少有一些同情同理之心，可以支持我去观察、去体验大多数沉默的劳动者。相信用民族志的方法，能够较好展示底层的劳动世界。

2007—2008 年，为了完成各种横向、纵向课题，我经常搭乘城际大巴，穿梭在珠三角不同城市的工业园、城中村以及城

十四　无相之相的自我钩沉

市社区之间。在大巴车上，我多次想到一个问题：珠三角，一个发达的都市区域，一片广袤的现代世界工厂，为何城际之间的农业也如此繁盛？星罗棋布的种植园、鱼塘、园林苗圃，尤其是那些永不停歇的蔬菜园地，让人觉得这里是一片永动的农业世界，而非只是世界轻工业的中心。兴许是成长于农村的缘故，我对农业劳动现象具有天生的偏好。不久后就了解到：广布珠三角、规模达数十万之巨的菜农群体，默默耕作经营着中国这片最肥沃农地的大部分面积；他们来自外地，很多自称"代耕农"，找不到好工作，就在世界工厂周边的田地里搭个棚户，以种菜为生。他们的劳动算什么样的劳动？产业劳动？市场劳动？还是只是传统家计或者农业生产？这些劳动与世界工厂的资本链条有什么关系？我开始反思一些劳工研究者的视角，为什么只关注工厂生产线上或城市中显而易见的研究对象？

当我把想法告诉业师麻国庆教授和吴重庆教授之后，他们说珠三角还有一种代耕农，即1979年前后从广东周边山区来到珠三角腹地、替当地人耕作稻田缴纳公粮的群体，他们在珠三角形成了近百个聚居村落。这样，我决定就在珠三角做一项"身边的人类学"研究。在田野调查期间，分别围绕两种代耕农群体展开调查，田野时长总共近一年。篇幅所限，为了便于集中叙事，下述内容主要涉及种菜的代耕农群体。

（二）找理论：用什么表述代耕农？

令人焦虑的是，我的研究对象在当地社区中基本上属于隐形人，代耕菜农与当地人之间基本上处于"绝缘"状态，签订土地租赁契约后，就没有太多日常交往。他们像工业卫星一样，为当地工业园区供应蔬菜，但貌似没有什么"剩余价值"可供直接"剥削"。他们自居边缘，在别人看来，农田中的劳动无比辛苦，而他们自己却认为"挺好""有钱赚"。我记得自己当时很沮丧，所读文献无用武之地，解释不了田野中的劳动者。

事后回想，这是由于当时底层劳动研究的几大主流理论，都太依赖显在的"关系"分析框架了。

我曾读过的一些马克思主义劳动研究，大多数倚赖劳资契约关系的语境，来展开劳动过程分析（布洛威2008，Lee 1998，Pun 2005，Ong 2010）。劳资关系的分析框架，意味着所有农民工或其他类型产业工人的背后，都有比较具体的"资方"或资方代理人。因此，无论劳动者抗争或不抗争，在劳动过程中的姿态、意愿、行动如何，他们都是在为资方劳动，资方无论如何都会出现在民族志的劳动叙事里。具象的批判对象一旦被瞄准了，民族志的记录工作似乎就成了批判的准备过程。劳资关系框架更适合对具体的工人、老板、管理者开展劳动情境分析，但是对于初学者来说，面对没有具体劳资关系的劳动对象，就会束手无策。如何揭示貌似独立的劳动者背后隐匿的支配力量，是横亘在入门级研究者面前的一道无形障碍。

珠三角形形色色的劳动大军中，有很多并不直接存在于劳资契约关系。从底层的结构性视野来看，那些为城市、工业园区服务的散工、摊贩、摩托车载客者、代耕菜农乃至各种家庭代工，均与世界核心产业体系之间具有链式关系。如何用民族志展示这种劳动，展示劳动者怎样被工业资本纳入价值汲取的整体链条，展示微观劳动如何被宏观结构制约，是当时思考的主要问题。在产业劳动以外，还有诸多"非产业劳动"或"非正规经济"，它们的接榫是一种链式反应，其耦合性直到最近才被重新阐发，如罗安清《末日松茸：资本主义废墟上的生活可能》、艾约博《一个四川手工造纸村的20世纪社会史》等研究，通过多点、多时段、多层次、多分析单位的文化视角，来展示劳动如何被整合进资本或权力体系的耦合链条。

还有另外两种极具本土意义的劳资关系语境，指导着相应的经验研究。其一是对国家企业框架中的劳动者开展的研究（李璐璐等2000，刘爱玉2005）。社会主义国家的工业正规军（国企、央企的工人甚至被称为"长子"），经历了改革开放四十年的骤变，各种生存、就业问题引发了不少社会学者和人类学者的关注。和上述的马克思主义民族志一样，这一类研究对象被安置进了一个国家的视角中。其二是在建筑业、服务业、运输业等行业中存在的"关系"劳动研究，即先赋性地缘血缘关系如何引导、支持、约束乃至支配工人群体的劳动过程（沈原2007、2006；潘毅2012）。我国普遍出现的包工头现象、包工分派制，就是通过先赋关系来组织劳动者的形态，这种形态下的工人与包工头之间具有非正式的包工契约，一些学者将这种关系契约引导的劳动支配形态称为"关系霸权"（周潇2007）。

上述关系型分析框架以劳资关系为核心参照，使得劳动研究具有了一种相似的路径依赖。工人的权利保障、劳动安排、劳动力再生产、生产内外的嬉笑怒骂、工人的主体性生成过程，甚至是他/她们的内心世界，自然都会被看成劳资关系语境的衍生品。冤有头、债有主，工人在心理意义上的劳动创伤、对未来的渺茫甚至夜晚的梦魇尖叫，都能得到关系契约框架的分析指引。女性主义的工人研究更是将性别关系、代际关系、地域关系、族群关系与劳资关系融合在一起，分析被多重支配的女工。更重要的是，几种劳动关系语境在很多研究中合流，例如，先赋关系如何流入各种正式工厂，成为资本主义的帮凶，传统父权制如何与市场资本或工业资本搭帮套，等等。劳资契约关系语境似乎成为当时劳动研究的穹形天幕，其中再点缀以费孝通、李景汉、陈达、福柯、德勒兹、哈维、德里达、列斐伏尔、斯皮瓦克等人的理论或概念，研究者可以在这个学术天幕中组合材料，配以理论装置，进而寻找结论。

詹姆斯·斯科特的理论更加依赖"关系"语境，其《弱者的武器》(2007)当时如日中天。在他的佐米亚研究发表以前，有关《国家的视角》《隐藏的文本》《弱者的武器》以及《农民的道义经济学》等研究就已经在底层研究领域非常流行。然而很遗憾，这些理论对于分析我的研究对象来说也是镜花水月。斯科特将那种显性支配之下的隐藏文本，即弱者反抗的日常行动，视作一种实体道义体系之下的弱势底层用以维系自我延续的意识形态。这种观点成立的前提是必须先承认一个实实在在的道义实体关系，然后才会发生与生存伦理有关的依附和反抗行动。农民怠工、偷懒、私下辱骂支配阶层等行为之所以有效，是因为地主雇佣农民干活，或者同处村落社会，二者之间具备实在的"可视性"关系。然而，从传统农村社会迁出的代耕农群体，并不在劳资关系或包工关系体制之下生存，他们与斯科特的"支配"或"统治"群体是隔离、脱嵌的，任何弱者武器的施展，最终只能伤害自己。如果我将代耕农日常的少量抱怨视作弱者的武器，这也是一种自欺欺人的底层视角，因为当地人、政府或厂方，根本无法感受到这些所谓的"武器"。我曾于2013年以珠三角代耕农为例，撰写过《反思"弱者的武器"的效度》一文，批评斯科特的弱者理论在"不可视"时代的虚无。

不过，无论是何种"关系"视野下的研究，或者斯科特式的道义伦理，抑或几者杂糅，都有一种要解释全局的冲动。在当代资本主义生产方式及其延伸附属的生产形态中，均可是被上述理论解释的对象，也似乎均可整合进生产形态或阶级剥削的价值理论之中，没有什么是"外部"的。"关系"一词似乎能将所有劳动体系都链接在一个全局的、可解释的整体中。这种本土语境为"关系"性的全局性底层分析框架提供了土壤。但这些解释路径面对那些不是直接关联、被隐藏、被悬置的劳动形态时，理论的解释力多少显得生涩。

南亚底层学派的理论视角让人眼前一亮。南亚底层学派借用了葛兰西的"底层"（Subaltern）和"文化霸权"概念。底层概念并非只有无产阶级或者产业工人，意大利南部的诸多农民阶层也在他的底层范畴之中，一起被意大利统治阶层的文化霸权所浸淫，他在《狱中札记》中倡导对底层文化、实践、劳动、信仰等展开充分研究。借此，南亚底层学派提倡摒弃精英视角，宣称底层具有自身的自主意识，但历史只是精英伪装出来的史观。更重要的是，他们指出那种自下而上的书写视角也是有问题的，因为这种书写过程仍然是对照着精英的结构展开的，他们倡导更加独立地书写底层。这个学派拥有这样一个韧性的观点：即使底层历史、底层意识是碎片化的，也值得研究者去努力呈现。他们注重书写底层劳动和生活的经验细节，并赋予其自主性，高度赞赏底层的碎片行动。南亚底层学派的终极目标是重塑一种政治，一种与精英政治不同的底层政治。这正好与我当时试图摆脱劳资关系或关系霸权等分析框架的心态吻合。我一直都记得底层学派的大将查特吉在《被治理者的政治》(2007)一书中说过的一句话："人民学会，也迫使他们的统治者学会他们愿意怎样被统治。"这句话至今让我震撼不已。

相对查特吉、古哈、查克拉巴蒂等学术伙伴来说，斯皮瓦克认为底层是无法言说的，底层学派也无法替代底层进行言说。但她在"底层不能说话"的判断之外，留给底层学派一点空间：研究者可以表述底层，或表述底层的表述——用她自己的话来说即"用一套符号表述一套符号"。也就是说，底层研究者是一个转译者，可以拥有自己的立场对底层劳动、生活、文化进行翻译。如同德塞托在《日常生活实践》(2009)一书中所倡导的那样，只要你愿意，你可以去书写大浪之下翻身打挺的任何一条小鱼的姿态，记录他们如何将福柯式的空间转变为布迪厄式的、属于自我的场域。

在底层理论的乐观与悲观范式之间，我尝试在一个看似没有"关系"、实际却在整个世界体系中发挥齿轮性作用的情境中，勾勒出底层小人物的劳动实践，在相对缺乏具体关系框架的情境中去观察、体验代耕农，将他们的劳动形态转译出来！

（三）做田野：做好一个劳动转译者

我的主要田野点距离广州市不到200公里，具体位置在中山市板芙镇里溪村的农田中。学校与田野点之间距离太近，有利有弊。每次在田野中从事两个月左右的调查后，调查兴趣就会被耗尽，一旦遇到烦心的事情，我就会简单收拾行李，背上书包，乘公交、坐大巴、再坐地铁，5个小时之内就能从田野点到达中山大学安装了空调的单人公寓中。说走就走，极为任性。有件事印象深刻，第一次田野，我在行李箱中塞了二十几本书，踌躇满志，告诫自己下雨天不出门时可以读读书，但直至整个田野结束，我也只是翻开过其中的两三本，其余原封不动地拉回了广州。翻看其中两本书的时段，大致就是断网的时段。

我的田野调查时长总计12个月，其中对菜农群体的调查，总计不到6个月，分散在2008—2010年，一共进行过5次较具深度的调查。

第一次是2007年年底，我用了一周时间踩点。在中山市的坦洲镇、沙溪镇、三乡镇以及板芙镇等多个乡镇之间，坐公交车或者付费摩托车到处穿梭，让摩的司机带我去找代耕农。摩的司机谜一般的眼神至今让我印象深刻，他完全无法明白为什么会有人愿意掏50块钱在各个乡镇看农田、找棚户。但正是通过坐摩托车，我才得以了解珠三角光鲜外表下的逼仄、困苦和社会多样性。我的第一个田野点定格在板芙镇的里溪村，这里不仅有代耕菜农，还有一个规模较小的代耕粮农聚落。选定田野的过程是自发的，没人帮忙推荐。记得有一次在里溪村公交车站下车，偶遇湖北青年农民工谭家康，对了眼神以后，我递了根烟，说明来意。他对我招了招手说，让我跟他走，他认识一家人，几十年前就来这里种菜了，这家人后来成为我最重要的信息提供者。

第二次是2008年7月至9月。这两个月的时间也是菜农一年中最辛苦的劳动时期。里溪村一共84户菜农。在第一个月的调查里，我需要进入每块具体的农田和棚户，去接触他们，或者说让他们认识我。我建立了一个Excel文档，对84户做了编号，记录耕作面积、时长、地租、支出、收入、初始年份、租约时长、劳动经历、籍贯、结婚时间、家庭人口等信息。这个习惯显然是社会学给我留下的专业惯习。我用了一个多月时间，才建立起这个基本的信息档案。后来在写作这一部分内容的时候，共计使用了18个数据表格——它们主要都来自这一档案。随后近一个月的时间里，我开始重点访谈案例。

第三次是2009年秋天，约一个半月。在这段时间，一边访谈，一边参与劳动，翻地、种菜、收菜、销售。我重点跟踪了几户，观察劳动过程、劳动安排，看看以夫妻为生产单位的代耕农如何开展具体的性别分工。我还试图调整自己每天的时间安排，尝试与他们的劳动安排同步，但经常失败。仅他们每天凌晨三四点钟起床干活这一点，我就做不到。

第四次是在 2010 年夏天，持续一个半月，我将调查地点扩展至菜市以及周边乡镇，发现各地菜农的耕作、销售、居住方式大同小异。在这段时间我有了一个结论，即菜农的劳动过程是与整个世界工厂的生产节奏相嵌合的。工业劳动节奏间接支配了菜农的劳动节奏。这样一来，早期阅读的世界体系研究文献被激活了。

第五次是在 2010 年与 2011 年冬春交际的时候，持续一个月。那一年除夕和大年初一是在棚户中度过的。也是在那个春节期间，我发现代耕农并非完全没有文化生活，他们在春节仍然会祭天祭祖。

重点追踪研究对象的劳动过程和劳动细节，是最艰难的田野过程。从早到晚，需要每一天记录下一对菜农夫妻的劳动安排，记录他们的分工，他们之间的谈话，记录他们在整块土地的不同小块空间以及棚户下腾挪转换的过程；甚至记录下他们一天中使用每一种劳动姿态的劳动时长。

夫妻合作的耕作过程是我至今为止都极为关心的问题。代耕农夫妻在日常劳作中很少交流对话，他们每天生活工作的重心就是种菜。由于身处异地，夫妻与老家的其他家庭人口远距离隔离开来，这可以让他们完全沉浸在劳动农场中展开耕作。

十四 无相之相的自我钩沉

以棚户、菜地为中心，两人的耕作、起居、售卖、休息等劳作生活的内容相互串联。他们做一天工，可以不说一句话。夫妻二人的世界，是沉默无言但又劳动内容繁多的世界；是一个不需要文字和语言沟通，但用身体动作沟通起来又完全没有障碍的世界；是一个现有文字语言难以表述的世界。夫妻之间具备极为强烈的默契，他们互相明晰对方的工作范畴、清楚对方的劳动过程与自己如何配合交接。不仅如此，夫妻互相很少直接抱怨——因为一旦陷入抱怨情绪，就会导致怠工，影响劳动过程的安排；在大部分的时候，即使有点抱怨情绪，他们也会隐藏起来。夫妻间的合作，是劳动过程中彼此的默会联结。在棚户内外，这种默会的夫妻合作就是蔬菜生产最为有力的保障。

与一些大型蔬菜种植公司或农企相比，夫妻代耕农场的耕作农具、运输设备以及其他成本投入，不占任何优势，他们的唯一优势就是可以自主支配夫妻二人的劳动力，将夫妻的劳动能量开发至极限。他们平均每日的劳动时间为14至16个小时；如果需要抢收抢种，或者遇上天灾、供求高峰，一天的劳动时间经常超过18个小时，这已基本上接近生物人体的劳动极限。正是这点貌似微弱的优势，使得任何资本化的农企都无法在产量上与夫妻代耕农场媲美。如今我需要反思的是，这种虽然辛苦但极具效率的农业生产形态，竟然没有激发我去与农业经济研究的经典著作对话。

在最后的田野阶段，我重点关心这些微观劳动过程是在何种环节与世界工厂隐性联结的。我着重调查了周边工厂食堂、饭店的买菜时间，寻访周边大厂的工业劳动时刻表，多次去远近几个蔬菜销售市场观察蔬菜交易。这些跳出社区的观察，让我更加明白代耕农场为何有那些艰辛的劳动时间安排。对劳动细节的微观观察和对工业时刻的宏观记录之间，发生了接榫，我尝试构建微观劳动"卷入"世界体系的分析链条。

对劳动形态的转译，得益于和研究对象共同劳动。在菜地中蹲上半小时，能快速体会这种当代农业生产的真正艰辛程度。身处田野的长时间劳动调查，是人类学完成劳动价值转译的前提。遗憾的是，我没有在棚户中长期居住，而是租住在当地村庄中的出租屋里。出租屋水电卫生的便捷性，反衬出棚户生活世界的艰辛，这让我感受到了鲜明反差。

（四）造概念：用"无相支配"来表述底层

答辩前，很荣幸得到日本学者末成道男先生的指点。他表扬了我在劳动细节方面的民族志叙事内容，但批评我的代耕农故事不够丰满，建议增加一些对他们内心世界的表述。这确实是最大的短板之一。我尝试吸取末成道男先生的建议，在后来的追踪研究中，更加注意去探索代耕农的生命故事。2011年，

十四 无相之相的自我钩沉

凭借对两种代耕农的研究，我获得了人类学博士学位。

在修改博士论文并准备出版的过程中，我把论文名称改为《无相支配：代耕农及其底层世界》。"无相支配"是硬造出来的一个概念，看起来更理论化一些。相对于博士论文题目来说，我觉得这个题目也更洋气，更能满足我"创造"理论概念的虚荣心。

在没有劳资关系的语境下劳动，并非意味着劳动者就不会被资本支配。"无相支配"的概念，就是想要揭示在整个世界体系中，那些不被资方监管的底层劳动也被整合进了资本生产的链条，也被汲取了剩余价值。用当下时髦的概念来说就是被资本所"打捞"。只是劳动者没有具象的资方对象，他们自己没有意识到被剥削，甚至认为自己应该权责自负。

无论是马克思主义的、韦伯主义的，抑或是传统地缘血缘伦理主义的视角，几乎所有的支配结构理论均仰赖于对多主体支配关系的可视性评估。无论是阶级支配、道义支配还是法理支配、卡里斯玛或传统支配，更多是指支配者与被支配者之间直接的、可以面对面的"有相"支配。当抽象的制度性规则成为治理的主导，当资本在全球演化出多层次的劳动价值转移时，一种没有具体支配形态、不需要担负道义伦理责任的、没有德性的隐形支配形态就产生了，即无相支配。以往在关系框架下被关注的底层，其愤懑、怨气、痛苦都可以有具体的对象，他们可以在私下里咒怨、在睡梦中厮骂。但无相支配状态中的底层劳动者不同，他们似乎面对的是社会学者所谓的"抽象社会"。

当代资本并非要将所有的商品生产或劳动力再生产环节，全部置于监督、权责视野之内。市场社会存在无相支配的隐形机制，不需要将所有劳动者纳入劳资关系框架，否则成本巨大。事实上，除了广布全球的代工体制以外，很多劳动形态都在间接维护资本主义生产过程，就像是卫星一样，拱卫着世界工厂或者都市体系的延续。那些非正式的、边缘的、看不见的、被排斥的各种劳动，以及各种涉及生活乃至生存的人口再生产实践均是被资本或国家所吸附的，但却不在保障范围内。

无相支配的关键在于，底层劳动者自身无法意识到他们处于无相支配状态。底层劳动者自己无法将自己的劳动与资本家或者市场治理者直接对接起来，他们在遭遇了不平时，不知道如何处理自己的不平和怨气。身处无相支配结构中，难以捉摸支配之源，支配者无形无貌。在这种世界里，被支配者如果不能通过自身的能动性实践来证明自己的存在，并不容易借助外界力量来彰显自身。斯科特的"弱者武器"是无效的，"被隐藏的文本"也不只是底层的劳动实践，还有无相支配技术也是隐身的。当代资本带来的利益诱惑，拆散了原本的嵌入性关系、道义性伦理或庇护性结构，失去相对性的劳动者无从发力、无所抱怨、无法抗争。比起看得见的支配来说，看不见的支配形态对于底层劳动者来说更加致命。

我不仅提出了"无相支配"这样的概念来表述底层，还提出了"无法维权""自我生产政体""微分学""积分学""跨圈层社区"等一串概念，来表述研究对象和相关议题。其中，微分学是指资本或权力自上而下的社会切割过程，这种切割经常大刀阔斧的追寻利润或治理效率而鲜有顾及社会文化后果；积分学是指广大底层劳动者自下而上的实践智慧所形成的积累效应，这些积累效应正是改革开放伟大成就的重要组成部分。我想依据事实，对看似较为悲观的"无相支配"予以一种乐观的调和，即底层世界同样具有自身的创造逻辑，是无法被全面异化的，权力或资本的微分学仍然留有不少死角，民族志不应该将社会文化的运行简化为支配体系的独奏。不过在今天看来，《无相支配》一书中的概念太多，甚至有些作茧自缚、画蛇添足之感。

我原本受乔健先生的"阈限人"（2002）影响，使用了"阈限"概念，但在出版时我全部删掉了。代耕农在珠三角处于社会边缘，没有地位、没有身份，类似于隐形人，他们中的大部分人要回到家乡。但后来这种回到家乡的状态与维克多·特纳说的"解放"是迥然不同的。如果继续使用"阈限"，会淡化"无相支配"的批判能力，因为阈限理论可能会将珠三角的艰难生产解释成一种传统农业的心甘情愿,这并不符合事实。

(五)民族志:底层劳动研究迫切需要的文本

近年来,国内关注底层劳动研究的人类学青年学者不断充实劳动研究领域。如秦洁对重庆苦力"棒棒"的参与观察(秦洁 2015);贾文娟对广东一家国企工厂的深度研究(贾文娟 2016);代启福对凉山州甘洛县一个矿区的田野观察(代启福 2014);刘东旭对珠三角地区的彝族工人进行的深度调研(刘东旭 2013);丁瑜于对"小姐"群体的劳动深描(丁瑜 2016);胡嘉明、张劼颖等对"收废品的人"这一隐形群体的民族志记录(胡嘉明等 2019)等,均是极为有益的努力。然而底层劳动研究仍非人类学主流,基于一手资料的民族志仍是底层劳动研究领域迫切需要的文本。田野调查与底层劳动研究的契合性,至少体现在以下几个方面。

首先,生产劳动的周期与田野调查周期(尤其是博士论文)是相吻合的。在农业或工业社会中,无论是何种劳动体系,常常以年度为结算周期。这就意味着要展现劳动体系的原貌,就需要以年度为单位展开长时间的参与观察。人类学的博士论文,要求博士生展开一年左右的田野,正好与劳动周期吻合,这是任何其他调查方法所不具备的特长。当下的人文社会科学中,很少有人有耐心去展现一个劳动周期的长时画卷。扎根底层的长时间人类学田野，将在底层劳动研究中发挥更明显的优势。

其次，民族志钟情深描和细节，可以浮现劳动过程的多样性，这与民族志与对劳动形态的勾勒是吻合的。有关底层劳动研究的民族志，就是要拒绝用均质性的预设替代异质性历史的认识。否则，我们无法弄清楚劳动者价值生产的过程，更无从得知劳动者在哪个隐秘环节与世界资本体系接轨并被置入某种支配结构之中。如果不用民族志对劳动形态展开细致的表述，那么很多有关宏观劳动研究就可能沦为现实主义解说的附庸。而大部分现实主义解说，都只是精英主义叙述占支配地位的文本，去除了历史细语和底层杂音。如果能细致展现、表述底层劳动过程与劳动的复杂性和精细性，一些貌似不证自明的精英表述就会动摇。

再次，民族志作为将默会知识转译为显在知识的载体，与底层劳动群体的边缘阈限性、被遮蔽性、被主流历史书写遗忘等特征是吻合的。当下主流的底层民族志书写，仍然逃脱不了前述"关系视野"的钳制。诸多劳动形态亟待写文化的深描，底层劳动者没有身份、没有地位，极度缺失具有主体性的文化表征系统，他们甚至被支配者故意忽视。在这样的历史情境中，民族志的知识翻译者至少可以部分完成底层历史书写的使命。也许有人会觉得人类学书写底层劳动的民族志效度有限，但是从多个领域或者多个方向出发，展开的写文化本身就会是历史的关键一部分。当阐释、翻译文化意义的人类学者与创造劳动意义的底层群体发生学术合流时，底层劳动的民族志书写就是在创造历史本身了。

最后，底层劳动研究与人类学学科的公共性相吻合。民族志可以为底层劳动付出的价值做出客观评估，并有必要作为知识传递者，一边向主流社会展示该价值，一边向底层展示其未知的价值。此外，在这些被遮蔽的底层世界中，蕴含着维系秩序或者颠覆秩序的默会力量，民族志具有寻找这些力量的潜能。通过底层珊瑚礁堡的累积、浮现过程，我们有可能寻找到社会经济秩序的正义逻辑。人类学要实现自身的公共性，不仅应该直面社会文化矛盾，更应该深描那些被遮蔽的无相之相，真正地迈向人民。

参考文献

Faure, D. *The Structure of Chinese Rural Society*. New York: Oxford University Press, 1986.

Lee, Ching-Kwan. *Gender and the South China Miracle: Two Worlds of Factory Women*. Berkeley: University of California Press,1998.

Ong, A. *Spirits of Resistance and Capitalist Discipline*. New York: State University of New York Press, 2010.

Pun, Ngai. *Made in China: Women Factory Workers in a Global Work place*.

Durham and Hong Kong: Duke University Press and Hong Kong University Press, 2005.

Siu, H. F. *Agents and Victims in South China: Accomplices in Rural Revolution*. New Haven: Yale University Press, 1989.

〔法〕布迪厄:《再生产》,邢克超译,商务印书馆 2002 年版。

〔美〕布若威:《制造同意:垄断资本主义劳动过程的变迁》,李荣荣译,商务印书馆 2008 年版。

〔印度〕查特吉:《被治理者的政治:思索大部分被统治的世界》,田立年译,广西师范大学出版社 2007 年版。

〔法〕德赛托:《日常生活实践:实践的艺术》,方琳琳、黄春柳译,南京大学出版社 2009 年版。

〔意〕葛兰西:《狱中札记》,曹雷雨等译,中国社会科学出版社 2000 年版。

〔美〕斯科特:《弱者的武器:农民反抗的日常形式》,何江穗、张敏、郑广怀译,译林出版社 2007 年版。

〔美〕苏耀昌:《华南丝区:地方历史的变迁与世界体系理论》,陈春声译,中州古籍出版社 1987 年版。

陈春声:《市场机制与社会变迁:18 世纪广东米价分析》,中山大学出版社 1992 年版。

代启福:《人、资源与自治:凉山彝区矿产与 Yakam 印第安人森林开发案例研究》,中央民族大学博士学位论文,2014 年。

丁瑜:《她身之欲:珠三角流动人口社群特殊职业研究》,社会科学文献出版社 2016 年版。

胡嘉明、张劼颖:《废品生活:垃圾场的经济、社群与空间》,生活·读书·新知三联书店 2019 年版。

黄淑娉、龚佩华:《广东世仆制研究》,广东高等教育出版社 2001 年版。

贾文娟:《选择性放任:车间政治与国有企业劳动治理逻辑的形成》,中国社会科学出版社 2016 年版。

李璐璐、李汉林:《中国的单位组织—资源、权力与交换》,浙江人民出版社2000年版。

刘爱玉：《选择：国企变革与工人生存行动》，社会科学文献出版社2005年版。

刘东旭：《流动社会的秩序：珠三角彝人的组织与群体行为研究》，中央民族大学博士学位论文，2013年。

刘志伟：《地域社会与文化的结构过程：珠江三角洲研究的历史学与人类学对话》，《历史研究》2003年第1期。

潘毅、卢晖临、张慧鹏：《大工地：建筑业农民工的生存图景》，北京大学出版社2012年版。

沈原：《市场、阶级与社会：转型社会学的关键议题》，社会科学文献出版社2007年版。

——《社会转型与工人阶级的再形成》，《社会学研究》2006年第2期。

乔健：《底边阶级与边缘社会》，立绪文化事业有限公司2007年出版。

乔健、刘贯文、李天生：《乐户：田野调查与历史追踪》，江西人民出版社2002年版。

秦洁：《重庆棒棒》，生活·读书·新知三联书店2015年版。

萧凤霞、刘志伟：《宗族、市场、盗寇与疍民——明以后珠江三角洲的族群与社会》，《中国社会经济史研究》2004年第3期。

周潇：《关系霸权：对建筑工地劳动过程的一项田野研究》，清华大学硕士学位论文，2007年。

十五　永锡难老：小传统与宏观理论

张亚辉

金光亿先生让我们这些学生辈的年轻人重新思考自己的第一本民族志，对于终日蝇营狗苟于项目和发表的中青年学者，无疑是当头棒喝。这让我想起了美国人类学家大卫·施耐德，他在博士毕业二十年后带领自己的学生重新回到雅皮斯人那里做田野，并彻底否定了自己的博士论文。我大概是没这个勇气的。做完博士论文之后，我几乎很少真正涉足汉人社会研究，大部分精力都用在了藏族社会和人类学理论研究上，但金先生是对的，我其实从来没有真正远离《水德配天》这本书，我一直在暗自否定它、重构它，我可能不会真的重写它，所以这篇短文权且算是一个无奈替代品吧。

（一）水利社会与封建制度

魏特夫的《东方专制主义》出版于1957年，实际上最初将这一理论用于中国研究的人类学家是卡拉斯科（1996），他在《西藏的土地与政体》当中将魏特夫关于西藏的论述扩展成了一本专著，但在中国人类学界，这本书几乎没有得到什么反馈。中国人类学界关注魏特夫的水利社会理论，是从萨林斯和格尔茨的著作开始的。萨林斯（2003：61）在20世纪70年代组织了一个项目前往夏威夷进行调查时，特别关注了夏威夷的水利事业，一部分成果后来作为专著发表在了《流动的权力》（2014）当中。夏威夷的水利社会状况显然极大影响了萨林斯的判断，使他得出了"国王过着整个部落的生活"这样极端的结论。萨林斯同时也带动了对霍卡王权理论的再研究，在霍卡看来，王权是一个复杂的结构体，而不是整个政治结构的奇点。同样是在20世纪70年代，格尔茨在对爪哇的调查中关注到了当地的灌溉社会，在《尼加拉》（1999）一书中用了很大的篇幅力求证明水利在当地并没有导致专制主义。当然这一论述也招来了本地学者以及巴特（F. Barth 1993）的批评。我觉得格尔茨对巴厘岛村落体系的描述充满了一种矫揉造作的客观主义带来的故弄玄虚感，这点甚至从他写作《巴厘人的村庄》（*Tihingan: A Balinese Village*）的时候就开始了。实际上，他

十五 永锡难老：小传统与宏观理论

所谓的"多元的集体主义"是由自然社会的法权系统庄社、宗教结社行为和土地交换的后果造成的毗邻土地的所有者共同用水的水会组织叠合而成的。在这种组织情况下，庄社获得了近乎绝对的自治法权，只通过官方祭祀与国家相连，稻田的高级产权几乎总是属于贵族，而低级产权属于农民，土地的所有权和庄社无关，同一个贵族的土地可能分布在很多地方。这种所有权情况显然在农业社会并不十分常见，但在谷苞先生所研究的呈贡化城乡就有类似的状况（1941），而在土地可以买卖的传统社会，则是再常见不过的情形了。由于土地转卖——或者其他什么可以想见的原因——水利组织就变成了完全的经济设施而与政治脱钩了。虽然格尔茨利用这个材料来回应魏特夫对巴厘岛的分析是必要的，但就这个研究自身来说，他对魏特夫的回应甚至都是多余的。

利奇（1961）关于斯里兰卡的研究也涉及了干旱地区的水利问题，他将水利设施区分成控制在村落手中的小型水利设施和控制在中央政府手中的大型水利工程两种，并且充分论证了前者是一种区域自治社会的产物。即便如此，也有本土学者争论说，大规模的水利工程其实都是数百年间逐步累积而成，并不存在专制主义过度发育的情况。

水利灌溉研究之于中国的意义更是毋庸置疑的。就在《东方专制主义》翻译成汉文出版后不久，社科院就曾经组织了一批专家专门批判过这本书，即《评魏特夫的〈东方专制主义〉》（李祖德、陈启能编 1997）。早在 20 世纪 80 年代初，张光直先生在《美术、神话与祭祀》（2002：111）一书中也力图与魏特夫的理论进行对话。就我个人而言，这些不论是基于经验还是理论的反驳都不令人满意和信服，主要的原因在于魏特夫对中国史的判断是来自韦伯（2004：56），后者认为中国的家产制帝国起源于秦，秦以前的社会是一个军事贵族战乱不休而且充满活力的松散帝国。而张光直先生直接诉诸商代文明的起源，实在不怎么相关。在经验研究层面，利奇所作的分析在经验上无疑是适用于中国的，历史上所有著名的水利工程与区域社会的小型水利工程的区分都毋庸置疑，但这种表象提供的解释可能与汉人政治系统的内在逻辑相去甚远。事实上，魏特夫的水利社会用一种完全现象学的观察取代了对中国社会的结构性分析，这种障眼法是如此之成功，以至于所有力图跟他辩论的人都被事先纳入了他的论证逻辑当中。利奇和格尔茨提供的"小型水利社会"并非可靠的路径，按照魏特夫的逻辑来说，这不过是被统治者容许的一种状态而已，在必要的时候随时都可能被纳入专制主义的轨道当中。这也是我对格尔茨的德萨研究持比较严厉的批评态度的原因，他完全放弃了种姓法和共同体法对庄社的保护意义，为了构建一个看起来更加经验主义的模型，模糊了严肃的法权边界。

杰克·古迪（2018）一生致力于将传统非洲政治制度与欧亚大陆的政治做比较，后者高度发达的农业在他看来是造成欧亚大陆等级制发达的根本原因之一，这种扩大化的"东西方专制主义"并不会缓解魏特夫的论述给中国带来的压力，我几乎是出自一种土著的责任感，觉得自己必须跟魏特夫较量一番。从古迪的逻辑出发，灌溉农业成了欧亚大陆等级存在的普遍条件，那么逻辑的重心就从水利社会转变成了不同的政治制度的比较。事实上，魏特夫真正的落脚点也并非水利制度的直接影响，而是基于对欧洲和日本的封建制度与中国过度早熟的文官制度的比较形成的。在这一点上，他和韦伯及列文森的区别都很小。我当时已经意识到格尔茨研究的巴厘岛是一个带有封建性质的社会，也从中国水利史的阅读中了解到最初的水利工程事业都是在战国时代的诸侯混战之竞争压力下才出现的，比如郑国渠、都江堰等。如今回忆起来，我当时虽然还不够清晰，但也算是意识到小型水利工程和封建逻辑的结合是否是一个普遍问题，是在中国回应魏特夫问题的关键。彻底否定秦以来的专制主义既没可能，也没意义，实际的问题是，专制主义是否已经发达到"全面的恐怖－全面的孤独"（魏特夫1989：161）的境地，使得其他政治形态完全没有存在的可能。或者说，在一个极为复杂的政治结构当中，专制主义的位置及其限度在哪里。

关于这一问题，韦伯（2004：203）和列文森（2000：168，

175）一方面认为文官制度作为一种高度发达的家产制官僚而提供了绝对专制的手段，另一方面又强调中国的儒家官僚的理想并非如埃及或者拜占庭帝国那样来自对王权的绝对崇拜，因而构成了与专制皇权的对张关系。这样一个完全靠俸禄生活的群体，与民间社会的关系并不如想象得那么融洽，他们不论对于国家还是社会都是一群高蹈的客，儒家知识分子集团并不像德鲁伊祭司、婆罗门或者犹太教的拉比那样是社会结构中的固有环节，他们的社会学位置甚至不同于一般意义上的传统帝国的官僚，后者往往是家境殷实的有产者或者是被社会选举出来的代表。儒家的地位更像是中世纪大公教会神职人员，他们的知识高妙而令人敬畏，他们除了一套学说之外谁都不代表，他们在古典文明奠定自己的结构时并不存在，但在旧贵族湮灭之后，他们又成了新兴结构的把控者。乔治·杜比（G. Duby 1982：50）认为，大公教会取代了罗马国王的祭司地位，成为中世纪欧洲"三重秩序"的第一重，这个看法招来了杜梅奇尔的批评（埃里邦 2005：95-97）。后者认为大公教会所获得的位置应该和爱尔兰的布雷亨群体差不多。不论如何，这里面的核心问题是日耳曼人长久以来就已经存在武士-祭司的二分法。这一二分法在汉人文化当中显然并非是一个基础结构，略去一切历史细节不说，儒家最初似乎应是来源于周代封建制度下封建法和封建礼仪（欧洲和日本的封建法和封建礼仪同样是不分的）的顾问群体，在旧贵族存在的时候，这个顾问群体就是由客构成的。在秦汉法的格局下，儒家的影响力非常有限，而在东汉豪族政治兴起之后，儒家与之结合在一起，对抗法家的实利主义政治并取得了关键性的胜利。实际上，在中国政治的氏族主义在唐宋变革时趋于式微之前，儒家在多大程度上能够决定官僚制度的基本性格是非常可疑的。宋以后豪族势力再难重振，才使得皇权和儒家都松了一口气，后者转而和民间宗族建立了更为密切的联系。所以，即便魏特夫所说的专制主义确实和官僚制度有关，至少在秦汉更多是法家该负责任，[①] 唐宋变革之后才由儒家官僚负责任，这一点上，我个人认为包括韦伯和列文森的观点都有值得商榷的空间。不论经过多少改造，儒家的这种封建性格其实从来没有彻底消失过，韦伯说儒家帮助皇权对抗封建势力，更深的原因是儒家认为后来所有的封建形态都不符合自己的封建理想，因此是对政治更为严重的败坏。反过来说，他们也从来没有停止寻找自己的同盟者，而且儒家的社会学洞见在于，他们从不相信从皇权那里衍生出来的封建形态，而是

---

① 特别需要补充说明的是，中国的法家传统虽然起源很早，但几乎从来没有获得如罗马法或者印度教法典那般的地位，中国的价值体系的核心一直是"道"，这个词和印度的 rita 一样都带有强烈的规则、规范的意味，但又同时由于无法客观化而成为一种无规范性的自我宣称。"道"是无法被任何人彻底垄断的，反而随着身份群体的不同而不同，其运行的逻辑本身就是与法家的主张及郡县制相对反的。唐宋变革之后，道的概念带有了更为明显的形而上学特征，因此也失去了从前的弹性。

敏锐地意识到真正有社会基础的封建力量是东汉之后的豪族和宋以后的民间宗族。

（二）晋祠诸神

晋祠的主神位在宋以前无疑是唐叔虞，这是个非常重要的现象，唐叔虞的册封有三个相关的历史或者神话，其中"剪桐封弟"是最符合我们通常所理解的周代封建制度的一个，而另外两个，一个是"有文在手"，大致是说，邑姜梦到上帝对她说，我将赐你一子，名字叫做虞，等到唐叔出生的时候，手掌心上确实赫然有一个虞字（张亚辉2008：125）；另一个是"嘉禾入贡"，大致是说，唐叔在自己的封地里发现了一株奇异的禾苗——根部在不同垄上的植株结出了共同的禾穗，便将其入贡给周成王，成王将其送给了周公，周公因此作《归禾》。前者确认了唐叔虞的卡里斯玛并不完全来自周王室的分封，而是来自其母邑姜梦与神交，连名字"虞"也是天帝直接写在他手上的；后者则表明，不同地望即不同根系，但这并不妨碍大家最终因为同一果实而联结成一个整体。顺便说一句，我个人一直觉得，这才是多元一体格局的本意。要敢于承认不同地望和不同民族的差异，最终的嘉禾才可能更加丰硕，而不是非要强调大家同源同种——同源同种反目成仇的比比皆是，中华民族是一个政

十五　永锡难老：小传统与宏观理论

治和文化的事实，而不是一个自然的事实，甚至周天子与周公和唐叔虞的血亲关联都无法克服地望带来的多元性，也没有以血亲关系作为多元性的基础。此中深意，颇值得今日学者思之。

　　直到北宋征服北汉之前，唐叔虞都是一个鲜明的封建符号，甚至唐王室本身也是从这一封建系统当中成长起来的。晋祠历史上留下的秦汉到唐的史料并不多，在这个历史时期里，尤其是东汉到北汉这段时间，中国的基本政治形态是豪族封建制度为主，而不是简单的郡县制。豪族兴起的原因一言难尽，杨联陞（1936）在《东汉的豪族》一文中详细分析了豪族兴起之原由，杨先生似乎将之归咎于汉武时宰相权力衰微所导致的外戚与宦官集团的崛起，以及选举制必然带来的门生故吏结党。这些历史事件看起来都并非偶然，杨先生所列历史之因恐怕无非是结构之果。另外，杨先生所举皆是东汉的土地贵族，但氏族主义在中古的复兴至少从三国时代开始就多是武士贵族，其中因果纠葛一言难尽，但究其实，汉代至三国豪族兴起，其影响一直波及唐末的根本原因是公法之欠发达而导致的私法当政，这一弊病其实始终伴随着中国政治，近代以前未有彻底之改观，是为费孝通先生（2007）所谓"差序格局"之私法盛行之状。唐宋变革之后，儒家官僚彻底把控了政治，武人精神之衰落再无从振奋，皇权由此达到集团之顶峰，唯元清两代，官僚和皇权都对本族贵族之势力尚有忌惮。而民间社会仍旧无从整合到国家公法之内，遂有民间宗教之封神大兴，及平民宗族之发育。所以，晋祠宋代初年将主神从唐叔虞更换为晋祠圣母，其大背景并不只如我曾经在《水德配天》一书中所说的北宋王朝对于太原城及其周边社会的不信任，而是整个国家政治格局大转变的结果。我在书中曾经引用过高汝行的话来表达儒家对北汉政权合法性的认可（张亚辉 2008：142），这也表明，从周代的贵族封建，到唐初李渊任唐国公再到北汉政权，唐叔虞都是此次基于武士集团之封建政体的根本依据。而到了宋代初年，这个逻辑不再被承认了，晋祠成为圣母的庙，表达的是宋以后的平民宗族世界的新的封建逻辑。其实，这一替换也发生在泉州，顾颉刚在《泉州的土地神》一文中也发现了作为封建之标志的社神在泉州地方神庙中从正祀神灵退居为配祀神灵的机制（顾颉刚 1928），但因此认定历史上有封建逻辑是一回事，而顾颉刚认为诸如临水夫人一类的神灵纯粹是当地人为灵验之故而自由想象的结果并最终超越了土地神作为"社神"的地位，则未免草率。只要看看妈祖的传说时代，就不难理解，泉州土地神的衰败与其他神灵的出现大抵上都和唐宋变革有着实质的联系。

我的田野进行得并不顺利，早期的土地分配制度已完全没了踪影，包括水利系统也已经进行了彻底的改革，甚至难老泉都已经干涸了，如今我们看到的难老泉是用水泵抽水造成的人工泉。我有一次在晋祠博物馆里面过夜，眼看着难老泉在天快黑的时候慢慢安静下来，觉得无比诡异。好在晋祠的文献资料保留得相当完好，而且当地有一个极为发达的文人团体，不断尝试对文献进行各种分析和解读，由于常年浸淫在当地的历史文化环境里面，这些解读反而格外有意味。我穷尽了所有的地方文献之后，发现自己并不能在格尔茨的巴厘岛水利制度之外有什么像样的进展。除了能够再次证明区域社会自己办的水利工程并不支持东方专制主义之外，我做得最多的反而是文献的考订和解读，这让我很是沮丧。吴世旭、陈乃华和舒瑜曾经来看过我一次，他们离开晋祠的时候曾经想叫我一起去五台山看看，我忙着自己的田野工作，没有去，这成了一个心结，多年之后，我由于一些特殊的原因，终究还是在五台山上进行了长期的田野调查。现在想来，那时还是视野太窄了，如果那时我读过李安宅和于式玉先生（2002）对佛教名山研究的设想，没准就真的会去看看。

后来去太原的省博物馆查档案的时候，我在旁边的一个小书店买到了牟宗三的《周易哲学演讲录》（2004），相比于艾兰的《水之道与德之端》（2002）以及巴什拉的《水与梦》（2005），牟宗三基于胡煦易学的解读方式不论对我来说还是对晋祠来说都更为亲近。牟宗三关于乾元四德的分析恰好与汉人社会极为常见的黑龙－白龙的对反关系相对应。我后来在一篇文章当中曾经分析过（张亚辉2014），晋祠水母的故事其实就是黑龙-白龙关系的变体，但在这一分析当中，我对水母的"孝行"的分析过于单调了。在水母神话当中，单纯的孝行反而是和"缺水"相互关联的，不论是水母柳春英担水还是她婆婆只要扁担前面的水而不要后面的水，都是跟"缺水"有关系的。这也就意味着水母柳春英是脱离了"孝"的范畴而进入到形而上学。这一点我当时并没有完全意识到，但这其实是非常关键的，因为在韦伯（2004：236）的理论当中，中国政治最核心的部分就是"家产制的恭顺"，而在水母的故事当中，最终的结果是婆母在柳春英制造的洪水中淹死了。所以也就是水母这一层的形而上学切断了家产制恭顺与国家的联系，礼下庶人很大程度上跟这个问题是有关系的。阎若璩（1973）考证晋祠圣母的身份是邑姜，固然将晋祠社会与国家正统联系得更加紧密，但即便如此，邑姜因为有文在手而生唐叔虞，后者跨过了周天子而与上帝建立了直接的联系，由此我们也能看到，嘉禾的隐喻是基于天帝形成的。唐叔和水母的神话共同肯定了中国的分封制度并非基于亲属制度，当然也不是如西欧封建那样基于自由采邑制的纯粹社会学关系，而是以地望的等级性为根基，亲属制度则是传递这种分封系统的凭借而非其源头和依据。宋代以后，随着北汉政权的瓦解，民间宗教与封建的关系逐渐成为确认新的封建类型的依据。这一封建类型被历史学彻底忽视，也被魏特夫忽视了，因此才导致他在东方的官僚制和西方的封建制之间建立起了过于直白的对反关系。

民间宗教中的主神作为被分封的主体是中国宋以后的典型封建形态，这一形态当然并非汉人独有。希腊城邦时代就已经出现了每个城市都有自己崇拜和供奉的英雄，西方中世纪的城邦也都有着自己的主保圣人，几个城市争夺一个主保圣人的骸骨的事也屡屡见于历史文献。民间神封建的方式将巫术共同体与封建制度完整地结合在了一起，在晋祠地区，唐叔虞神几乎是没有任何巫术色彩的，而来历不明的圣母则一方面是巫术的总源头，另一方面又是水权的所有者。两位神的综合基本上可以覆盖先秦时期地望的宗教与政治内涵。顺便说一句，不论西方学者还是中国学者，总是免不了注意到中国宗教的功利主义特征，比如在履行了所有的仪式义务之后，如果仍旧不能求下雨来，曝晒龙王像几乎是汉区的普遍现象。但实际上，同样的情况也曾经出现在天主教当中，意大利老太太朝圣母像吐口水并非罕见的现象。莫斯（2007）也因此认为，与神灵的交换关系是所有宗教崇拜的基础之一。但实际的情况可能仍旧出在对神灵的分类上。我从未在晋祠遇到过任何有关当地人对唐叔虞和圣母表示不满的情形，但对龙王的不满就比较常见。甚至在希腊和罗马的材料当中，也几乎不会出现对城邦主祭神灵的基于交换关系的抱怨。所以，可以被惩罚的神灵是基于交换关系的，而不可被惩罚的神灵则更多是基于神对人的所有权，这恐怕在全世界都差不多，并非中国人独有的宗教特征，所以能够进入地望的社会学与政治学范畴的，才是民间宗教的核心，其他的大多不过是被呈现为交换关系的巫术实践。至于地望本身的巫术性，总体上是属于政治的巫术性，而非来自自然社会或者个体与集体表象的巫术。我后来在藏区的调查中也发现了类似的现象，神山和佛、菩萨都不是基于交换的，但村落嘛尼房子里面供奉的护法神就是基于交换关系的，如果不能尽职尽责，就会被村落里的耆老咒骂和羞辱。在《皇权、封建与丰产——晋祠诸神的历史、神话与隐喻的人类学研究》（张亚辉2014）一文当中，我曾经指出，元中叶以后的唐叔祭祀一直是由儒家官僚来主持的，而明代遣官祭祀时候，来的总是太监，而祭祀对象也总是晋祠圣母。这一分别清晰地表明了文人官僚与国家对封建问题上的态度差异，前者坚持了周代分封制度的合法性，甚至将这一态度延伸到对北宋征伐北汉一事的判断上，当地文人高汝行就曾经强调，古太原城的人之所以对抗北宋政法，是因为担心北汉王室从此不得血食，而北汉是通过正当途径得到其政权的。对于圣母为"封神"的封建制度，儒家官僚一向是嗤之以鼻的，从阎若璩（1973）装模作样的考据来看，这个矛盾至少在清代就已经非常明显了。严格说来，唐叔虞的神格之所以在北宋征服北汉之前得以保留，根本原因在于他自身就是属于唐宋变革之前的社会与政治组织，主神位的变化并非由具体的历史原因引起，而是中国历史的结构性变化所导致。从周代到唐末五代，虽然社会制度屡经变迁，但总体上仍旧是由武士阶层作为社会的主要担纲者——只有东汉是个不小的例外。不论周代封建还是魏晋封建，其分封制度的基础总是以武士家族主义为基础，巫术的部分主要集中在地望，且同样是由受封家族所控制。唐宋变革之后，社会的担纲者从贵族群体转变成了区域地方社会，望族地位急剧衰落，巫术作为界定地方社会的基本尺度变成由地方社会供奉的主神而非贵族世系作为担纲者。明初改革，要求各地方神只称山水本名，曾经被屡屡加封的晋祠圣母被重新命名为晋源之神，其意义就在于将地望的巫术和神灵的巫术统合起来，作为界定区域社会的象征。

就元明以后的政治架构来说，儒家官僚的态度在实践上其实并没有太过实质的社会学意义，但也不能只将其看作一种遗存或者是心绪的表达。当其与明代的"封神"制度相对抗时，儒家对唐叔虞的封主地位的坚持构成了对皇权通过封神与地方社会直接建立联系的新做法的反抗——一方面维系了地方分权的政治架构，另一方面则保留了儒家对社会的主张，虽然这一主张几乎没有实践的机会与空间。这两种封建制度之间的张力也从另外一个侧面表明，所谓"礼下庶人"作为一种新的社会组织方式，其中充满了皇权与儒家官僚系统之间的矛盾与对抗。

晋祠里面有一个我在《水德配天》当中没有太重视的庙，

叫做台骀庙，里面供奉的是五帝时期治理西北水患的台骀，他同时也是汾河的水神。关于这个神灵的文献不多，民间除了知道他曾经治理汾河，开辟太原之外，也少有提及。中国古史中这样的治水神并不多，台骀神在山西好几个地方都有建庙祭祀，但历代王朝似乎都并不十分重视，这和魏特夫的假设之间有着不小的张力。更有趣的是，元好问的《过晋阳故城书事》一诗中有载："君不见，系舟山头龙角秃，白塔一摧城覆没"，其中的系舟山指的是晋阳城以北的一座小山，传说为大禹治水过晋阳一带时停靠船只的地方，赵光义征伐北汉时为了破坏晋阳城的风水，曾经命人削平了系舟山，号称是拔龙角，以防止当地再出帝王。大禹治水无疑是一个开辟天下的伟业，他在将滔天洪水导向大海的同时，也将尧舜之王化与地方世界建立起了牢不可破的联系，其具体方式就是通过划定地理区域并在各个区域中建立祭祀空间，并将其与圣王相关联。系舟山虽然并没有被官方祭祀的记录，但无疑仍旧起着将晋水地方与圣王传统相互联系的作用，而且，龙角一说似乎意味着，每个大禹过化之地都可能成为龙兴之所，因而，削平系舟山不只是风水所致，更是政治结构变化的结果，赵宋朝廷不再接受大禹所制定的中央-地方关系模式，转而要通过暴力征服和建立新的官方祭祀的方式来重新完成国家统合。

（三）村落与家族

当燕京学派将中国的农村看作某种中国式的"共同体"、并将之命名为"社区"的时候，并非没有犹豫，林耀华先生的《义序的宗族》（2000）显然和费孝通先生的《江村经济》（2001）采用了完全不同的理论取向，前者更靠近罗马的亲属制度研究的路径，尤其是南斯拉夫人的札德鲁加，而后者则更像是凯尔特人的共同体。社区，或者说"共同体"，其基本的经验原型来自凯尔特人、日耳曼人和印度人的基层社会组织，其基本特征是共同体的法权系统的高度完善性与独立性，亲属制度已经被完全法权化。社区是一种典型的印欧社会基层组织，在世界其他地方是否存在并不确定。比如在广袤的澳洲大陆，印第安人的基础社会形态是队群与部落，在犹太人早期社会中是父系宗族，阿拉伯人那里则是父系宗族与部落制度的结合。燕京学派在处理村落的时候，似乎只有谷苞先生（1941）在云南滇池边上的汉人社会中找到了严格意义上的共同体，而在费先生及其他人研究的个案中则更多是"差序格局"。费先生将礼治秩序等同于这种社区的法，并认为这构成了一个不同于国家法的独立司法领域，从而产生了法隔离，而法隔离则进一步促成了无讼的现象（张亚辉2020）。纯粹意义上的差序格局是只有私法而没有公法的一种状态，但礼本身就包含了处理公共事务的部分——比如著名的乡饮酒礼，所以这其中并非是完全没有张力的。换句话说，在汉人社会研究中，基于宗族制度的东南汉人研究和基于小家户制度的社区研究的内在张力在于，前者希望亲属制度能够同样承担法的功能，而后者则对亲属制度对公法的干预充满疑虑，认为汉人的亲属制度并未如印欧人那般转变成法律，但同时又期待家户之间的协商机制能够承担完整的共同体法权精神。大量的民族志作品证明，这种差异是客观地存在的，但实际上也需要注意到，东南汉人村落同样存在超越宗族的村庙系统，也就是顾颉刚（1928）所看到的社的传统，单纯以世系群理论来处理东南汉人社会是不够的，但宗族本身的律法化发展确实使其不同于北方汉人社会。北方汉人社会虽然经济单位几乎总是小家户，但实际上聚族而居并非罕见，在晋水流域，只有北大寺有一个比较完整的祠堂，但这个祠堂反映出来的问题则是，宗族仍旧有着实质的社会学空间。我调查的小站营曾经是个屯军村落，一共有七个姓氏，其中姚姓几乎完全萎缩了，武姓则是大姓，小站村的白姓也是大姓。由于没有祠堂，族谱即使有也很少起到东南汉人社会那种政治与社会作用，但我亲眼见到的则是在村落选举中，同姓宗族会突然间浮出水面，在选举竞争中成为举足轻重的力量。这个经验让我意识到，单纯以经济或者祖先崇拜来界定宗族恐怕是不够的，在小站营村，几乎看不到像样的集体祖先祭祀意识，但丝毫不意味着宗族在政治利益面前的团结会受到影响。

　　结合魏晋以来的门阀氏族经验来看，我倾向于认为，宗族其实是中国政治的根本载体，其本身也是政治过程的产物。沿着这个脉络，可以把中国政治的家族主义区分成三个时代：从周到秦，是真正意义的贵族家族主义时代，其核心特征是军事贵族与地望的结合以及严格的宗法制度；经过西汉的过渡时期之后，东汉的豪族一直到唐末的世族，包括南渡的大族，我们可以称之为世族时代，其核心特征是后起的土地或者军事贵族凭借的是一种实利主义精神或者政治支配权和掌控知识的能力，同时大部分时期都带有强烈的军事色彩；唐宋变革之后，世族几乎彻底消失，平民宗族兴起，其形态不一而足，但总体上都被去军事化了，北方宗族的政治色彩更重，而南方宗族则一方面注重科举——直到现在南方宗族仍旧花大力气奖励进学，另一方面则注重经济利益的集中化。三种家族主义构成了中国历史上最重要的三种政治担纲者，其等级是逐步衰降的。附带着天子的等级也是逐步衰降的。这样一种家族主义的特征与印欧人既有关联也有差异，关联在于后者也往往在上层社会保留鲜明的家族主义特征，而差异则在于，对印欧人来说，种姓法一直是一个关键的社会学框架，其作用远比宗族来得根本，与此同时，印欧人的平民在近代以来几乎很难保持大规模的家族主义特征，其政治的担纲者相当清晰地呈现为第三等级的种姓法群体。尽管林耀华（2000）在关于义序的研究中塑造了一个典型的单姓村的样貌，但其实这些年不论在哪个地区，我从未见到过真正的单姓汉人村落。一个简单的原因就在于村落与家族是两个层面的社会组织，纯粹单姓村会将两个层面混杂在一起，造成村落道德的内向化。同样，我在藏族地区调查的时候，也发现没有任何一个村落是由单一错哇（一种类似家族但实质上是完全基于法权的组织）构成的，其根本原因也在于村落法与错哇的法不能混合。汉人村落几乎不会像家族那样成为政治的担纲者，反而是一个以公有财产和共同防卫为基础的地域性集团。晋祠有很多"堡"，都是在明嘉靖年间为了抵御蒙古人南下劫掠而修建的，这也从一个侧面说明了村落作为防卫共同体的性质。但与典型的印欧村落相比，晋祠的村落的司法性质要弱很多，汉人村落的公共司法权即使有，也很早就在编户齐民的过程中被国家剥夺了。类似领主法庭一类的机制几乎从来就没有真正存在过。按照费孝通先生的看法（2007），乡村由此成为一个有天无法的组织形态，其内部的礼治秩序也是通过礼下庶人等一系列运动形成的，至于更加古老的乡村社会，我们除了社和里老制度之外，就所知甚少了。不论如何，我们在将印欧人的共同体等同于中国汉人的乡村时其实都没有做出足够的辨析，更没有描述出一个界定乡村的根本经验类型，这恐怕也是利奇（1982）批评费先生的根本原因所在。王斯福（2008：

325-326）在论述"何为村落"的时候得出了一个相当含混和折中的结论，问题可能也是出在这里。

尽管中国汉人一直极为重视水利灌溉和精耕细作，但其基本的权力划分总还是以土地和人口为基础，而非以水权为基础。水作为一种必需的生产物资，其具体的所有权形式几乎在所有的微观水利工程当中都是协商的产物，而非结构的产物。协商的结果，也几乎总以尽量满足所有土地的灌溉需求为目的，晋祠水源充沛，虽然历史上也偶有水利冲突，但几乎是无碍大局的。哪怕在明代初年屯军进入该地区，军屯占有了大片良田和水利之后，冲突也并不明显。但在水利不足的时候，这种协商机制就少有奏效的时候了，冲突就在所难免。实际上，我们最好就把水权当作一种动态协商与冲突的过程来对待，一如我后来在藏族社会做研究时看到对草山的所有权的性质是一样的。这并非对公共物产权的界定不足，而是一种特定的所有权形态。社会科学的产权研究几乎总是以《罗马法》为基础的，但如果看看《伊利亚特》（2012）中关于战利品的争论，或者马林诺夫斯基的《西太平洋的航海者》（2002）以及努尔人对丁卡人的劫掠（埃文思-普理查德2002），我们就非常容易明白，《罗马法》中对物权的清晰严格的界定才是一种例外的状态，以此作为理解产权的基础本身就是有问题的，莫斯（2016）的人类学教诲即在于，这种产权的动态性是制造债的根本机制，当其与武士阶层的对称性相互连接的时候，就会成为一种社会盟约的基础（张亚辉2020），从而不同于卢梭的社会契约论。晋祠的水权分配的原则是"水地夫一体化"，也就是说，根据村落拥有多少耕地（或者水磨）来决定分水量和出夫的量，具体问题在相关的历史学论述中得到了充分的研究。但实际情况则是，只要村里的村长或者水利组织的头人足够强硬，实际用水过程中就大有优势，水权实践仍旧是一个动态的过程。晋祠最著名的分水设施就是在金沙滩上的三七分水孔，传说是从前根据油锅捞钱的方式通过神判实现的，张小军老师由此发展出关于象征水权的看法（张小军2007）。但这个故事其实由两层逻辑构成（张亚辉2008：186-196），一是南河和北河之间分水比例的确定，不论历史真相如何，这都是通过一次献祭完成的产权划分，与土地产权的依据是完全不同的，这个献祭最多可以看作对动态产权的阶段性固定化而已，历史上南北河确实也曾经通过调整金沙滩的坡度重新恢复了水权的动态性；另一层逻辑则在北河内部，花塔村的愣后生把手伸进油锅的传说合法化了该村作为北河渠长村落的地位，在我看来，这可能才是问题所在，这个传说根本不是关于水权的，而是关于北河的水利控制权的争夺过程的产物，其言说的对象是北河诸村落而非南河。地方政府和屯军自然也会介入到水权分配的动态历史当中，并力求一劳永逸地解决产权动态性带来的地方社会的躁动不安。但这往往收效有限,直到周围化工厂和热电厂彻底抽干难老泉之前,这种介入几乎从未停歇。

结语

魏特夫对水利社会的批判主要出发点有二:其一是官僚赋役制国家的形成往往要依赖大型基础设施——在传统社会主要就是水利设施和金字塔之类的庞然大物——中的赋役制征调,这一过程需要精密的社会控制和精神约束才能实现;其二则是对水权的精密控制成为国家干预社会的一个强大手段。这些在晋祠几乎都是看不到的,但这并不能让我如格尔茨那样直接得出对反于魏特夫的结论,毕竟中国的政治控制手段及其历史的变化过程都远远比巴厘岛要复杂。虽然从秦开始的编户齐民已经很大程度上剥夺了基层社会的法权,但由于东汉以降的豪族与世族的对称性格局,以及军事贵族的崛起,在唐宋变革之前,中国政治的专制程度可能远低于魏特夫的判断。魏特夫的判断很大程度上更加符合唐宋变革之后的中国社会,其助手瞿同祖在《中国法律与中国社会》(2010)一书中所引述的大部分材料来自宋代以后,也从另外一个侧面说明了这个问题。而至为关键的问题是晋祠圣母的出现,封建形态的变化使得地望的巫术性摆脱了世家大族的控制,并且被具体化了,这是皇权深入民间社会以及宋儒的礼下庶人事业的最重要前提，史家往往强调礼学与巫术之间的对反关系——举人刘大鹏就曾经对求雨巫术嗤之以鼻，殊不知这种对反恰恰是以双方的合谋为前提的。儒生对唐叔虞的祭祀与他们作为官僚的权力上升是并行不悖的，而这正是儒家官僚本身在圣人与天子之间左右逢源的二重性的体现。这一转变的代价则是整个中国政治的去军事化，宋元明清四代，整个山西北部除非在异族政权控制之下，否则几乎是永无宁日的。

魏特夫在日本及西欧的封建制度与中国的官僚制度之间建立的刻板对立是完全不能成立的，这一批评也同样适用于韦伯对中国历史与宗教的研究。中国政治制度中的封建性其实从未真正消除过，只不过在不同的时代有不同的担纲者罢了，韦伯和魏特夫都过分夸大了官僚制度的意义，而忽视了内藤湖南（2016）及陈寅恪（2011）等人对中古世族的研究。韦伯清晰地意识到了春秋战国的武士集团之间的对立冲突对中国思想之理性化的意义，却完全没有意识到中古封建制度和武士集团再造的过程。北宋征伐北汉时，曾经遭遇到城内弓箭社的抵抗（张亚辉2008：138），这从一个侧面表明晋阳城也经历了一个从武士社会向平民社会转变的过程。而我在博士阶段的田野调查和史料阅读真正能够接触到的几乎都是这一转变发生之后的晋水流域社会，其实已经是费孝通笔下的乡土中国了。

十五 永锡难老：小传统与宏观理论

我在《水德配天》一书中以"乾生坤成，水土相济"作为乡土道德形而上学的根本内容，现在看来并不算错，但这种基于象征的分析终究只能被看作一个社会学过程的结果而非原因。在葛兰言的框架中，"土地之德"是由诸侯王来承担的，并且从诸侯王和地望一直延伸到社一层。唐宋变革之后，土地之德直接和区域社会联系在了一起，区域社会成为了中国的道德结构中至为关键的一元，但和诸侯王或者世家大族相比，其法权特征相当孱弱，由此造成了皇权的"天之德"过度发育的状态，水母柳春英的神话得以产生的背景也恰与此有关。柳春英的故事表明，区域社会的公共性已经完全超越了家族主义政治，使得中国基层政治呈现出一种"社会"或者"共同体"的形貌。而在中国东南，家族主义靠着不能完全被国家控制的经济力量顽强地保存了下来，但人类学将这个问题与非洲的世系群联系在一起的时候，则是一种完全割裂式的比较策略，实际上，中国东南宗族所处的政治环境和扮演的政治角色都和非洲世系群完全不同。中国政治的家族主义恐怕既不是印欧人的扩大父系联合家庭，也不是非洲式的主导世系对其他世系的支配，而是封建主义的一种等级衰降之后的结果，只是当地方神成为被封建的主体之后，平民宗族就被掩盖在区域社会的结构之下，从而失去了与封主的直接联系。不论在西方还是中国，家族主义在古典城邦和封建时代都是社会政治活力最重要的来源，但在现代社会，生产者的家族主义该如何评估，恐怕是我们走出魏特夫的阴影后仍旧要持续思考的问题。

参考文献

Barth, F. *Balinese Worlds*. Chicago: University of Chicago Press, 1993.

Duby, G. *The Three Orders: Feudal Society Imagined,* trans. by A. Goldhammer. Chicago: University of Chicago Press, 1982.

Leach, E. R. *Pul Eliya: A Village in Ceylon. A Study of Land Tenure and Kinship*, London and New York: Cambridge University Press, 1961.

—— *Social Anthropology*. New York: Oxford University Press, 1982.

〔法〕埃里蓬：《神话与史诗——乔治·杜梅齐尔传》，孟华译，北京大学出版社2005年版。

〔英〕埃文思-普里查德：《努尔人：对一个尼罗特人群生活方式和政治制度的描述》，褚建芳译，商务印书馆2014年版。

〔美〕格尔茨：《尼加拉：十九世纪巴厘剧场国家》，赵丙祥译，商务印书馆2018年版。

〔英〕古迪：《烹饪、菜肴与阶级》，王荣欣、沈南山译，浙江大学出版社2018年版。

〔古希腊〕荷马：《伊利亚特》，罗念生、王焕生译，上海人民出版社2012年版。

〔美〕卡拉斯科：《西藏的土地与政体》，陈永国译，西藏社会科学院西藏学汉文文献编辑室1996年编印。

〔美〕列文森：《儒教中国及其现代命运》，郑大华等译，中国社会科学出版社2000年版。

〔英〕马林诺夫斯基：《西太平洋的航海者》，梁永佳、李绍明译，华夏出版社2002年版。

〔法〕莫斯：《礼物》，汲喆译，商务印书馆2016年版。

〔法〕莫斯、于贝尔：《巫术的一般理论 献祭的性质与功能》，杨渝东等译，广西师范大学出版社2007年版。

〔英〕米森，史蒂文·米森，休：《流动的权力》，岳玉庆译，北京联合出版公司2014年版。

〔日〕内藤湖南：《东洋文化史研究》，林晓光译，复旦大学出社2016年版。

〔美〕萨林斯：《历史之岛》，蓝达居等译，上海人民出版社2003年版。

〔英〕王斯福：《帝国的隐喻——中国民间宗教》，赵旭东译，江苏人民出版社年版。

〔德〕韦伯，M.：《中国的宗教 宗教与世界》，康乐、简惠美译，广西师范大学出版社2004年版。

〔美〕魏特夫：《东方专制主义：对于极权力量的比较研究》，徐式谷等译，中国社会科学出版社1989年版。

〔美〕张光直：《美术、神话与祭祀》，郭净译，辽宁教育出版社2002。

陈寅恪：《隋唐制度渊源略论稿》，商务印书馆2011年版。

费孝通：《江村经济》，商务印书馆2001年版。

——《乡土中国》，上海人民出版社2007年版。

谷苞：《传统的乡村行政制度》，《自由论坛》1941年第1期。

顾颉刚：《泉州的土地神》，《民俗周刊》1928年第2期。

李祖德、陈启能主编：《评魏特夫的〈东方专制主义〉》，中国社会科学出版社1997年版。

林耀华：《义序的宗族》，上海三联书店2000年版。

瞿同祖：《中国法律与中国社会》，商务印书馆2010年版。

阎若璩：《潜丘劄记》，王云五主持，四库全书珍本四集，台湾商务印书馆1973年版。

杨联陞：《东汉的豪族》，《清华大学学报》单行本第4期，1936年。

张小军：《复合产权：一个实质论和资本体系的视角——山西介休洪山泉的历史水权个案研究》，《社会学研究》2007年第4期。

张亚辉:《水德配天——一个晋中水利社会的历史与道德》,民族出版社2008年版。

——《皇权、封建与丰产——晋祠诸神的历史、神话与隐喻的人类学研究》,《社会学研究》2014年第1期。

——《道德之债:莫斯对印欧人礼物的研究》,《社会》2020年第3期。

——《费孝通的两种共同体理论——对比较研究的反思与重构》,《中央民族大学学报》2020年第5期。

作者简介

金光亿 英国牛津大学社会人类学博士，山东大学人文社会科学特聘一级教授、韩国国立首尔大学终身教授。曾任美国哈佛大学人类学系讲座教授，韩国文化人类学会会长，东亚人类学者联合会创设主席团成员。主要研究领域包括政治、宗教、亲属与家族、历史、艺术、物质文化、饮食等；长期从事中国的华北地区、台湾地区和韩国的研究。出版《文化人类学概论》（2022 年第 53 次印刷）、《种族与民族：超越单一神话》（2005）、《文化政治与地域社会权力结构》（2012）、*Re-Orienting Cuisine*（2015）、《中国人的日常世界》（2017）等。

梁永佳 北京大学人类学博士，浙江大学社会学系教授、博士生导师、人类学研究所所长、《人类学研究》主编。研究领域包括世俗化与国族建设、亚太民族志、本土宇宙观等，在《社会学研究》、《社会》、*American Anthropologist* 等期刊上发表论文多篇，著作包括《地域的等级》（2005）、*Religious and Ethnic Revival in Southwest China*（2018）。

杨渝东 北京大学社会学人类学研究所人类学博士，南京大学社会学院社会人类学研究所副教授。研究方向为历史人类学、西南少数民族研究、韩国研究。2008年出版《永久的飘泊——定耕苗族之迁徙感的人类学研究》，近年发表学术论文《葛兰言之苗族研究与当代意义》《从双系传承到宗族建构》。

段颖 香港中文大学人类学博士，中山大学人类学系主任、教授，世界海外华人研究学会理事（中国代表），中国华侨历史学会理事，国家民委民族研究优秀中青年专家。长期从事东南亚社会与文化研究，缅甸、泰国华人社会研究、侨乡研究、族群研究以及边境和区域研究，出版专著《泰国北部的云南人——族群形成、文化适应与历史变迁》（2012），并在国际国内学术期刊发表论文数十篇。

张文义 美国伊利诺伊大学人类学博士，中山大学人类学系教授。研究兴趣为认知与心理人类学，田野调查地点主要在中缅边境，代表作有"Healing Through States of Consciousness: Animal Sacrifice and Christian Prayer among the Kachin in China"（*Medical Anthropology* 2016），《景颇鬼鸡是什么味道？人类学三次元视野下的记忆、想象与味觉经验的不可言说》（《开放时代》2019）等。

杨德睿 台湾大学政治学本科、硕士，英国曼彻斯特大学社会人类学硕士、英国伦敦政治经济学院人类学博士，南京大学社会学院人类学研究所教授,曾出版专著《传承:认知与宗教人类学的探索》(2018)并发表中英文论文数十篇。

黄剑波 中央民族大学人类学博士,华东师范大学人类学研究所教授、博士生导师。主要研究领域为宗教人类学、西南民族研究、社会边缘群体研究等。代表作有《乡村社区的信仰、政治与生活:吴庄基督教的人类学研究》《人类学理论史》《人类学概论》《人类学通论》,西方人类学经典作品译介如《洁净与危险》《仪式过程》《论著与生活》《科学的文化理论》等。

李耕 澳大利亚国立大学博士,中国农业大学人文与发展学院社会学与人类学系副教授,研究方向是建筑人类学、遗产和民间信仰。近年主要在闽东和浙西开展田野调查。出版专著《边缘职业群体的自我建构:以术数从业者为例》,译著《建筑人类学》(合译)。

龚浩群 北京大学人类学博士,厦门大学社会与人类学院教授。在宗教人类学、政治人类学、泰国研究和海外民族志方法等方面有积累,近期的研究兴趣为中泰之间的跨国流动与区域经济一体化。代表作有《信徒与公民:泰国曲乡的政治民族志》(2009)和《佛与他者:当代泰国宗教与社会研究》(2019)。

郑少雄 北京大学人类学博士,中国社会科学院社会学研究所副研究员,社会文化人类学研究中心秘书长,已出版专著

《汉藏之间的康定土司：清末民初末代明正土司人生史》及论文十几篇，主要兴趣领域为汉藏关系、族群理论、文艺中的藏区形象、历史人类学等。

陈晋 法国社会科学高等研究院社会人类学／民族学博士，现任同济大学政治与国际关系学院社会学系副教授。主要研究方向为仪式与文化认知、中国西南少数民族。在《民族研究》《读书》等期刊发表论文若干。

舒萍 香港科技大学人类学博士，山东大学哲学与社会发展学院人类学系副教授。研究兴趣包括经济人类学、饮食文化和企业人类学。长期在乡村社会从事田野调查工作。代表作有《茶叶经济与女性地位的上升——以福建南部田村为个案》（2012）、《实践型生态文化与农业生产经营模式转变——基于山东生态茶园新型经营主体的调查》（2017）、"Development of Time-honored Brands in China: Analyzing Enterprises' Value System in Three Senses"（2020）等。

刘宏涛 北京大学人类学博士，兰州大学副教授、社会人类学研究所所长，主要从事亲属关系与民间信仰研究。曾任职于《北京日报》，硕博期间前后在云南省大理彝族地区、海南省黎族地区进行过为期半年和一年有余的民族志调查，发表了《亲属关系是什么？——萨林斯与蔡华的分歧》《海南美孚黎居住空间建构及其文化逻辑》和《美好生活的文化实践：海南美孚黎的灵魂及其与亲属关系的关系》等学术论文。

黄志辉 中山大学人类学博士，中央民族大学民族学与社会学学院教授、博士生导师，北京市青年教学名师，国家民委中青年英才，曾获教育部霍英东青年教师奖二等奖、国家民委优秀调研成果奖一等奖等，兼任第十三届全国青联委员。专著有《无相支配：代耕农及其底层世界》（2013）、《重温先声：费孝通的政治经济学与类型学》（2018）。主讲课程《文化人类学入门与导读》获批国家级一流课程、北京市优质课程。目前研究方向为劳动与工业民族志、农政与城乡发展研究等。

张亚辉 北京大学人类学博士，中央民族大学中国少数民族中心主任，博士生导师。主要从事人类学理论、宗教人类学研究，田野区域集中在晋中地区、承德和甘南藏族自治州，有《水德配天：一个晋中水利社会的历史与道德》《宫廷与寺院：六世班禅朝觐事件中的历史人类学研究》等人类学著述。